作 者 简 介

马小红　中国人民大学法学院教授、博士生导师

庞朝骥　法学博士，现就职于中国银行总行法律与合规部，首届
　　　　　"中国法律文化研究成果奖"青年奖获得者

阎　巍　中国社会科学院法学研究所博士后研究人员，现就职于
　　　　　最高人民法院

冯　勇　烟台大学法学院教师，中国人民大学法学院博士研究生

况腊生　中国人民大学法学院博士研究生

守望和谐的法文明

图说中国法律史

马小红 庞朝骥 等著

北京大学出版社
PEKING UNIVERSITY PRESS

图书在版编目（CIP）数据

守望和谐的法文明/马小红，庞朝骥等著. —北京：北京大学出版社，2009.1

ISBN 978-7-301-14883-9

Ⅰ. 守… Ⅱ. ①马… ②庞… Ⅲ. 法制史—中国 Ⅳ. D929

中国版本图书馆 CIP 数据核字（2009）第 004469 号

书　　　名：守望和谐的法文明

著作责任者：马小红　庞朝骥　等著

责 任 编 辑：李　铎

封 面 设 计：林胜利

标 准 书 号：ISBN 978-7-301-14883-9/D · 2236

出 版 发 行：北京大学出版社

地　　　址：北京市海淀区成府路 205 号　　100871

网　　　址：http://www.pup.cn

电 子 邮 箱：zpup@pup.pku.edu.cn

电　　　话：邮购部 62752015　发行部 62750672　编辑部 62752027

　　　　　　出版部 62754962

印　刷　者：北京大学印刷厂

经　销　者：新华书店

　　　　　　730 毫米×1020 毫米　16 开本　26 印张　430 千字

　　　　　　2009 年 1 月第 1 版　　2009 年 1 月第 1 次印刷

定　　　价：56.00 元

序　一

　　近代以来，中国进入半殖民地、半封建社会，伴随着社会性质的转变，中国社会的政治、经济、文化发生了深刻的变化，古代社会的典章制度逐渐退出历史舞台。

　　1902 年，清政府任命沈家本、伍廷芳为修订法律大臣，主持修律。为中华民族能在国际舞台上取得法律的"话语权"，沈家本等人虽知"吾国旧学，自成法系，精微之处，仁至义尽"，但在前所未有的世界性残酷竞争中，还是毅然取法西方，解体了数千年一脉相承的中国古代法律制度，"诸法合体"的法律模式演进成近代的部门法体系。沈家本这样说明清廷修律变法的原因："今法治之说，洋溢乎四表，方兴未艾，朝廷设馆，编纂法学诸书，将改弦而更张之矣。"（见《历代刑法考·法学名著序》）。评价清末的法律变革，不是一件简单的事情。从法律发展的角度来说，在亘古未有的中西变局中，清末的法律变革基本完成了自己的使命——十年间，中国法律果然"改弦更张"，近代法律体系在中国形成，中国法律的发展进入到了新纪元。然而，从持续发展的角度来说，清末的法律变革又远远未能达到目的。因为清末的这场法律变革，是在外来的压力下进行的。变革的紧迫性，使当时的人们无暇对新接触到并将要引入中国的西方法律制度的原理做深入的探究，当然更无暇对延绵了数千年之久的传统法律进行从容反思。因此，无论是戊戌变法领袖梁启超所言："我之法系，其最足以自豪于世界也"，"研究我国之法理学非徒我国学者所当有事，抑亦全世界学者所当有事也"（见《中国法理学发达史论》）；还是沈家本的"会通中西"的主张，都是审时度势，留给后人的嘱托和使命。

　　我的学生，在跟随我做教育部重大攻关项目"中国传统法律文化研究"的过程中，面对浩瀚的传统法律文化资料，深感学界对传统法律文化的发掘尚有不足，而社会对传统法律文化的认识更是有许多的误解和偏见，比如简单地认为中国传统法律"以刑为主"、野蛮残酷、条文简陋、缺乏程序等。他们希望通过自己的努力，纠正人们对传统法的偏见，尽自己的能力承担起前人的嘱托，继承着前人的未竟之业。这种"尽力而为"的承担和敬业正是目前中国法律发展所需要的精神。我希望通过几代学者的努力，传统法律文化中的优良成分能被激活；传统法律文化的因子自觉地而不是被动地在现实中发挥作用；中国的法律体系因为有了传统文化的底蕴而更加完善，更具特色。

曾宪义

二〇〇八年十二月

序　二

　　"中华法系"对于今人来说是一个熟悉而又陌生的名词。说其熟悉，是因为中华法系的代表作《唐律疏议》是闻名于世的法典，其与大唐王朝一样为世界所瞩目，中华法系凝聚着中国古人的法律经验与智慧。说其陌生，是因为在制度层面，中华法系在百年前清末的那场法律变革中已被瓦解。一百多年来，我们参照西方的法律制度和模式，不断变法修律，中华法系离我们渐行渐远，以至于中国传统法律思想、法律体系的结构、法典的篇章体例、法言法语的含义等问题似乎和我们自己的法律制度建设和话语系统不相干，法律学者视中华法系的研究为冷门，研究者寥寥；法律学生视其为无用，因为它和就业谋生不搭界。

　　重新审视清末民初时期的那场在外界压力下不得不为的法律改革，我们不难理解当时的仁人志士对传统法律的批判以及要求仿效西法，改良中国法制的急切心情。因为那时的中国，只有通过学习西方，才能寻求到"救亡图存"的民族独立解放之路。批判甚至否定中华法系的制度，学习西方的法律制度，是当时的仁人志士不可回避的历史使命。

　　然而，法律的发展有其自身的规律，无论人们的主观意志如何，一个国家、一个地区或一个民族的法律，都必然带有无法抹去的历史印记。即使在中华法系制度解体一百余年后的今天，中华法系的法律价值观念还是深深影响着现实的法律发展。在清末修律后的很长一个时期，我们所说的"法律"既无法与西方法律文化所定义的法律概念接轨，也无法与古人所言的"法"相吻合。例如，变革中人们将"以刑为主"的"律"与西方的"法"机械对应，以至于当人们说"某人犯了法"，其意思基本等同于说"某人犯了罪"。

清末民初的法律变革，为中国法律近代化开辟了道路。然而，在外界压力下的变革也留下了许多历史"后遗症"，主要表现在两个方面：一是盲目地将古代法律的制度、观念与现代法律进行比附，认为古代法律中民法、刑法自不待言，就是国际法等也"早已有之"。这种比附所导致的结果是以现代法律割裂传统，使有机的传统法被"解构"成一堆死的条文。二是认为中国传统法已成为故纸堆，对现实而言只是阻力，只是包袱，法律现代化必须彻底清除传统法的影响。这两种观点都有失偏颇。

一代人有一代人的历史使命。今天当我们有暇从容面对传统时，继承前人的变革成就，而消除变革留下的历史后遗症，就成为今天法律人的历史责任。我们对传统法的发掘，并不仅仅是解读传统法的条款，也不仅仅是分析传统法的理念。所谓"发掘"，应该是用发展的、联系的观点，探究中国传统法发展的规律，使经过改造的传统法能够适应今日社会法律的发展，而现代社会的法律也能够深深根植于传统法文化的土壤以汲取历史的营养，形成自己的特色。法治社会，需要完备的立法和司法制度，还需要保障这些制度能够顺利实施的社会理念和文化环境，发掘中国传统法，在这一方面正大有可为。

马小红教授等学者经数年写成《守望和谐的法文明——图说中国法律史》，对中国古代法律及其在近代的演进进行探究，以图文并茂的形式对中国古代法律模式的原貌进行了说明。阅读后，便可明白"诸法合体"并不是"以刑为主"，中国古代的法律也涉及社会政治、经济、文化、环境、国防等方方面面；也涉及国家与民众、国家机构间、百姓间的利益调整和规范。和同时代西方法律思想家相比，中国古代政治家、思想家的一些法律主张开历史先河，为人类文明做出了巨大贡献。作者的初衷是想纠正现代社会对中国古代法的误解和偏见，寻找可为现代社会法律发展所借鉴的历史经验，摆脱了以往言及中国古代法律大都以批判为主的基调，读者可以从阅读中体会到中国传统法的理想和智慧。

更可喜的是，此书的作者大都是青年才俊，发掘传统法，因为有了他们的努力而更有希望。马小红教授与北京大学出版社约我作序，虽然我在法学界浸润数年，但对中国传统法律文化和制度知之不多，阅读本书，收获颇多，仅以读后所感序之。

信春鹰

二〇〇八年十二月

守望和谐的法文明（代前言）

　　三年前，与学友李霞、徐爱国闲聊，起意要做一本"图说中国法律史"和"图说外国法律史"。但是，事情真的办起来，难度有点超乎想像。就说这个"前言"吧，已经是三易其稿了，而且每一次都有很大的改动。这三次"前言"的改动，是因为每当资料收集到一定程度后，便有一次作者间的讨论，每一次讨论，思路和体例都有一些变化，作者欲通过"文图"叙述的事实和论证的观点，在日常的切磋和集中的讨论中日渐明晰。这一次次的讨论和修改对作者而言是一种学术的挑战也是一种学术的享受，在本书付梓时，我想就本书写作缘起、所思所想及思路变化的过程写出来，作为前言，以飨读者。通过这种编写过程的记述，读者也许更容易了解作者所要表达的心声，如果读者通过阅读这本文图并茂的书，对作者的观点能有所认同或理解（哪怕是"同情的理解"），我们都会感到鼓舞和荣幸。

一、中国古代社会并非"法就是刑"，法律也不是"以刑为主

（一）编写本书的缘起——图说中国法律史

2005 年秋日，朋友小聚，说到应该用"图文并茂"的方式做一本"外

国法律史"，做一本"中国法律史"，一来可以丰富高校法律史教学的内容，提高学生的学习兴趣，并借此也可以纠正一些法律史教材中普遍存在着的误解。就中国法律史而言，误解主要发生在我们对古代法的认识上。一说起中国古代的法，人们就会想起血淋淋的酷刑、令人窒息的枷锁、阴暗的监狱和公堂上的板子。中国古代社会中的法就是刑，或干脆说中国古代社会是一个"有刑无法"的社会，是一个恐怖专制的国度——不知曾几何时，"礼仪之邦"的中国法律在人们的心目中留下了如此野蛮愚昧的形象。如今传统走"红"，人们对古代的建筑、器物、饮食及普通人的日常生活兴趣日浓，连楼堂馆所的装修都透出一股浓浓的"传统味"，而对古代的政治、经济、文化艺术、典章仪式、制度、人物更是津津乐道，但一说到法律，却言必称希腊、罗马，中国古代法似乎成了古代辉煌中的"黑洞"。这与我们接触到的中国古代典籍中所描述的那个安逸恬静的社会，与我们从祖先留下的精神和物质的遗产中所看到的那个文化底蕴深厚的社会实在是大相径庭。一个认为"法就是刑"的社会，一个人民整日都生活于酷刑恐惧中的国家，如何能创造出延绵五千年的辉煌文明，如何能为今天的社会留下如此丰厚的文化遗产？

改变人们心目中的中国古代法形象，用大量的文字图片资料来尽可能客观的描述那个被今人误解了的"中国古代法"，用文字资料和图片资料告诉学生和读者：中国古代并非"有刑无法"或"法就是刑"——这就是编写本书的缘起，当时我们为它取名为"图说中国法律史"。

（二）中国古代法形象的转变

说起中国古代法在人们心目中的灰暗印象，就不能不探究这种印象的来历。

1、中国古人深为自己的法律而自豪，西方一些启蒙思想家对中国法律也赞赏有加

中国古人对自己法度虽然时有检讨，但从未失去过信心。相反，古人无不以华夏的典章制度（法律包括于其中）而自豪。孔子言"夷狄之有君，不如诸夏之亡（无）也。"[1]意思是即使华夏这个区域内没有君主，也比夷狄有君主的统治好。为什么呢？因为华夏这个地方的礼乐文化远比夷狄发达，而这种发达的礼乐政刑传统远比君主重要。唐人也认为，传承千年的圣人之制本天地常理而设，是人类社会的大法："夫五经群史之书，大不过本天地设君臣，明十伦五教之义，陈政刑赏罚之柄，究

治乱兴亡之由，立邦之道，尽于此矣。"[2]在中国古人的眼中，"刑"从来不是国家治理的主要手段，相反其只是推行或执行法律的一种辅助手段。在儒家民本思想的指导下，统治者强调刑罚是一种迫不得已情况下才能使用的手段，强调用刑者须心存仁义、博爱，在惩恶的同时，更要以扬善为目的。在民本思想的约束下，"慎刑"是自汉以来刑罚适用的主导思想。当然，我们并不否认中国古代社会有大量的冤狱和酷刑，但那是历史的发展阶段所必然的产物，即使现代社会，冤狱也无法避免。与同时代世界其他地区和国家相比，中国古代的刑罚不仅不能说是特殊的残忍，而且在文明的程度上可以说是走在世界的前端——只要翻阅一下法国学者马丁·莫内斯蒂埃所作的《人类死刑大观》[3]，就不难得出这一结论。

不仅中国人对自己的法律充满信心，西方的一些思想家对中国的法律也赞赏有加。17、18世纪，中国文化风靡欧洲，对欧洲的启蒙运动起到了积极的促进作用。法国思想家魁奈由于崇尚孔子，被弟子称为"欧洲孔子"。魁奈认为君主专制分为两类，一类是合法的，一类是为所欲为或不合法的，而他认为中国的君主专制属于第一类，即"合法的君主专制"，因为"中国的制度系建立于明智和确定不移的法律之上，皇帝执行这些法律，而他自己也审慎地遵守这些法律"[4]。当然，欧洲启蒙运动中，思想家、法学家对中国文化和法律也多有批判，然而这种批判虽有偏见但并非恶意，可以看出，他们在努力试图客观地解释不同于他们自身的文明，虽然由于文化的隔膜，他们的努力常常达不到预想的目的。不可否认的是，尽管有文化隔膜和资料不足的制约，一些西方思想家通过中西的对比和另一个角度的解读，对中国文化和法律的论述还是具有非常大的启发意义。法国思想家孟德斯鸠的一段有关中国法律的论述成为我们研究中国古代法律的经典论断："中国的立法者们所做的尚不止此。他们把宗教、法律、风俗、礼仪都混在一起。所有这些东西都是道德。所有这些东西都是品德。这四者的箴规，就是所谓礼教。中国统治者就是因为严格遵守这些礼教而获得了成功。"[5]但是孟德斯鸠并不赞成这种"获得了成功"的中国政体，他批评中国人试图努力将法律与专制并行，但是，"任何东西和专制主义联系起来，便失掉了自己的力量。中国的专制主义，在祸患无穷的压力之下，虽然曾经愿意给自己带上锁链，但都徒劳无益；它用自己的锁链武装了自己，而变得更为凶暴"[6]。可以看出，无论是赞扬还是批评，中国法律在当时西方思想家、法学家的眼中都还不是"以刑为主"的，他们对中国法律的定义也不是"法就是刑"这样简单、片面。就是说到"刑"，在西方学者的眼中，中国的刑罚至少不会比他们的中世纪更残暴。

2、对中国法律印象的改变始于那个西方以武力征服中国的血腥殖民年代

研究中西方文化交流的专家周宁总结道：路易十四时代中国人的生活方式已经成为欧洲人追逐的时尚，中国的思想也深刻地影响着欧洲。"启蒙主义的大师们，多是中国的仰慕者，他们把孔夫子的格言当作座右铭，让康熙皇帝扮演西方国王们的榜样，于是法国国王、奥地利皇帝纷纷模仿中国皇帝举行亲耕仪式，中国具有悠久的历史、开明的政治与经济制度，对于伏尔泰、狄德曼、杜阁、魁奈那一代人来说，中国是一面旗帜，孔夫子是启蒙运动的守护神。"[7]但是，18世纪末，欧洲对中国的主流舆论逐渐改变，原本被赞叹的人性、开明、安逸、悠闲的中国成为野蛮、低劣、懒惰、散漫的国家。今天我们分析这一变化，应该注意到两点，第一点是欧洲经过近代启蒙和革命后，社会发展迅速，马克思写于1847的《共产党宣言》曾这样评价近代欧洲的进步："它第一次证明了，人类活动能够取得什么样的成就。它创造了完全不同于埃及金字塔、罗马水道和哥特式教堂的奇迹，它完成了完全不同于民族大迁徙和十字军东征的远征。""资产阶级在它的不到一百年的阶级统治中所创造的生产力，比过去一切时代的全部创造还要多，还要大。"[8]欧洲的飞速发展，置中国于"不进则退"的境地。发展着的欧洲对中国评价的转变也在情理之中。第二点是欧洲的价值观与中国不同，在人与人、国与国的交往中，尤其在近代资本主义的发展过程中，只有强者才拥有"话语权"，以国力论文化的优劣，以成败论英雄在欧洲人看来是天经地义的。在基于利益而不是道义的与中国的贸易往来中，欧洲需要将中国塑造成落后却又具有威胁力的国家，以"遏制"和"拯救"的名义名正言顺地攫取贸易往来中的最大利益。这也是西方的主流社会为什么在18世纪末以来更愿意接受孟德斯鸠等思想家对中国的批评，而无视或不信伏尔泰、魁奈对中国赞扬的原因。1792年英国勋爵马戛尔尼率团访华，使团考察的结果是认为中国浩如瀚海的典籍中找不到"自由"的理论，中华帝国缺乏人权和人的尊严，任何人包括外国使团对皇帝都要行跪叩之礼，其实更为重要的是，使团看到了作为拥有四亿人口的帝国，中国的军事远远落后于西方，国防弱不堪击。马戛尔尼看到了"中国是一尊泥

足巨人，只需要轻轻一击，就会扑倒在地。"[9]于是，此后便有了至今都令中国人刻骨铭心的 19 世纪中叶的鸦片战争和此后一系列的列强对中国的瓜分，中国的形象被西方的炮舰摧毁，这种摧毁是欧洲价值观的必然产物——落后就要挨打或就应该挨打。这种价值观与中国古圣贤所倡导的"存灭国，继绝世，举逸民"南辕北辙，但是在那个中国失去话语权的时代，在那个以武力论英雄，以国力论文化优劣的时代里，中国只有接受这个"规律"。

中国的法律，在以武力论英雄，以国力论文化优劣的时代里，不仅成为西方人攻讦的对象，而且成为西方武力征服的借口。没有正义、公正的追求，没有人权的理念，只有刑罚条文堆砌——停滞不前且残暴野蛮，成为中国法律的"特征"。"以刑为主"、"有刑无法"成为那个时代描述中国法律的"定论"和"通说"。19 世纪 60 年代英国法学家梅因在其影响深远的巨著《古代法》中阐述了这样的观点：在人类伊始的习惯法时代，世界各地的法律大同小异，但在法律进一步发展的"法典时代"，西方的法律开始显现出了令世界其他地区无法比拟的优越性，这种优越性主要表现在民事法律从内容到形式的发达和完善。以法典时代民法的发达与否为标准，梅因将社会区分为"进步的"和"静止的"，并认为西欧这种"进步的社会"在世界历史上"是一个罕有（值得骄傲）的例外"，因为世界其他地区的法律此时正处在"停滞"的状态中。印度处在"法律的统治尚未从宗教的统治中区分出来"的未开化的神判时期，而中国处在一个较印度进步但又"静止"了的"半开化"的法典时代：因为中国的民事法律虽然从"神权"中解放出来，但却不具备完善的形式和严格的体例，其内容"包括了这个民族所可能想像到的一切观念"，其没有经历"从'身份到契约'的运动"[10]。也就是在此时，我们看到西方使节、传教士、商人等发回本国和公之于世的大量的中国人行刑场面的照片——它似乎证实了中国的法律就是"刑罚"，中国是一个"有刑无法"的恐怖社会。残酷的行刑场面也自然会使西方人回想起他们刚刚摆脱或正在摆脱的那些恐怖。那些至今在网络、书籍中很容易找到的证实中国法律残暴的相片和图画，记录了历史的真实，但那只是局部的，并且是有选择的真实。今天的我们在面对这些"真实"时，应该有更深层的思索——那些局部的"真实"是否是中国社会的主流？百年间中国形象如何会在欧洲发生如此大的变化？

一方面，我们承认在近代化的进程中，西方确实领先一步，中国需要学习西方。另一方面，我们也应该认识到，在中国失去了话语权的那个时代，中国社会及中国法律确实被强者根据自己的利益需要和理解而"塑造"了。

（三）中国古代法是"以刑为主"，还是"以礼为主"？

被塑造了的中国法律，原本究竟是一个什么样的法律呢？如果对中国法律发展史稍加了解，就会发现在中国古人所生活的那个时代的"法律环境"中，刑罚不过是法律的有机组成部分，不仅"法就是刑"、"有刑无法"无法适用于中国古代社会的描述，就是"以刑为主"也与客观现实相去甚远。

1、"法"字字义，在中国历史的发展中，并非一成不变

中文中最初的"法"写成"灋"字，其含义是指审判的过程：以神兽"廌"判断曲直，不直者去之，达到如水一样的公平。秦汉后，法的含义主要是制度和各种规章，"灋"中的"廌"退出历史舞台。古人所言的法，就制度规范层面而言，是十分宽泛的，其远非"刑制"所能包括。二十五史中的《职官志》、《食货志》、《礼乐志》、《律历志》、《舆服志》无不在"法"之中。而这些"法"中的某些内容也都与我们今天所说的"法律"的一些制度规范有着相同的内容和性质。因此，就制度而言，我们也很难说中国古代的法是"以刑为主"的。我们现在所说的"法"，至少有两层含义，一是法的制度、规范；二是法的学理、理念。如果用我们现在"法"的含义反观古代，那么"礼"自然应该被纳入到法学的研究范畴中，因为法的制度所体现的理念，也就是我们现在所说的"法的精神"、"法的价值观"在中国古代则被称之为"礼"。早在清末，学贯中西的学界翘楚严复在翻译西方启蒙思想家孟德斯鸠的巨著《法意》时就说过："盖在中文，物有是非谓之'理'，国有禁令谓之'法'，而西文则通谓之'法'……西文'法'字，于中文有'理'、'礼'、'法'、'制'四者之异议，学者审之。"[11]严复不仅主张将反映法精神的礼、理纳入含义已经拓展了的法的研究范畴中，而且进一步认为中国古代的"礼"中所包含的一些制度、习惯、风俗也应纳入法的范围，以为现实法律的发展提供借鉴，他说："西人所谓法者，实兼中国之礼典。中国有礼、刑之分，以谓礼防未然，刑惩已失。"[12]这就是说，在古代，礼的某些部分不仅是法律制度的重要组成部分，而且礼所倡导的理念就是法律的灵魂和目的。

因此，我们现在所言的"法"，包括了古代"礼"与"法"两个方面，如果比较这两个方面孰重孰轻，在古人的心目中，"礼"远远重于"法"自不待言。而我们对中国古代社会中的法的误解是从概念就开始了的——机械地用已经演变了的、含义早已大大拓展了的现代"法"的含义僵化地对应古人所说的"法"，将"礼"摒弃于法的研究领域中，甚至将礼与法视为对立物，认为中国古代"重礼而轻法"，或"没有法的理念"等等，这种僵化的概念套用，割裂了中国古人对制度与理念既统一又区分的认识，从而抹杀了"礼"在中国古代法律体系中所具有的主导作用。这种以现代法为模式割裂古代法的"研究"，导致了人们对中国古代法的误解——中国古代的法律缺乏理念的支持，只是条文的堆砌，甚至只是靠刑罚维持和运作的帝王专制工具。

2、中国古代法律体系发展的三个阶段

从体系上看，中国古代法律也难以用"以刑为主"来描述，只有用"以礼为主"来概括才更为客观和全面，这也是中国为什么自古号称为"礼仪之邦"的原因。中国古代法律体系的演变有三个阶段[13]：

一是夏商西周的"礼治"体系形成时代。礼治体系对社会犯罪采取的措施是以预防为主的，"刑"的惩罚只是社会治理的辅助手段，或者是不得已而用之的方法。礼治的理想境界是"法设而无犯，刑设而不用"，也就是我们现在还常常用到的成语："刑措不用"。对家庭、财产等纠纷，则一般用教化的手段化解，"教化"才是礼治体系中占有主导地位的核心，我们可以用一个简单的表格来表示三代的礼治体系，并明了刑在礼治体系中的地位：

	体系构成	内　　容	实施方式	作　　用	目　　的
礼治	礼　义	亲亲、尊尊等礼的宗旨	教化（或礼教）	注重意识形态的控制	正其心
	礼制（仪）	习俗、制度（包括法）等礼的规范	刑　罚	注重制度完善	正其行

二是春秋战国礼法并立的时代。此时儒法两家各持礼法中的一端，儒家主张弘扬三代的"礼义"（法的精神和宗旨），改革或简化"礼仪"（包括法律的条文和制度），而法家则主张加强刑罚的作用，用完备的制度约束百姓。中国历史上，法家是空前绝后的唯一主张"以刑为主"的

学派，其学说只见用于战国秦之际。但即使在战国至秦，儒家虽不能适应统治者迫切的"富国强兵"的需求，其在社会上的影响也非同寻常。秦始皇为消除儒家的影响，采取"焚书坑儒"的极端暴力手段镇压儒家，但是天下"诵法孔子"之声仍不绝于耳，其长子扶苏也力劝始皇尊崇儒家[14]。儒法两家主张的差异如下表所示：

主张 学派	强调	内 容	实施方式	特 点	目 的	源 渊
儒 家	礼 义	伦理道德	教 化	以理服人	王 道	礼治中礼义
法 家	法 治	制度法律	刑 罚	以力服人	霸 道	礼治中礼仪

三是汉代之后的"礼法并举"，"以礼为主"的时代。汉至清代，儒家的思想成为社会的主导思想，法家的思想虽然被摒弃，但其主张和建立的制度却得以沿袭，是为众所周知的"汉承秦制"及"儒法合流"。在儒法合流，以儒为主的文化背景下，古代的法律实为一个礼与法相互结合的"共同体"。在这个"共同体"中，复活的礼教是法的核心。以教化解决争讼，预防犯罪是法的重心，而"刑罚"只是一种"弼教"的手段。汉至清的法律体系如下表：

法 的 体 系	构 成	内 容	融合方式	相互关系
	礼 义	伦理道德	指导立法、司法	法的灵魂
	法 制	律、令、科、比等 法规、条例	纳礼入法	体现礼的宗旨和精神

由此可见，无论是从法的概念、还是从法的体系以及这一体系在中国古代社会的历史演变来看，我们都无法得出中国古代社会"法就是刑"及法律"以刑为主"的结论。

当我们从法律的角度，将"礼"纳入了我们的研究视野，我们就可以发现中国古人早就明智地发现"刑"在维持社会秩序的同时，也有着激化社会矛盾、败坏人性或人心的负面作用，历朝历代都有一些思想家、政治家再三再四地强调要限制刑罚的过度使用，要努力追求刑措不用的境界。"恤刑"、"慎刑"在中国古代法律思想的发展中不仅始终占据主流地位，而且有着制度的保障，比如"死刑复奏"制度、"录囚"制度、"会审"制度。可以说世界上没有哪个国家和地区的古代法律如此重视削弱刑罚的负面影响，并力图将刑罚的负面作用限制在尽可能小的范围内。清乾隆时代的著名学者纪晓岚在编写《四库全书总目》时总结道："刑为盛世所不能废，而亦为盛世所不尚。"这句话精辟地道出刑在中国古代社会法律体系中的地位。

套用西方学者的一句名言"法是古罗马人天才的发现"，我们也可以自豪地说："礼，是中国古人智慧的结晶和体现"，礼的发达才是中国古代法真正的特点之所在。

二、中国古代法自有其合理的模式

（一）本书思路的调整——中国古代法"故事"图鉴

在明确了写作的宗旨——基于现有的资料，尽可能客观地描述出中国古代法，改变被曲解了的中国古代法形象——后，我们确定了"图说中国法律史"编写的体例和进度计划。体例以历史发展的脉络为经，2006年的上半年搜集整理图片，下半年配以文字，全书争取在年底完成。为了突出中国古代社会法律"以礼为主"及"礼"对现代社会的影响，我们组织中国人民大学法学院法律史教研室的研究生利用寒假回家的机会，广泛拍照：当地的古代建筑，如庙宇、学堂、书院、大院、衙门、牌坊等；当地的习俗，如节庆的内容形式、求神拜佛、家族聚会、社会往来、穿着饮食等都在搜集之列。当时参加这项活动的同学有十余人。[15]

事情的进展，尤其是图片的搜集和整理，困难超乎了我们的预想。利用寒假拍回的相片，很多与我们要研究的内容并不切合，有些甚至没有关联。这也许是因为在编写初期，主体思想尚不太明确、思路也尚未成熟造成的。另外一个更大的问题是，实地拍回的相片，可用者，所反映的大都是清朝及其以后的状况，明朝的已经罕见。如此，原来设定的体例就产生了问题。如果"以史为经"，按朝代"图说"的话，宋代以前的"图"基本空白。而通过网上和其他渠道搜集到的图片，虽然十分丰富，但在编排和使用上也存在很多问题，因为这些图片所反映的内容并不像文献资料那样容易掌握，一是资料的解释和真实性有待甄别，二是大量的数千张图片的筛选非短期内可以完成，更何况有些王朝的资料很多，而有些则不足。2006年上半年，按进度，图片的资料虽然基本搜集完毕，但如何使这些资料系统并具说服力则成为关键问题。在编撰者

守望和谐的法文明（代前言）

的反复交流中，我们决定按照资料的实际状况，舍弃按时代为经的编写体例。于是，我们又想到了目前有关教材所采用的一种较为普遍的体例，即以部门法为纲目，如：行政法律方面的内容、刑事方面法律的内容、民事方面的法律内容、诉讼等等。这样虽然不利于展现中国古代法发展的阶段性，更有僵化比附之嫌，但也有一定的优点，而且更有利于本书主体的阐述：使读者理解中国古代法律并非"以刑为主"，其内容远比我们想像的丰富；展现中国古人的法律智慧，用事实证明中国古代法律虽然没有"部门法"形式上的分类，但其内容并不简陋。我们也想到要在每一编的序言中，辨正一下古今有关法律概念和内容的异同，以尽量弥补古今比附的缺陷。

但是，编写的过程中，我们发现，将古代社会的法套在现代法的框架中，结果实在是有些不伦不类。古人有古人的生活方式，古代社会的模式是一个符合当时那个时代的有机的整体，法律模式也是如此，我们无法按照我们的想当然而将其分类。比如我们无法用古代的"货殖"、"食货"来比附今日的经济、商业一样，我们今日所言的法虽然在某些观念、内容上与古人相同或可以与古代社会的法律相比拟，但差异，尤其是表达方式的差异、解决问题的方式方法的差异、对问题轻重缓急认识上的差异都是无法抹杀的。如果我们一概用"民事法律"比附古代的"户婚"、将"讼事"归为"民事纠纷"、将"律"说成"刑法"、将"狱事"说成"刑事案件"、将"大理寺"换成"最高法院"、将"律学"变成"法学"……这样的"图说"与其说是介绍，毋宁说是另一种对传统法的曲解或误导。

为此，编撰工作搁置了一段时间，当然这只是形式上的搁置。如何用最好的体例真实地反映出古代社会的法律，使读者可以真切地感受到当时的法律环境，认识到法律今天与昨天的区别和联系，寻找到古人留给我们的法律发展动力，检讨我们丢失了哪些弥足珍贵的东西等等，对这些问题的思考可以说一天都没有间断过。

2006 年底，即按进度应该是本书的"杀青"之时，但那时却正是我们编撰工作进行得最为艰难的时刻。翻检我们所搜集到的资料，我们重新审视并确定了编写原则：

第一，尽可能客观地反映历史的原貌，反映出中国古代法律的特点。我们确认古代没有部门法的分类，也没有现代意义上的法学家。但这并不说明中国古代的法律不合理。中国古代社会的法律与当时的社会相适应，其法律是综合性的。我们在"图说"中应力求表现出古代法律模式的原貌，以避免用现代或西方的标准将古代的法律模式割裂得支离破碎。因此，套用部门法体例的编写方法也应该舍弃。

第二，那么，中国古代法的"原貌"究竟应如何表达？我们想到了古代的类书，《通典》、《文献统考》、《册府元龟》等等。从类书及流传至今的"律"来看，中国古代法律模式是以"官"为纲目构成的综合体系。其表现形式是：帝王是法律的核心所在。其主要表现为国家的立法权、司法权最终统一于帝王之手。但统一的帝国幅员辽阔，国事万千，帝王不会也不可能事必亲躬，日常大量的法律事务，包括一些很重要的事务，帝王必须通过制度和法律依靠官员运作。古代社会中，每一个官员的职守都与法律有着密切的关系，尤其是地方官，县令、知府的职责基本就是两件事，一是按照制度兴农纳税，二是依据礼律听讼断狱。明清时由唐三司推事发展而来的会审制度也典型地表现出了中国古代法律"以官为纲"的综合性特征。因此，本书必须要表现出这种被古人称之为"官法"的法律特征，而不是近代以来西方学者强加给我们的所谓"以刑为主"的特征。

第三，中国法律的这种"综合性"与中国古代社会匹配，自有其合理性。因为中国古代社会本身就是一个综合性的社会。1995年我在《中国古代社会的法律观》的"后记"中曾写过对中国古代法的认识："中国传统文化融会贯通，传统法律是整个传统文化的一个有机成分。而中国传统文化的突出特点即是整体的和谐与局部的缺陷。用今人的眼光去评判分析传统文化的某一部分，都会给人以缺憾的感觉，如宗教、哲学、科技、法律等。但若将这些有缺憾的个体放到或融合到整个传统文化中去加以考察，它们所处的地位却又恰如其分。局部的缺乏（陷）换来了整体的和谐，这也许可以称之为'合理的缺陷'。就单纯的法律传统而言，许多人在刚接触到它的时候，不免大失所望。认为中国传统法律与西方古希腊、罗马相比确实大为逊色。但若将传统法律置于中国古文明的背景中，将礼乐政刑作综合的研究，则不难发现中国传统法律完全可以以其独到之处与古希腊、罗马相媲美。"[16]虽然，中国古代社会的"合理性"未必适合现代社会，但其因为精心设计和筹划而达到的整个社会所具有的高度协调一致却是我们至今也不应忽视，并且极具借鉴意义的。

（二）篇章体例的确定

为了将中国古代法的合理性展现出来，同时也考虑到资料的搜集状况，我们又一次调整了编写的体例，按中国古代法律的实际状况分类，即设为四篇："人物篇"、"典籍篇"、"法律体系篇"、"司法制度篇"。同时将本书的重点内容放在以图的形式展现中国古代的"法故事"上。

如此改动也降低了不切实际的对史料完整性的要求，实事求是地根据现有资料，丰富处则力求充实，匮乏处则存阙。

1、人物篇

介绍中国历史上有为的思想家、帝王、政治家、学者有关法律的主张和理念。需要说明的是，这些人并非是我们现在所说的"法学家"，他们对法律的论述只是他们哲学思想、政治主张的有机组成部分——这是中国古代社会"法"的特征所决定的。近代以来，学界以为中国没能形成西方那样的法治传统，是因为没有"法学家"或"法学家阶层"。这种观点影响到整个社会，以至于一谈到法律，我们就感到惭愧，认为祖先没有给我们留下这笔遗产。然而，言必称希腊、罗马的结局是"法学的幼稚"持续了百年。其实，如果在中国古代社会的环境中出现了"法学家"，甚至"法学家阶层"，那才是不可思议的事情，而且一定会是怪胎。正如我们不应该也不能以是否出现过"礼学家"为标准衡量西方社会文明一样，中国历史上没有法学家并非是什么缺陷，因为中国古代思想家、政治家、学者对法律的论述和主张，其思维、阐述的方式虽然不同于西方法学家，但其内容的丰富与深刻绝不逊色于西方。在中国，将现实法学与传统法律思想连接（而不是断裂）之日，才是法学摆脱"幼稚"恶评之时。当这种"连接"不仅成为学界，而且成为社会大众的自觉意识和行动时，我们才有资格来谈论兼容古今中外优秀文化为一体的未来的法律模式。也只有探求法律人物的思想，才能真正了解中国古代法的原生态。

2、典籍篇

介绍中国古代的法律典籍。中国古代社会是农耕社会，农耕社会的特点是稳定，在稳定的社会中，"经验"无论是对于安邦定国，还是日常生活都至关重要。因此中国古代"史学"格外发达，典籍十分丰富，就法律典籍而言，用"浩如烟海"来形容一点也不过分。古人对历史是极为尊重和认真的，司马光在修《资治通鉴》时，讲到在浩瀚的原始资料中排沙简金："简牍盈积，浩如烟海，抉摘幽隐，校计毫厘。"[17]这些经过沿波讨源，排沙简金的典籍，凝聚并闪烁着古人的智慧。虽然在今天的"商品社会"中，在瞬息万变的社会发展中，"经验"的作用虽有所局限，但是"经验"也并非完全无用武之地，因为农业社会也好，商品社会也罢，人类社会的发展是延续的。就法律而言，即使西方近现代的法律也是古代法律的延续。限于篇幅和体例，"图说"所选的法律典籍可以说挂一漏万，但也足以说明中国古代绝不是一些人所认为的那样是一个"专制无法"的社会，是一个皇帝说了算的法家"人治"社会。更不是一个将法等同于"刑"的恐怖社会。中国古代的先贤们通过淡化"自我"从而淡化人们的权利意识进而将各方利益的协调与认同实现于各种法律典籍的编纂、制定过程当中，使得在将近两千年的封建社会里中国的各种法律典籍不但稳定，而且闻名于世，它所承载的精神理念广播亚洲乃至世界各国。中国古人通过"礼法结合"将社会的习惯与规则引入法典的制定，使得国家法典有了最广泛的群众基础和最大的社会认可度。"礼"所确立的精神原则和行为规范就是中国古代各种法律典籍的合法性基础，法律典籍因为遵守和体现这种精神与规范而受到最大限度的尊重与信仰。

3、法律体系篇

介绍中国古代社会的法律制度和法律执行状况。这是本书的核心所在。中国古代的法律制度当然有我们今天所说的行政法律规范、民事法律规范、刑事法律规范的内容，也有诉讼程序制度的设定。古今中外，人类社会面临许多相同的问题，比如家庭、财产的纠纷，婚姻的缔结与解除，社会政治、经济、治安秩序的维持，国家与百姓、社会不同阶层之间的利益分配，国家、民族、团体间的往来等。但解决这些问题的思路和方法中西方有所不同，因此有关这些问题的法律分类和表现方式中西方也有所不同。在中国古代，"官"是社会的核心，所以"官法"便以国家行政机构为纲目而制定，"官法"将中央王朝所辖的广大地区的政治、经济、文化，甚至百姓的私事都置于庞大的官僚体系的管理之中。在官法之下，地方官成了"父母官"，天下的官吏百姓都成了皇帝的子民。官法使人们感受到"天下一家"的温情，但其代价是自由独立空间的缩小和丧失。中国古代的制度和法律是否被执行了呢？这也是本书所要解决的重点问题。目前，学界有一种说法，即中国古代法律制度是纸上谈兵，实际并没有真正地实行过。应该承认，中国古代社会中的法律制度与法律实践并不完全一致，许多法律制度由于种种因素成为具文。但是，若不带有偏见，我们可以看到任何一个社会的立法都不可能在实践中被不折不扣地执行，这种立法与执法间的差距一般来说人们在一定程度上是可以理解和容忍的。当然，中国古代社会也是如此。立法不能完全执行，在中国古代主要是受到权力的干扰，其它如官吏素质、对法律理解的差异、地区的差异等等也是法律不能完全付诸实践的原因。但是，这并不等于说中国古代的立法只是统治者的"作秀"，由于重视经验，中国古代的立法往往来自实践，而并非是纸上谈兵。对大多数的普通案件而言，依法断案是对官吏的基本要求，所以明清律中才有"官员读律"的条款。本篇的"图文"便证明了中国古代不仅有法，而且这种独树一帜的法律，也曾被我们的古人努力地付诸实践。

4、司法制度篇

介绍中国古代法律的执行状况。与现代社会不同，中国古代地方司法与行政是合一的。县衙与州府的大堂也是听讼断狱的"法庭"。一般的民事纠纷，古人称之为"细事"的案件，更多是在家族的祠堂和乡村的"申明亭"中由家长和耆老了断。在这种众人参与的"裁决"中，曲直的依据是人人烂熟于心中的礼。州县，甚至中央的户部都有听讼的职责，但国家还是提倡最好不要为细事而争讼不止，更不要将讼事闹到公堂。与"讼事"相对的"狱事"，则不是可以私了的。官府对"狱事"的重视可以通过严密的审断程序看出，与这些程序相对的有县衙、州府、大理刑部以至皇帝，我们如果将"重刑"解释为对刑事案件的重视也许更符合中国古代的实际。因为在那个时候，礼是"定亲疏，决嫌疑，别异同，明是非"的根本大法。

我们自信以上的编撰体例基本能够系统地反映出中国古代法律体系和人们的法律理念，使人们真切地认识到中国古代社会不但有法，而且法在一般社会状态中对大多数普通案件是具有权威效力的。我们还相信本书改名为"中国法'故事'图鉴"可以使主体更加突出，研究更加深入，其与中国古代以史为鉴的学风也一脉相承。

三、再现中国古代"和谐"的法文明

（一）寻找法律发展的传统动力——守望"和谐"的法文明

在资料、体例、主题的寻寻觅觅中，转眼又是一年。套用一句古人的法言法语"秋后算账"，本书确实也到了该"出炉"的时间了。2007年仲秋时节，为了此书的出版，作者和编辑又聚在一起，进行最后的斟酌。自由自在的讨论（类似聊天），释放着每一个人的思想，最后，讨论的中心话题集中到了本书的"主线"是什么上。告诉读者我们古代的法律并非"以刑为主"；中国古代并非是恐怖的"有刑无法"的社会；中国古代法律独树一帜，在当时的那个时代中具有无可争辩的合理性并在历史上发生过巨大的影响和积极作用……那么，告诉读者这些的目的又是什么？话题至此，有一种豁然的感觉，其实我们最终的目的很明确，就是希望古人所造就的法在我们这个时代中不再只是受到批判，而是也能如西方启蒙时代的古希腊、罗马法那样受到人们的珍视和弘扬，成为现实法律发展的动力而不是阻力。历史的研究，虽然是超脱的，但研究者的最终目的也许始终无法脱离那条"经世致用"的为学古训，这也许是中国文人无法摆脱的一种传统情节。对中国古代法的情有独钟，实际上还是来自对现实法治的关注，我们期盼在现实的法治发展中能"盘活"古人留给我们的这份丰厚的遗产，使它成为"国家将来滋长发荣之具"，[18]以贡献于中国和世界。如此，中国古代法的"和谐"理念与制度体系自然成为我们要突出展示的"主线"。

于是，在四篇体例基本确定的基础上，我们决定从"和谐"的角度切入，有意识地发掘古代法中的和谐因素，为古代法能在现实中转化为法律发展的优良传统而尽绵薄之力。基于此，我们为本书确定了标题："守望和谐的法文明"。

所谓"守"，是守护、保护之意，但不是僵化的固守。其强调的是对历史的尊重，对古人的尊重。所谓"望"，是期望、盼望之意，意在表明对古代法坚韧的守护，是期望中国古代法的合理性得到应有的承认，更期望其在更新、改造后成为现实法律发展的动力和平台。

本书的编撰从缘起到最终标题的确定，已经有了"质"的变化。开始我们只是想将其作为教材的补充，纠正现实中人们对中国古代法的一些误解，而现在我们更注重通过纠正这些误解发现古代法的优秀成分，贡献于社会和现实中的法律发展；开始我们只是想通过图文并茂的生动的"图说"形式，将中国古代法的"故事"告诉读者，现在我们希望通过"故事"进行更深入的理念研究，并深入浅出地告诉读者要善待、珍惜祖先留给我们法律智慧和优秀的法律传统；我们想向读者传送这样的一种理念：现实和未来的法律发展，必须凝聚着传统法律的精华，为了现实和未来，守望中国古人造就的法文明我们责无旁贷，我们对中国古代法在未来的作用也充满了期待和信心。

"和谐"是人类社会的共同理想，但是，中西方社会在力图实现这个理想时所采用的方法和所走的路径并不相同。中国古人更多地主张通过社会上每一个人的自律达成社会的和谐，通过理解和互助达成族群的和谐，通过感悟达成人与自然的和谐。与人为的制度和法律制约下的和谐相比，中国先哲更注重人们通过发自内心的对自然大法的尊重和敬畏而达成的和谐。可以说中国古人基本上不相信只通过人为制度的完善就可以安定社会，达成和谐。中国古代法律的理念也是如此。所谓"天网恢恢，疏而不漏"，所谓"其身正，不令而行"即是此意。但是，中国古人并不排斥人为法，他们思想的精髓在于力倡人为法度必须上合天理，下顺人情——如此的法律才能建立起真正和谐的秩序，才能维护社会的祥和而不是激化社会的矛盾。谁能说古人的法思想中不充满着智慧之光！

在此简要地整理综合一下仲秋之时的聚会漫谈中，诸位同仁集中谈到的几个论点，作为本书的导读。

（二）和谐的中国古代法文明

就法的理念而言，"和谐"并非中国所独有，中西传统在这一点上是不谋而合的——"正义"的理念永远是法律的灵魂，社会建立在"公正"基础上的和谐也同是中西法律追求的目标。尽管古今中外不同的文化对正义、公正含义的阐释不尽相同，实现正义和公正的途径也各自不同，如两千年前太史公司马迁所言的那样："天下一致而百虑，殊途而同归"。[19]在对正义与和谐的追求中，中国古代法文化的独到之处在于更强调人们"善性"的弘扬，比如：通过朝廷官府的倡导，精神及物质的适当鼓励，社会风尚的树立，养成人们自律的习惯，以达到和谐的境界，由于强调弘扬善性，中国古代法律体系中，道德与法律相为表里，以道德为基础的法得到社会的广泛认同——这一点，近代以来成为人们抨击的对象，有些学者认为法律与道德应该有着明确的分野，否则法律的作用就无法显现。但正是法律与道德的相为表里，中国古人在生活中才有了更高的目标追求。这种对人的"善性"的肯定，实际上源自对人的信任的尊重。法国启蒙思想家伏尔泰这样称赞中国的法律："在别的国家，法律用以治罪，而在中国，其作用更大，用以褒奖善性。若是出现一桩罕见的高尚行为，那便会有口皆碑，传及全省。官员必须奏报皇帝，皇帝便给应受褒奖者立牌挂匾。前些时候，一个名叫石桂（译音）的老实巴交的农民拾到旅行者遗失的一个装有金笔的钱包，他来到这个旅游者的省份，把钱包交给了知府，不取任何报酬。对此类事知府必须上报京师大理院，否则要受到革职处分。大理院又必须奏禀皇帝。于是这个农民被赐给五品官，因为朝廷有为品德高尚的农民和在农业方面有成绩的人设有官职。应当承认在我们国家，对这个农夫的表彰，只能是课以更重的军役税，因为人们认为他相当富裕。"[20]尽管伏尔泰文中所用的资料笔者至今也未能找到确切的依据，但其描述的中国古代的"旌表"制度无疑是存在的。作为法律，旌表的目的在于"扬善"，在于将犯罪和违法制止在"已然"之前，如《大戴礼记》所言：礼"贵绝恶于未萌，而起敬于微眇。使民日徙善远罪而不自知也"。即礼的作用在于将人们的恶念遏止在尚未萌发的状态，而将人们的善性弘扬光大，使人们在不知不觉中实践善行而远离犯罪。与西方社会强调通过法律对人的"恶性"的遏制、强调通过完善制度的设计和制度的实现来达到社会的公正与和谐相比，中国古代法的旌表制度在预防违法犯罪方面也许更有利于和谐理念的顺利实现。

就中国古代法的制度而言，和谐的宗旨更是处处得以体现。仅举以下条文事例为证：

1、与自然的和谐

中国古代法律强调对天地自然的敬畏。《礼记·曲礼》言，先王用占卜之法"使民信时日，敬鬼神，畏法令"。即敬畏自然大法。在这种顺应自然而不是征服自然的理念指导下，保护环境、限制自然资源的过度开发和利用成为法律的重要部分。《礼记》记载了人们在一年中应顺应季节的变化而应从事的不同工作和劳动，所谓春耕夏长秋收冬藏。有些工作和劳动在一定的季节中是被禁止的。如春天不得入山狩猎，不得下湖捕捞，不得进山林砍伐，以免毁坏山林的生长，破坏生态环境。[21]在

"秦简"和其他王朝的法律典籍中我们可以看到《礼记》所体现的理念和设想已经制度化、法律化。如《睡虎地秦墓竹简》的《田律》中有这样的规定：春二月，林木生长，不得入山砍伐；土地需要灌溉，不得堵塞水道。春夏之交，草木生长，不许取草烧灰作为肥料，以免影响草木的发芽与生长；不准捕捉鸟兽、鱼鳖；不得掏取鸟卵、幼鸟、幼兽。七月解除禁令。[22]《唐六典·卷七》记：冬春之交，水中的生物交配孕育，此时不得在川泽湖泊上捕鱼；春夏之交，山林中禽兽孕育，树木生长，因此不得入山砍伐狩猎。

这种保护自然资源、保护环境的法律规定，反映的法律理念是多方面、多层次的：哲学上的"天人合一"、礼俗方面对自然的"敬畏"、对一切生命力所能及的保护和善待、顺应自然的理念等等。而其中的某些观念和制度与现代法治的理念是十分吻合的。

2、国家民族间的和谐

中国先哲强调"王道"，即国家民族无论大小强弱，都应该和睦友好地相处，而不应施以武力对弱小国家和民族进行征服或兼并。在此有必要解释一下"王道"与"霸道"。"王道"是指古圣王所行之道。如尧、舜、禹、汤、文、武王等。《尚书·洪范》言："无偏无党，王道荡荡；无赏无偏，王道平平；无反无侧，王道正直。"霸道是指春秋以来，强大的诸侯把持王政，"挟天子而令诸侯"之道，如春秋五霸。[23]所谓"王、霸"之争起于春秋战国之时，儒家反对战争和强权，主张行先王之道，以理服人，在各诸侯国的关系上维系和平共处的制度，对于弱小的诸侯国应出自"存灭国，继绝世，举逸民"[24]的仁义善良的愿望加以保护，而不是征服兼并。法家则不以为然，他们认为在各国"竞于气力"的时代，王道过于迂阔。各诸侯国的统治者应该以本国的利益为重，加强实力，以力服人，扩张自己的势力。孟子对"王道"与"霸道"的不同作了十分精辟的概括："孟子曰：以力假仁者霸，霸必有大国；以德行仁者王，王不待大：汤以七十里，文王以百里。以力服人者，非心服也，力不赡也；以德服人者，中心悦而诚服也。如七十子之服孔子也。《诗》云：'自西自东，自南自北，无思不服。'此之谓也。"[25]即王道的特征在于行德，以理服人，使东西南北的人心悦诚服而后有天下，所以，"王道"是长久之道。霸道的特征在依恃实力而假行仁义，以力服人。所以霸者虽有大国，但民心不服，"力"也终究会因此而衰亡，所以"霸道"是难以维系的非正义之道。

中国自秦统一后，对外关系的主流是和平共处，以互利互让为基础的。向外派出使节，如汉之张骞、明之郑和等，多是为了了解和沟通。而对周边地区的方国和民族也基本采取相互尊重，互利交流之策，并强调对方国和周边民族风俗习惯的尊重。《礼记》阐述了中原地区与各民族间关系的原则：由于地理环境不同，各民族的性格、习俗、制度、信仰不同，中原地区的王朝应该宣扬自己的礼教，但尊重不同民族的风俗；帮助他们发展，但不将自己的制度强加于他们。[26]在两千余年的历史发展中，《礼记》所概括的理念被不断地法律化，周边少数民族及方国的出使王朝，由专门机构按品级予以接待；王朝也按礼节回访及出使周边的国家和民族。据《唐六典》记，唐代专设"典客署"掌管对外的交往"凡酋渠首领朝见者，则馆而以礼供之"。这种掌管对外往来的机构的主管官员在西周时称为"掌客"、汉代称为"行人"，魏晋称为"客馆令"，隋唐称为"典客令"。就婚姻而言，中央王朝的法律没有民族歧视的规定，这在古代法律中是比较罕见的。《大清律例》中有"外番色目人婚姻"条，规定"凡外番色目人，听与中国人为婚姻（注：务要两相情愿）。"在经济往来上，中央王朝的法律允许边界地区开市进行物质交流。如唐代的典籍记《关市令》记，边境关口可以开设与"外蕃人"物质交流的"市"，称为"互市"，但市的四周要有设防，并派人把守。开市的日子，卯时（早5至7时）之后，各交易人将货物带到市场交易，物价由官司与外蕃人商定[27]。

如果没有以和谐为理念的法律支持，很难想像中国多民族统一国家的形成和发展。这种不同国家和地区和平共处，相互尊重，共同发展的法律规定，体现了中国古人对和谐"王道"的追求，其是中国古代法律耀眼之处，可以成为现代国际社会交往的范本。

3、社会家庭的和谐

早在西周时期，统治者就反复强调要关注社会弱势群体的利益，在经济生活、司法审判中"不敢侮鳏寡孤独"[28]。历代的法律制度也强调官府对穷苦无告的民众的冤屈要格外关心，为他们"做主"。《周礼·大司徒》述"地官大司徒"之职，其中有："以保息六养万民：一曰慈幼，二曰养老，三曰振穷，四曰恤贫，五曰宽疾，六曰安富。"清经学家孙诒让解释："慈幼"，即十四以下不从征；"养老"，即"年七十以上，一子无征，三月有馈肉；八十以上，二子无征，月有馈肉；九十以上，尽家无征，日有酒肉。死，上共（供）棺椁。""振穷"与"恤贫"即救济贫穷无力生产自给自足之人；"宽疾"即由国家收养聋、哑、瘸、肢体残缺及侏儒。"安富"即使富者安心于生产。[29]中国古代法律中也明确规定官府有收养无依无靠的孤老疾患者的义务。如《大清律例·吏律·收养孤老》规定："凡鳏寡孤独及笃废之人，贫穷无亲属依倚，不能自存，所在官司应收养而不收养者，杖六十。若应给衣粮而官吏克减者，以监守自盗论。"这种对弱势群体出于仁义的体恤，是社会家庭和谐的保证。

竞争中的以强凌弱、以众暴寡在中国传统文化中被视为大罪恶，也是法律严惩的对象。这种对弱势群体的体恤和关切，不仅有利于社会矛盾的缓和，而且体现了法律的公正精神。其与现代法律文化的诉求不仅不相悖，而且完全一致。

深入考察中国古代法，可以发现，在现代法治的形成过程中，从理念到制度，我们并不乏可资利用的本土资源。我们有理由对古代法律文化的更新、改造、转型充满希望。其实，即使在近代反思、批判中国传统法律文化的思潮中，深邃的思想家对中国源远流长的传统法律文化的更新也寄予希望。梁启超在迫于时势，力倡西学时，也曾高屋建瓴地指出："我之法系，其最足以自豪于世。""研究我国之法理学非徒我国学者所当有事，抑亦全世界学者所当有事也。"[30]

（三）全面、历史地评价中国古代法

中国具有数千年的文明，如何评价中国历史发展的主流，尤其是评价中国古代法律，确实是需要慎重对待的问题。因为近代以来，中国古代法始终被反省和批判，即使在如今传统回归大潮中，法律也被置之其外。有人甚至认为如果说中国古代文化中有精华和糟粕之分，那么古代法就是糟粕部分。这里有两个问题需要注意，一是如何全面地评价、二是如何历史地评价中国古代法。

先说全面地评价。所谓全面，就是整体分析中国古代法自形成到解体的过程。这实际上涉及资料的取舍问题。中国古代史学发达，资料的浩瀚堪称世界之最，如果人们"预设"了某种观点，在这浩瀚的资料中都不难寻出对自己有利的论证。比如，我们要论证中国古代帝王视法律为儿戏，资料可以信手拈来；但是，在丰富的史料中也不乏帝王守法的事例。我们可以用许多的资料证明中国古代法的残酷，但也可以很容易地找到更多的资料来证实中国古代法的文明和进步。在这样的情况下，恰当的资料取舍和对事物本质与主流的把握就至关重要。在资料的取舍

上，我们应该注意经史中的"经典"。经学中的许多著作实际上就是历史的记载，故有"六经皆史"之说。这些经书经过前人的反复研磨、探讨成为中国传统文化的"经典"，其中所宣扬的一些思想和观念，随着"经"的地位的确立和巩固而日益深入整个社会，成为社会的精神支柱，中国古代法的主流观念也应反映于其中。史学著作则以正史、政书与官修史书为主，因为这些史料的撰写者是当时的"精英"，得"官修"之便，所见资料全面而高屋建瓴。在正史、政书、官修史书中，一个时代的法律观念和制度得以比较全面地反映，而且信息量大，分类科学，容易查找。如历代《礼乐志》、《刑法志》、《食货志》及一些有关人物的传记。有一些野史、笔记等，固然生动地反映了一些社会状况和法律"故事"，但限于作者阅历和身份，其毕竟有极大的局限，其往往只是作者一地一时之见，作为正史与官修史书的补充或个案研究尚可，而用其作为主要史料使用则难免片面，也难以系统地反映历史的真实状况。如《四库全书总目》言："正史体尊，义与经配，非悬诸令典，莫敢私增。所由与稗官野记异也。"[31]子、集类的书应本着"常见资料"为主的原则，因为这些资料虽然在流传中不免有讹误之处，但经过几百年，甚至两千余年的流传，几经前人的辨伪和解释，应具有较高的可靠性。以常见资料为研究的基础，也是许多著名学者读书研究经验的最好总结。李学勤言："我是最主张读常见书的。常见书还没有读，却一味去猎奇求异，绝非善读书者。"[32]

再说历史地评价。中国古代法律的发展有不同的阶段，不同的阶段有不同的特征。近代以来，我们比较关注清代，尤其是清末的状况，我们所见到的一些西方传教士、使节、商人对中国的描述，甚至拍摄的相片，也基本是清中期后的状况。中国古代自宋明之际就进入了由盛到衰的转折时代[33]，清朝是中国古代社会的最后一个王朝，就法律而言，这一时期的特点是立法技巧发达，法律体系完备，条文严密，但是由于官场的积弊日深，舞文弄法成为社会的痼疾。如果我们仅以晚清为对象，阐述中国古代法，难免以偏概全。如果仅仅是为了批判或证明中国古代法的不合时宜，寻找一些不具典型性的资料和事例的话，更难免形成对中国古代法的偏见。伏尔泰曾经指出过西方一些人根据一时一事而评价中国的不公正做法："跟其他地方一样，中国也存在各种不良行为，但这些行为肯定会因法律的约束而更有所抑制，因为他们的法律始终如一。《海军上将安森回忆录》的博学的作者因广州小民曾经想方设法欺骗英国人，便鄙视和讽刺中国人。但是，难道可以根据边境群氓的行为来评价一个伟大民族的政府吗？假如中国人在我们沿海遇到船难，根据当时欧洲国家的法律可以没收沉船的财货，而按照习惯又允许杀死货主，那么中国人又将怎样评论我们呢？"[34]

从思想史的角度看，法律思想的黄金时代是春秋战国时期，春秋战国的百家争鸣：道家的"道法自然"、儒家的"礼治"、墨家的"尚同"、阴阳家的"时令说"、法家的"一断于法"、名家的"循名责实"等等，都蕴含着丰富的法思想。在秦统一后，统治者不断利用权力"统一思想"，排斥异端，但是，春秋战国各家的思想还是通过不同的方式渗透并融合到"大一统"的思想体系中。比如汉中期形成的正统法律思想，即以儒家思想为基础，以阴阳学说为解释，因时因势而融合了法家、道家的有关主张。正统法律思想作为古代的主导思想并不因王朝的变换而变化，自汉至清其始终是国家立法、司法的主导思想。直到明末清初启蒙思想家出现后，其主导地位才受到挑战。所以，自汉以后，法律思想的发展进入的"大一统"时代，由于强调独尊儒学，精通儒家经典成为入仕的必备条件，许多士子学者"两耳不闻窗外事，一心只读圣贤书"，这种缺乏争鸣的环境也使正统法律思想在发展中日见僵化。

从制度上来说，汉唐的法律制度最令世人崇尚。众所周知，自诩"千古一帝"的秦始皇，按照法家的设计创建了统一的中央集权制王朝，为维护王朝的统一，秦法制发达，史称诸事"皆有法式"。但是，由于统一的秦王朝只存在了十五年，便被推翻。秦亡的原因不在制度，而在统治者对"政治时机"认识和把握的失误。原本经过几百年的战争，人心思安，秦王朝又不乏强大的国力，发达的制度。统一后，顺应民心，安定天下是唾手可得之事，但是秦始皇信奉法家，主张"霸道"，并以民为敌，认为只有严厉的"铁血"手段才能使天下信服。于是，王朝大兴土木，赋税徭役畸重，刑罚严酷，以致人们对统一后的生活失去信心，最终揭竿而起"伐无道，诛暴秦"。代秦而起的汉王朝，统治者的明智表现在他们只是对秦始皇的为政手段和理念进行了拨乱反正，并不否认秦王朝的制度，相反"汉承秦制"，秦王朝的制度在汉得以充分地实践并在实践中被补充。就法制而言，秦的酷刑在汉得到有效的控制，汉文帝废除肉刑被后世称为"千古仁政"，中国的刑罚制度由于立法上废除了肉刑也确实向文明迈进了一大步。由于儒家思想的复兴，汉代的"经狱折狱"为礼法"共同体"的形成开辟了道路。汉代以后，中经魏晋南北朝，隋唐成为中国古代法制发展的黄金时代。隋唐的法制，思想与制度高度协调，律令格式充分体现出礼治的理念，后人评价唐律宽严适中，一准乎礼，并为后世立法者之圭臬。

历史地评价中国古代法，春秋战国时代的法律思想和汉唐时代的制度是我们在发掘传统时应重点给予关注的。

四、一代人有一代人的历史使命

近代以来，受西方法学的影响，学界普遍认为中国社会的法律虽有数千年的传承，但是并不健全，甚至将中国古代径直称为"无法之国"。梁启超写成于光绪二十八年（1902 年）的《论立法权》中言："呜呼！荀卿'有治人，无治法'一言，误尽天下，遂使吾中华数千年，国为无法之国，民为无法之民。"梁启超所处的时代，中国正处在列强瓜分的危机之中，中国的法律也处在以西方模式为标准的评判中，那是一个弱肉强食的时代，是一个以武力论"英雄"的时代。仿效西方，完成中国法律由古代向近代的转折是当时人们无奈而明智的选择。当时的国际形式确如启超言——不变法则无立足于国际的资格——"印度大地最古之国也，守旧不变，夷为英藩矣；突厥地跨三洲，国历千年，而守旧不变，为六大国执其权分其地矣；非洲广袤，三倍欧土，内地除沙漠一带外，皆植物饶衍，畜牧繁盛，土人不能开化，拱手以让强敌矣。……"[35] 而当时的变法又必然会"矫枉过正"，因为，中国是一个历史文化延绵传承了五千年之久的国度，变革的要求主要是因外界压力所致，其并非是内部发展的需要，这种被专家学者称为"外源式的法制现代化"[36]，缺少传统法变革的基本社会条件——市场经济，因此许多人不免对变法的必要性有所质疑。更为重要的是当时的中国，"祖宗之法"具有天然的权威和合法性，这从朝廷大臣的上书中开篇必言"三皇五帝"、"禹汤文武"便可以看出。"沿袭"祖宗之法在中国人的心目中是天经地义的。若无冲决一切网罗的决心，变革的道路就无法开辟，岌岌可危的中国只有坐以待毙。故谭嗣同言："今日中国能闹到新旧两党流血遍地，方有复兴之望，不然则真亡种矣。"[37]这就是百余年前中国无法摆脱的变革就要"矫枉过正"的原因。一百年前的仁人志士勇敢地承担起批判传统、反思传统的历史重任。在魏源的《海国图志》中，中国人知道了欧美不同与往日祖先们所遇到的"夷狄";在严复对西方的考察叙述中,中国人对"西人治国有法度"有了进一步的认识;在戊戌变法和辛亥革命的血雨腥风中,中国人逐渐了解中国古代法律的落伍和法的价值观的陈腐。也就是在戊戌变法后,中国古代的法律体系开始瓦解。

一代人有一代人的历史责任,如果说,百余年前那一代人的法律使命是用批判开辟中国法律近代化之路的话,我们今人对传统法的使命则应该是发掘和建设性的,这是我们所处的时代使然。因为任何现实社会法律的发展都不可能"中断"传统,也不必要"中断"传统;也因为时过境迁,先辈们的奋斗使我们有了一个良好的国际环境,使我们有暇从容地面对传统及传统法,可以对传统法进行深入细致的考察。更重要的是因为,我们可以不再以武力或国力的强弱去论文化及法文化的优劣,也可以不再以西方的法模式为唯一标准对中国传统法进行评判。继承我们先辈的勇气,而不是固守沿袭先辈们在特殊历史条件下所阐述的一些"观点",与时俱进,从传统中发掘法律现代化的资源,正是我们这一代人的历史使命,也是百余年前先辈们的期望。

问题在于,至今我们似乎并未认识到这种历史使命的转变,仍然习惯不费气力地沿袭着前辈的某些观点,对中国传统法进行着似是而非的批判,其中一个典型而且在社会上影响广泛深远的观点就是认为中国古人生活在"无法"的社会状态中,或者生活在恐怖的"以刑为主"的法律网罗中,"礼仪之邦"似乎成了"刑罚恐怖的国度"。"以刑为主"、"重刑轻民"、"缺乏学理"等,多少年来,在许多高等院校的教科书中甚至成为中华法系的"特点"。如果我们至今对此观点尚不予以学术上的澄清,中国传统法的发掘和继承就会成为虚言,我们将会有愧于先贤和时代。

马小红
二〇〇八年仲秋

1 《论语·八佾》。

2 《通典·序》。

3 [法]马丁·莫内斯蒂埃著：《人类死刑大观》，袁筱一、方颂华、陈惠儿、徐岚译，漓江出版社1999年版。

4 [法]弗朗斯瓦·魁奈著：《中华帝国的专制制度》，谈敏译，商务印书馆1992年版，第33页。

5 [法]孟德斯鸠著：《论法的精神》（上册），张雁深译，商务印书馆1987年版，第313页。

6 [法]孟德斯鸠著：《论法的精神》（上册），张雁深译，商务印书馆1987年版，第129页。

7 周宁编著：《2000年西方看中国》（下册），团结出版社1999年版，第626页。

8 《马克思恩格斯选集》（第一卷），人民出版社1973年版，第254-256页。

9 参见周宁编著：《2000年西方看中国》（下册），团结出版社1999年版，第639页。

10 参见[英]梅因著：《古代法》，商务印书馆1959年版第二章、第五章。

11 《严译名著丛刊·孟德斯鸠法意》（上册），商务印书馆1981年版，第2-3页。

12 《严译名著丛刊·孟德斯鸠法意》（上册），商务印书馆1981年版第2-3页。

13 关于中国古代法发展阶段划分的详细论证，参见马小红：《礼与法：法的历史转折》，北京大学出版社2004年版第三章。

14 参见《史记·秦始皇本纪》。《本纪》中还记载秦始皇不用长子扶苏尊儒的建议，且将其发往边地领兵，但在临终时却下诏传位于扶苏，不知其是否对儒法两家的观点有了重新的认识。

15 当时参加的学生主要有李红果、韩涛、满运佳、李正华、王丹、王永胜、辛坤艳、晁宝栋。

16 马小红著：《中国古代社会的法律观》，大象出版社1997年版，第191页。

17 司马光：《进<资治通鉴>表》。

18 梁启超语，见《饮冰室合集·文集之二十八·中国道德之大原》，中华书局1989年版。

19 《史记·太史公自序》。

20 [法]伏尔泰著：《风俗论》（上册），梁守锵译，商务印书馆1995年版，第217页，

21 参见《礼记·月令》。

22 参见《睡虎地秦墓竹简》，文物出版社1975年版，第27页。

23 《左传·成公二年》记："五伯之霸也，勤而抚之，以殁王命。"疏："郑玄云：天子衰，诸侯兴，故曰霸。霸，把也，言把持王者之政教，故其字或作'伯'或作'霸'也。"参见《十三经注疏·春秋左传正义》。

24 《论语·尧曰》。

25 《孟子·公孙丑》。

26 参见《礼记·王制》。

守望和谐的法文明（代前言）

27 参见《白氏六帖事类集·卷二四》。

28 参见《尚书·周书》中的"诰"及《吕刑》。

29 参见《周礼正义》。

30 梁启超:《饮冰室合集·文集之十五·中国法理学发达史论》,中华书局 1989 年版。

31 《四库全书总目·卷四五·史部·正史类一》。

32 李学勤著:《失落的文明》,上海文艺出版社 1997 年版,第 6 页。

33 关于此观点的论证参见马小红著:《中国古代法律思想史》,法律出版社 2004 年版,
    第 189-193 页。

34 [法]伏尔泰著:《风俗论》(上册),梁守锵译,商务印书馆 1995 年版,第 216-217 页。

35 梁启超:《饮冰室合集·文集之一·变法通义》,中华书局 1989 年版。

36 参见吕世伦、姚建宗:《略论法制现代化的概念、模式和类型》,载《法制现代化研
    究》(第一卷),南京师范大学出版社 1995 年版,第 13-15 页。

37 转引自蔡尚思、方行编:《谭嗣同全集》,中华书局 1981 年版,"编者的话"。

目　录

法律体系篇　"礼乐政刑，综合为治"的法律体系

守望和谐的法文明

SHOUWANG HEXIE DE FAWENMING

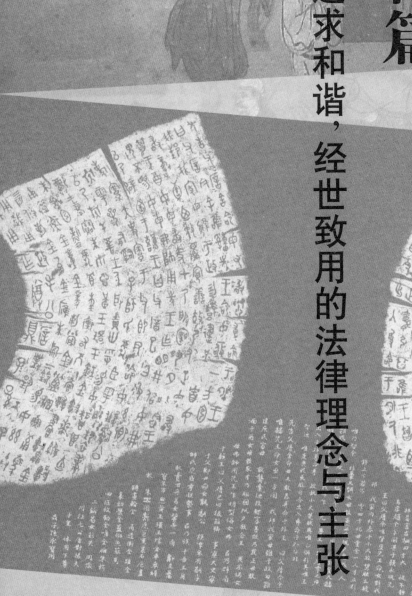

人物篇

追求和谐，经世致用的法律理念与主张

近些年来传统习俗的回归现象日益多见，比如充满"古色古香"的各地庙会、随处可见的唐装、烟花爆竹的"禁改限"等。随之而来的是对传统文化的研究越来越多地受到社会关注，"国学"正在成为人们口中的时髦词汇。在传统文化逐步复兴的背景下，对传统法律文化的研究亦日趋活跃。

　　梁任公曾言，历史的目的在于将过去的真事实予以新意义或新价值，以为现代人活动之资鉴。我国著名法学家曾宪义教授也曾指出："在中华民族伟大复兴的前夜，研究传统法律文化不是复古，不是回归，而是更高层次的创新。"因此我们研究的目的就在于从传统中寻找力量来适应新情况，促生新意义、新价值，充分发掘中国传统法律文化中的优秀元素，为现代的法治建设汲取营养。

　　中国古代社会虽然被称作"礼治"社会、"人治"世界，但是，习法、尚法、重法的精神一直占据着重要的位置，中国传统法律文化中的许多观念和做法，在今天看来仍弥足珍贵。就法律思想而言，中国传统法律思想强调道德教化与法律的互为表里，注重维护家庭和睦与亲情的伦理性规则，主张"明德"、"调解"、"息讼"。这些观念反映了中华民族的传统美德，有利于从更广泛的角度缓和社会矛盾、解决社会问题、降低社会成本，从而达致"和谐"的社会理想，对现代法治理念的形成和现代法律制度的建设具有重要的借鉴意义。

　　目前有很多人用西方现代法学学科的划分来比附中国古代法，认为中国古代没有西方式的法学，因此认为中国古代只有法律制度而没有法律思想。诚然，中国历史上既没有出现过像亚里士多德、西塞罗、阿奎那、洛克那样的法学家，也没有出现过像《理想国》、《政治论》、《论法的精神》等法学名著，更没有出现过像西方那样众多的法学流派和"法治理论"，但是这一切并不代表中国古代没有成熟的法律思想，亦不代表中国古代没有法学。我们应当在传统文化的大环境下审视这个问题，尤其应注重中国古代"法"的特点。

　　从整体来看，中国的传统知识系统是混合型的。政治、经济、文化、哲学、法律思想往往是你中有我，我中有你，相互结合成为紧密联系的有机整体，很难将其绝对地划分开来。正如马小红教授所指出的："圆通是中国古代文化的特色，其造就了中国传统学说的'整体和谐'与'局部缺陷'。但若将这些有缺憾的个体放到或融合到整个传统文化中去加以考察，它们所处的地位却又恰如其分。局部的缺乏（陷）换来了整体的和谐，这也许可以称之为'合理的缺陷'"。中国传统法律因此具有很强的实用理性，强调通过多种方式来具体解决实际问题，其着眼点在于问题的解决，通过保障个案的合理性来实现整体社会的和谐，并不强调维护抽象的正义原则。这样，法律往往就与其他手段结合在一起，成为中国古代整体制度中紧密相连的组成部分。

同时，具体到个人，由于受中国传统文化特质的影响，我国古代学人往往是"一身多职"，其研究领域和实践范围不局限于某个领域，其知识结构也是混合型的。如先贤孔子，以著名教育家闻名于世，但其同时也是伟大的思想家、哲学家和史学家。再如唐代著名诗人柳宗元以其杰出的文学成就闻名于世，但同时又是杰出的法律思想家，其对正统法律思想的质疑在中国传统法律思想发展史上具有重要意义。所以，我国古代学人留下的著述往往也是包含诸多思想的。这就需要我们进行整理归纳，从中找出包涵法律思想的内容。在这个意义上，中国古代法律思想史的研究或许更加艰难，这也许是中国法律思想史较之中国法律制度史研究薄弱的另外一种解释。

钱穆先生在《中国历史研究法》一书中，对中国为什么没有专门的政治理论著作和政治学家做了很好的解释，对于我们理解中国古代法律具有很好的借鉴作用，现恭录于此：

研究制度，必须明白在此制度之背后实有一套思想与一套理论之存在。在西方历史上，所谓政治思想家，他们未必亲身参预世纪政治，往往只凭著书立说来发挥其对于政治上之理想与抱负。如古代希腊之柏拉图，如近代欧洲之卢骚、孟德斯鸠等人皆是。但中国自秦以下即为一种士人政府，许多学者极少著书纯讲政治理念。这并非中国人没有政治理想，乃因他们早多亲身参预了实际政治，他们所抱负的多少可在实际政治上舒展。当知中国历代所制定所实行的一切制度，其背后都隐伏着一套理论之存在。既已见之行事，即不再托之空言。中国自秦以下历代伟大学人，多半是亲身登上了政治舞台，表现为一个实践的政治家。因此其思想与理论，多半见诸其当时的实际行动实际措施中，自不必把他们的理论来另自写作一书。因此，在中国学术思想史上，乃似没有专门性的有关政治思想的著作，乃似没有专门的政论家。但我们的一部政治制度史，却是极好的一部政治思想史的具体材料，此事值得我们注意。[1]

将钱穆先生的这段话用于解释我国古代法律制度与思想的问题，很容易得出如下结论：没有专门的法学家、没有专门的法学著作，不意味着我国没有法律思想和法律理论，他们同样存在于法律制度的背后，存在于那些法律人物的实践中。通过梳理我国古代学人的著述，透过他们的实践，从中寻找出法律思想的内容，就可以发现中国传统法律思想的博大精深。这也许就是本篇——人物篇写作的主要任务了。

一、先秦：从制礼作乐到百家争鸣

（一）明德慎罚、制礼作乐的周公

周公（？—约公元前 1090 年），姓姬名旦，西周初期杰出的政治家和思想家。

周武王死后，周公摄政，辅佐武王之子平王，在此期间"制礼作乐"，建立了一系列制度，为稳定西周初期政权奠定了基础。周公的思想言论，大多集中在《尚书》的《大诰》、《康诰》、《酒诰》、《多士》、《无逸》、《多方》诸篇。

周公在法律思想上的贡献首先在于其对夏商神权法思想进行修正，提出了"以德配天，明德慎罚"的思想。周公为证明周取商而代之的正当性，提出"天命靡常"[2]的思想，认为天是天下人共有的，"天命"不属于任何一个部族和个人，是可以转移的，"天命"转移的条件就是"德"，即"皇天无亲，惟德是辅"，也就是有德者得天下，失德者失天下。商失去"天命"的原因就是"不敬其德"，而周取得"天命"成为"天之元子"获得统治权的合理

【周公像】

性就在于周"有德"。毛公鼎铭文记载:"丕显文武,皇天宏厌厥德,配我有周,膺受大命。"

周公进一步认为,"德"的核心是"保民",因为民心的向背是有德失德的标尺,民心直接反映天意。这样,民的地位得到了极大的提高,神的权威不再是唯一的了。因此,统治者要长治久安,就必须体恤民情,做到"明德",其主要内容有:要关心民间疾苦,尤其对处于弱势的人们,如对鳏寡笃疾孤独无靠者要给予特别的关怀,以体现统治者视民如子的仁慈之心;要对同族的贵族给予特殊的关照,使他们能珍惜名誉,保守节操;对民众要以教化为主,用古人之法,"胥训告,胥保惠,胥教诲"[3]。

体恤民情之"德",在法律上的表现则是"慎罚",主要包括:(1)"罔厉杀人"[4],即不滥杀无辜。周公说过:如果执政者不遵法度,无宽容之心,任意惩罚无罪之人,杀害无辜,势必招致人民的仇恨。[5](2)"罪人不孥",即不族株连坐。周公认为殷商的"罪人以族"不利于体现统治者之"德",也不利于社会的安定,在进行刑罚时,应遵循"父子兄弟,罪不相及"[6]的原则,一人犯罪,一人承当。这种"罪止一身"的刑罚主张是符合社会文明进步的,其对后世的影响也是积极的。(3)区别过失与故意、惯犯与偶犯。[7]对于故意犯罪和惯犯,要从重处罚;对于过失犯罪和偶犯,要从轻处罚,即使其是重罪,也可不处以极刑。(4)要宽严适中,即罚当其罪,轻重适宜。《尚书·立政》记载周公曰:"兹式有慎,以列用中罚。"意思是说,用刑要谨慎,要设置宽严适中的刑罚。而《尚书·吕刑》通篇都强调制定刑法和适用刑罚要慎重,力求不偏不倚、不轻不重。(5)罪疑从轻。周公主张对于没有确切证据的案件,要从轻处罚。《尚书·吕刑》记载:"五刑之疑有赦,五罚之疑有赦,其审克之。"即对于判处"五刑"而有疑点的案件,可以按照"五罚"处理;如果以"五罚"处理仍有疑问的,可以赦免。

【毛公鼎】

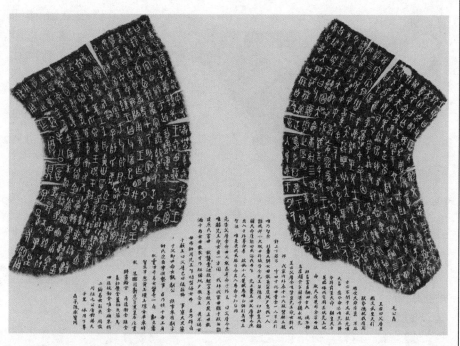

【毛公鼎拓片】清道光年间陕西省岐山县周原出土，是西周晚期宣王时的一件重器，因作者毛公而得名，共有铭文 32 行，497 字，是现存青铜器铭文中最长的一篇，郭沫若先生称其"抵得上一篇《尚书》"。鼎铭记述了周宣王的诰诚，是一篇完整的册命，反映了西周晚期的法律思想。全文可分五段：（1）追述周代文武二王开国时政治清平的盛况，对比作鼎时时局不靖；（2）宣王策命毛公治理邦家内外；（3）给予毛公以宣示王命的专权；（4）告诚鼓励毛公以善从政；（5）赏赐毛公车、兵、命服。

　　需要指出的是，周公的"明德慎罚"并不是排斥刑罚，对于违背伦理——"不孝不友"、危害统治秩序——"寇攘奸宄，杀越人于货"等犯罪，周公主张"刑兹无赦"。[8]其实，"慎罚"思想的本身便包含了用刑准确，宽严适度的意思。周公"明德慎罚"的思想对后世法律思想影响深远，春秋战国时儒家的"为政在德"思想与法家的"缘法而治"思想，尤其汉儒法合流后产生的"德主刑辅"的思想皆可以从周公的思想中找到源流。[9]

【铁匜】1975年2月在宝鸡岐山县董家村出土，享有中国"青铜法典"的美誉，其铭文上记载的是一起处罚诬告的判决，所涉及的鞭刑、墨刑和赎刑与"五刑"、"五罚"吻合，亦被称为"中国历史上第一部法律判决书"。

周公在法律思想上另一重大贡献是在损益夏商两代的基础上，对"礼"的思想和制度加以发展和完善。礼，是原始社会末期血缘氏族制的产物，包含祭祀和氏族内部行为规范两层含义。夏商时期，伴随着国家的建立，礼保留下来成为约束人们言行举止的规范，并逐渐发展成为具有普遍意义的"礼制"，主要起到维护宗法等级和利用血缘纽带团结族人的作用。到了西周时期，周公兼采夏礼、商礼，对以往的宗法习惯进行了补充、整理，制定出一套涉及政治、经济、军事、行政、司法、宗教、家庭、道德等方面的典章制度、礼节仪式，这就是周公制礼。

《礼记·曲礼》记载的："道德仁义，非礼不成；教训正俗，非礼不备；分争辩讼，非礼不决；君上臣下，父子兄弟，非礼不定；宦学事师，非礼不亲；班朝治军，莅官行法，非礼威严不行；祷祠祭祀，供给鬼神，非礼不诚不庄。是以君子恭敬撙节退让以明礼。"恰如其分地说明了礼的博大。

【士人之冠】图中所戴的帽子，古人称之为冠。根据《周礼》，男子于二十岁时要举行冠礼，表示已经成年。士人之冠，又称为玄端，只有贵族才有，普通百姓则以尺布裹头为巾。

与礼制相对应的是作为法律思想与道德观念统一体的礼治思想体系，其基本原则即《礼记·大传》中所总结的"亲亲也，尊尊也，长长也，男女有别，此其不可得与民变革者也"。这其中，尊尊、亲亲是其基本原则。亲亲，是指亲爱自己的亲属，特别是以父权为中心的尊亲属，即所谓"亲亲父为首"。尊尊，是指下级官吏或身份等级卑贱的人必须尊敬和服从上级官吏或身份高贵的人，尤其是作为天下之尊的天子，即"尊尊君为首"。周公礼治思想的要求在《礼记·礼运》中有着更具体的表述："父慈子孝，兄良弟悌，夫义妇听，长惠幼顺，君仁臣忠"。所以周公将不孝不友视为罪大恶极，要"刑兹无赦，"《孝经·五刑》记："五刑之属三千，罪莫大于不孝"。

（二）儒家法律思想的奠基人孔子

孔子（公元前 551—前 479 年），名丘，字仲尼，鲁国昌平乡陬邑（今山东省曲阜一带）人，中国历史上伟大的思想家、教育家，儒家学派的创始人，自汉武帝到清，地位堪称"国师"。孔子任过鲁国司空（掌管土木工程之官）、司寇（掌管司法之官）等职，后来周游列国，阐述自己的学说与主张，回到鲁国后整理当时的文化典籍，其思想主要集中在《论语》一书。

孔子对当时礼崩乐坏的社会现状极为不满，认为应当通过改良周礼实现社会的和谐。为此，孔子运用道德说教的方法，把西周的"礼治"思想纳入自己的思想体系，建立起儒家学说，主张以仁为核心的伦理政治。孔子认为，这个伦理政治的基础是礼治、德治和人治，以刑为主体的法律不但会破坏伦理的温情，形成暴政，而且会导致人们羞耻心的丧失，所以法律虽不可或缺，但却不能占据主导地位。

【吴道子绘孔子像石刻拓片】

【刘邦祭孔图】公元前 478 年，即孔子卒后的第二年，鲁哀公将孔子故宅辟为寿堂，开始对孔子的祭祀，这是最早的祭孔活动。公元前 195 年，汉高祖刘邦过鲁，首次以"太牢"（即皇帝祭天大典）祭祀孔子，开皇帝祭孔的先河。此后，祭孔活动升为祭孔大典，与"祭天"、"祭黄"一起成为封建时代的"三大国祭"。

孔子思想以"仁"为核心，并且认为"仁"是最高的道德标准，是人际交往的基本法则，将其用以处理家族关系，应做到"父慈、子孝、兄友、弟恭"；用以处理君臣关系，应是"君使臣以礼，臣事君以忠"；[10]用以处理一般人之间的关系应是"己欲立而立人，己欲达而达人"[11] 和"己所不欲，勿施于人"[12]的"忠恕"之道。只有这样，才能达到"天下归仁"[13]的目的。

在礼法关系上，孔子认为礼是人们言行与思想的最高准则，是法的精神和灵魂，法只有与礼治精神一致时才具有价值，与礼治相悖的法毫无价值，当法与礼冲突时，应当舍法而取礼。《论语·子路》记载了这样一个故事：有一次叶公（就是那个好龙的叶公）告诉孔子说，我们那里有个人偷了一只羊，而他儿子挺身而出证明父亲有罪，你看我们那儿的风气多好啊！孔子回答他说，我们和你们不一样，如果儿子犯了罪，父亲因亲情而隐瞒，或者父亲犯了罪，儿子替他隐瞒，这都是人之常情，正直就在这里了。可见，孔子认为只有按人之常情办事才算得上正直，因为公正体现于人情之中。这里的人情就是礼所体现的人与人之间的"亲亲、尊尊"的关系。为了维护这种礼治，即使违背法律也是正确和应当的。

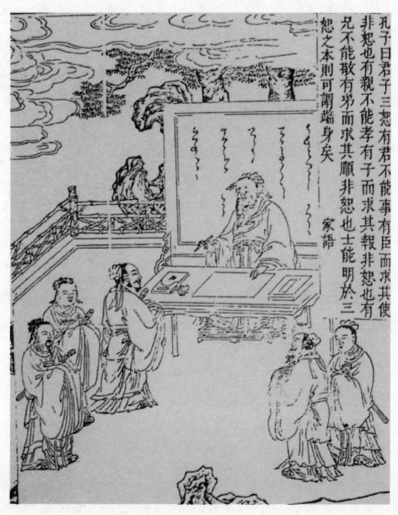

【孔子三恕图】《孔子家语》记载孔子曰："君子有三恕，有君不能事，有臣而求其使，非恕也；有亲不能孝，有子而求其报，非恕也；有兄不能敬，有弟而求其顺，非恕也。士能明于三恕之本，则可谓端身矣。"这就是忠恕之道的最直接表述。

【孔子杏坛讲学图】孔子作为世界著名的教育家，三十岁时就开始招收弟子，从学者甚多，号称弟子三千，贤人七十二。在孔子看来，教育的功能远胜于刑罚，他曾断言，如果一个人能做到孝悌，就不会去犯法："其为人也孝弟（悌），而好犯上者，鲜矣；不好犯上，而好作乱者，未之有也"。

　　孔子还主张"德治"，实行以理服人的王道，反对统治者通过严刑峻法来维护统治。孔子曾说"为政以德，譬如北辰，居其所而众星共之"，意思是说如果统治者以德治国，则天下的百姓都会像天上的繁星围绕北极星一样，围绕在他身边。孔子进而分析了两种治国方针，曰："导之以政，齐之以刑，民免而无耻；导之以德，齐之以礼，有耻且格"，意思是：用法律禁令去引导百姓的言行，使用刑法来约束他们，百姓则只会求免于犯罪受到惩罚，却不会有廉耻之心。如果用道德教化引导百姓，则百姓就会因为有廉耻心而不去犯罪。无疑，在孔子看来，道德教化比刑罚要高明得多，它既能使百姓循规蹈矩，又能使百姓有廉耻之心，有利于实现社会的长治久安。

通过德教，孔子追求的终极目标是"无讼"的理想境界。《论语·颜渊》记：孔子言"听讼，吾犹人也，必也使无讼乎"。

我们应当了解的是，孔子主张"无讼"和"有耻且格"绝不是否认刑罚或制度的作用，而是认为应当先教后刑，教化为主，刑罚为辅。所以在宣扬"无讼"理想时，孔子也具有现实主义的一面，认为礼高于法，但不能取代法，所谓"礼乐不兴，则刑罚不中"。中，为不轻不重之意。这就是说在礼的指导下，要准确地适用法律。[14]孔子甚至同意在一些特殊时期使用"猛"的措施，据《左传》记载，郑国在子产死后，采用了较为宽减的法律制度，导致国家盗贼横行。后郑国出兵平乱，"尽杀之"。孔子并不认为这是暴政，反而认为"政宽则民慢，慢则纠之以猛。猛则民残，残则纠之以宽，宽以济猛，猛以济宽，政是以和"。

（三）儒法合流的荀子

荀子，名况，字卿，战国末期赵国（今山西南部）人。荀子在政治上虽一生不得志，但在学术上却颇有成就。在总结诸子思想的过程中，荀子形成了自己独具特色的思想体系。荀子之说本于儒学，兼采各家所长而成为战国后期的代表。同时，法家的一些著名人物如韩非、李斯，也出自其门下。荀子的思想主要集中在《荀子》一书中。

在礼法关系问题上，荀子以儒为本，兼采各家之所长，提出了隆礼重法的主张。"隆礼"就是遵奉礼治，是对儒家思想的继承与弘扬，但荀子所讲的"礼"已不完全等同于孔孟之礼。"重法"即重视法律的作用，是荀子吸取了法家理论提出的，也是荀子基于现实社会需要对儒家思想所做的变通。

荀子对传统儒家的礼进行改造，一方面，以"尚贤使能"、"忠君报国"的新礼取代"任人唯亲"、"孝悌为本"的

【荀子像】

【《荀子》（元刊本）】据专家考证，现在《荀子》三十二篇，前二十六篇为荀子撰，后六篇为门人弟子所著。

礼，实际上是将以"亲亲"为核心的礼变成了以"尊尊"为核心的礼。

这样的礼，既能"养人之欲"，即规定人们所应得的"欲求之物"的"度量分界"，使人们有所节制，以免"物"和"欲"不能"相持而长"；又能区分等级贵贱，所以为政者须重视礼治。

同时，荀子指出礼治并不是万能的，只有"礼"、"法"并重，国家才能得以治理。荀子提出了"法者，治之端也"[16]的主张，认为法是治理国家的首要条件。基于这种观点，荀子对法家的"法治"思想不是一味地反对，而是有选择地进行批判和吸收。例如他主张制定和公布成文法，做到"进退有律"，"罪

旧礼，主张采用"无德不贵，无能不官"[15]的原则选拔任用官吏，以便平民取得和贵族大致相同的地位，有权利参与国事或者入仕为官。另一方面，荀子主张取消贵族的世卿世禄制，各级官吏由国君直接任免，从而加强君权。由此可见，荀子的

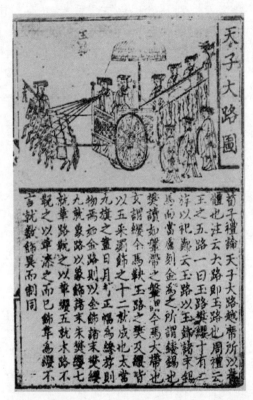

【天子大路图】大路，即指天子所乘坐的车。据《周礼》记载，"王之五路，一曰玉路，二曰金路，三曰象路，四曰革路，五曰木路"。图中的天子所乘之车的华贵，正是天子威严的象征。在荀子的观念中，理想的社会是天子统率一切，既有规范君臣上下，尊长卑幼的礼义，又有约束人们言行的政令法律，是礼和法的和谐统一。

祸（过）有律"[17]，以法作为治国的准绳和赏功罚罪的标准；主张严于执法，罪行相称，"刑称罪则治，不称罪则乱"[18]，反对赏不当功、罚不当罪。可以说，荀子"隆礼"、"重法"的思想开儒法合流之先河。[19]

在人治和法治的问题上，荀子赞同人治观点，提出"有治人，无治法"[20]的思想，意为治理好国家的关键是人而不是法，必须有好的统治者才能治理好国家。究其原因有三：首先，法是由人制定的。法对治国虽然很重要，是"治之端也"，但法毕竟是作为统治者的"人"制定出来的，所以说"君子者，法之原也"[21]。法的好坏完全取决于作为统治者的"人"的好坏。其次，法的执行也要依靠人。荀子指出，即使有了良法，也还得靠人来掌握和贯彻，否则便成为一纸空文，不能发挥其作用。"故法不能独立，类不能自行。得其人则存，失其人则亡。"[22]最后，法不能对复杂、变化多端的国家大事、社会生活概括无遗。而且法有一定的稳定性，不能完全随机应变，法的漏洞需要人去弥补。可见，荀子之所以重"人治"，并非不要法律，而是说"法"与"人"相比较，应以"人"为重。

（四）集法家思想之大成的韩非

韩非（约公元前 280—前 233 年），韩国公子，曾师从于荀子，《史记·老子韩非列传》记韩非"喜刑名法术之学，而其归本于黄老"。韩非对春秋战国以来形成的各个学派，尤其是法家学说进行了系统总结，最终形成完整的法治理论体系，成为法家的集大成者。韩非的法律思想体系，概括了前期法家思想的内容，并在其基础上有所发展，其主要包括两个方面的内容，一是包括法治的必然性和必要性在内的"法治理论"，二是为法治的实现提供了切实可行的"法治"方法。

在法治理论问题上，韩非继承了商鞅的历史发展观，认为社会是不断发展进步的，不是古不如今，而是今胜于古，时代变化了，国家的统治方式和法制也应做相应的变化，不能复古倒退，并用"守株待兔"[23]的故事来讽刺"欲以先王之法，治当世之民"[24]的做

【韩非像】

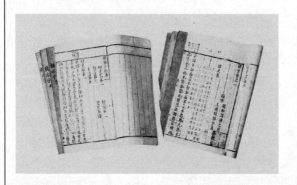

【《韩非子》(明万历六年刊本)】《韩非子》共五十五篇，绝大部分出自韩非的手笔，《汉书·艺文志》将其归为法家类。

法。韩非将历史的发展分为上古、中古、近古和当今四个时代，认为当今之世已不是儒家所崇尚的上古、中古、近古之世，德治与人治的时代已经过去，以"气力"服人的霸道时代已经到来。法治是最好的治国方法。只有法治才能充分体现统治者的力量，才能使天下人普遍地服从，用法律禁止人们为非，国内所有的人都不得不遵守，而德治和人治所能感化的只是极少一部分人。所以应采用对多数人有效的方法而舍弃只对少数人有效的措施。这就是韩非致力于法治而舍弃德治的原因。

韩非进一步认为，法治之所以能够取代儒家所向往的礼治、德治和人治，除历史发展的必然之外，更是因为法治自身具有礼治、德治和人治所不具有的优势。首先，法相比礼而言，更具普遍的约束力。韩非将法视为统一人们言行的标准，认为国君有了法，就如木匠有了准绳、规矩，商人有了权衡、斗石一样，不必劳神费心，举措之间便可以统一人民的言行。其次，法具有公开、公正、平等的特征。韩非认为君主的公正体现在"明法"上，即以法律作为赏罚官吏的唯一标准，不因其他因素而屈法，执法者的公正则体现于不以私情而害法。韩非对孔子"父为子隐，子为父隐，直在其中"的思想提出了质疑，认为父子相隐合于人情却屈于法度，执法者所维护的应是国家的法度而不是私情。韩非提出："法不阿贵，绳不挠曲。"[25]法律一旦制定后，任何人犯罪都要加以惩处，任何人有功也都要给予奖赏，即使贵族犯罪，也一定要受到惩罚，平民立功，也一样要受到奖赏。韩非的法治思想使古代社会的执法达到了其所能达到的最大范围的平等，这一点在世界其他古代文明中是罕见的。法家对法的普遍性、规范性、公开性、公正性和平等性的论述，在一定程度上归纳出了法所具有的共同特征。这表明法家对法的研究已经达到了相当高的水平。难能可贵的是，韩非虽然主张法治，但并不主张法外加刑，他反对"仁人"在位，也反对"暴人"在位，反对妄杀无辜。

南門

承旧制令
缺安此木
元此門者
予五十金

公孫鞅徙木立信

刑村村

【徙木立信】

在实现法治的方法上，韩非的理论充满了现实主义的色彩，为法治的推行设立了切实可行的路径，使法治理论具有了可行性和可操作性。这也是战国时期各国君主大都愿意接受法家理论的一个重要原因。

韩非认为，实现法治的首要条件是"以法为本"，这就要求必须做到有法可依。"以法为本"的关键在于确立法的权威，只有确立了法的

【商鞅量】战国时代秦国标准量器，又称商鞅方升，因秦孝公时由商鞅制定而得名。商鞅量实际上反映了法家"法令由一统"的思想。1966 年由上海博物馆征集并收藏。

权威，法才能真正成为判断人们是非曲直的唯一标准。与儒家将道德视为法的灵魂相反，在韩非看来，人们的道德观念只有与国家的法令相一致时，才具有价值。因为唯有国法体现的才是公义，一切与国法违背的言行、思想都是有违于公义的，是国家应该禁止、制裁的。鉴于此，韩非认为君主首先应"去私曲就公法"、"去私行行公法"。[26]在此基础之上，韩非提出了著名的"以法为教"、"以吏为师"的主张，将法令作为教育的重点，以官吏为老师，学习法令，才能使百姓的道德与国家的法令相统一。至于实现法的权威的途径，韩非认为主要是赏和罚。赏、罚一旦实行，便有巨大的导向作用，故被韩非称为治国安民的"二柄"。[27]那么，究竟如何正确地运用赏罚呢？韩非认为主要是如下几点：其一，"信赏必罚"。就是要求执法者按照已经公布的法令，该赏的一定要奖赏，这样才能使人尽其能，该罚的一定要惩罚，这样才能令行禁止。著名的徙木立信的故事就是这个原则的典型表现。并且，在处罚的时候一定要做到平等，即王子犯法，与庶民同罪。其二，厚赏重罚。韩非认为赏罚只有达到能打动人心的程度，才能达到确立法的权威并成为社会导向的目的。如果仅仅薄赏轻罚，即使在执法中做到了"信赏"、"必罚"，也难以统一人们的思想，反而会使人们轻慢法令。但应该注意的是，韩非提倡的"厚赏"、"重罚"并不是滥刑滥赏，厚赏重罚是指立法而言，而在执法中则强调信赏必罚。韩非言："用赏过者失民，用刑过则民不畏。"[28]其三，"赏舆同轨，非诛俱行"。韩非认为在制度完善的国家，不存在与国法相对立的道德。国法所赞赏的，必定也是舆论所颂扬的；国法所惩处的，也必定是舆论所谴责的，这就是"赏舆同轨，非诛俱行。"[29]在国法与道德面前，国法应具有绝对的权威，任何人无论其才智、功勋、道德如何，都没有违背法律的权力。无论谁触犯了法律，都要受严厉的制裁，同时也要受舆论的谴责。

（五）道法自然的老子

老子姓李名耳字聃，又称老聃，生卒年不详。其法律思想集中体现在道家的经典著作《老子》（即《道德经》）一书中。老子法律思想的主要特点是崇尚自然，主张以道统法、无为而治。

老子以道为其思想核心，认为最理想的社会是"天下有道"的社会。对于如何做到"有道"，老子认为关键在于合乎"自然"，只有符合自然的"道"才是真正的"道"。老子曰："人法地、地法天、天法道、道法自然"。道的含义有两层：一是"天道"，指支配自然界和人类社会的总规律，这是从宇宙观和人生观的角度来看；二是从统治方式来看，道是指统治者驾驭天下的最高原则和根本策略，这又称为"君人南面之术"。老子用自然之道来衡量、判断社会人事，要求将自然之道作为人们的行为准则和指导思想，让人们放任自流而不加任何限制，通过避免矛盾和斗争来达到稳定社会秩序的目的。"天之道，利而不害。圣人之道，为而不争"，即要按照有利万物而不损害，施与苍生而不争夺的原则立法。总之，法要服从道，要以道统法。

以"道法自然"为基础，老子提出了"无为而治"的理论。老子认为万物生于"有"，而"有"生于"无"，"无"是一切事物的本源，也就是"道"。所以，"无"在社会人事方面的要求就是"无为而治"。在怎样做到"无为而治"上，老子提出：对于统治者而言要"去甚、去奢、去泰"[30]，即统治者不要走极端，不要追求奢华，不要好大喜功，这是总的

【老子像】老子的生平一直是历史上的悬案，关于老子的身世，学界有三种说法：第一种意见是根据司马迁的《史记》，认为老子即李聃，时代略早于孔子；第二种意见认为老子为老莱子，与孔子是同时代人；第三种意见认为老子是比孔子晚百余年的周太史儋。后世学界基本以第一种意见为通说。

原则。具体措施包括：反对暴政苛刑，主张减少刑罚，"法令滋彰，盗贼多有"[31]；反对穷兵黩武，主张和平稳定，"以道佐人主者，不以兵强天下"[32]；反对厚敛，主张薄赋，"民之饥者，多以其上食税之多"。

鉴于对"道"的崇尚和主张"无为而治"，老子对人为制定规则、法令持否定的态度，而且认为人为之事愈多，人类背离大道就愈远，社会就更加混乱。因此，老子认为儒、墨、法诸家的救世之论，犹如扬汤止沸，负薪救火。首先，道家认为儒家提倡的仁、义、礼、智、信是病态社会中的反常现象，因为它既不符合人之本性，更不符合道的宗旨。其次，道家认为墨家提倡的"尚贤"也是背离大道的。所谓"尚贤"就是崇尚贤能之人。道家认为正是因为尚贤，民才有了争心。真正的圣人是从来不表现自己才智的，尚贤会使人类社会离"道"越来越远。再次，道家反对法家提倡的"法治"，并认为天下大

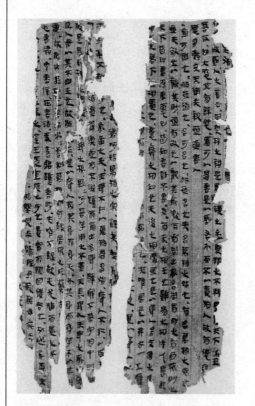

【帛书《老子》】发现于马王堆汉墓，分甲乙本，经考证属汉文帝以前的旧本，是现存最早的古本。魏晋以来，《老子》传本较多，现在所据大多为唐碑、唐卷。帛书《老子》的出土解决了很多学者历来争论的问题，也为我们研究老子的法律思想提供了可信的资料。

乱，人们犯罪增加的原因恰恰就是因为人为法制定得太多太繁。《老子》所言的"法令滋彰，盗贼多有"深刻地指出了"法治"的副作用就在于激化社会矛盾，使民"不畏威"[33]。

道家对自然法则的崇尚和对现实社会的批判对后世的政治、法律都有一定的影响。中国古代社会，无论是政治家还是思想家，在论及法律时往往强调简约，而且比较注重尽量扼制法的消极一面，可以说是深受道家思想影响的。[34]

【约法三章】刘邦率军攻取咸阳后，废除了秦朝全部苛法，仅与关中父老约定"杀人者死，伤人及盗抵罪"三条法律，被称为"约法三章"。其典型地反映了老子无为而治的法律理念。

（六）最早公布成文法的子产

子产（？－前522年），名公孙乔，字子产，孔子同时代人。据《史记·郑世家》记载，子产少年时代就勤奋好学，博学多闻，被人称为"博物君子"，孔子到郑国的时候，"与子产如兄弟云"。[35]子产执政郑国的二十多年间，以"苟利社稷，死生以之"的精神，进行了大量的改革活动，使郑国的国力大大增强，受到四方诸侯国的尊重。其中最著名的改革是以铸刑书的方式在中国历史上第一次公布成文法。子产没有著述传世，其生平及言论主要记载于《左传》、《国语》、《史记》当中，其法律思想主要包括如下几个方面：

【子产像】

首先，子产继承和改造了西周以来的传统礼治思想。子产从礼的起源角度出发，认为礼是最高的自然法则，与仪有着本质区别，"夫礼，天之经也，地之义也，民之行也。"[36] 礼作为天、地、民的总规则，其着眼点在民，即"天地之经，而民实则之"，就是说，正因为礼是天地间的总规则，人们对其要遵循效仿。为了不使"民失其性"，所以要用礼来规范和约束人的言行举止，使人"奉之以礼"。如果礼义与人心发生冲突，子产认为应改革礼义以适应人心，即执政者对礼义可以"有所反之"。这样，子产一方面将礼从礼节仪式中分离独立出来，加以自然化、社会化，突破了传统的天命神权观念，另一方面，又将礼下放到民间，作为民众行为的指导规范，改变了"礼不下庶人"的传统原则。

其次，子产主张制定和公布成文法。为了改变郑国当时举国混乱的情形，子产注重制定和完善法律制度，其中最主要的是健全赋税制度和土地制度。为了使制定的法律能够贯彻实施，公元前536年，子产通过"铸刑书"的方式将法律公布于天下，开创了公布成文法的先例。

这一举动引起了强烈的震动。因为在当时，奴隶主贵族害怕公布了法律会使百姓有争执之心，不畏惧长上，所以即使有了成文法规，也不公之于众，正所谓"刑不可知，则威不可测"。奴隶主贵族借助刑罚秘而不宣的原则，经常法随言出、独断专行、滥用刑罚。子产公布成文法的行为打破了贵族垄断法律的特权，使刑罚擅断的原则开始瓦解。根据刑书规定，如果贵族违反刑书，也要和平民一样受到相应制裁，这就打破了"刑不上大夫"的传统，为后世法家的"一断于法"创造了条件。

再次，在刑罚思想上，子产主张将德与刑统一，"宽猛并用"。子产认为，为了达到治国安民的目的，一方面应实施"德政"，强调道德和礼教，即"为政必以德"[37]，在实践中应注重"宽"的运用。据《左传·襄公三十一年》记载，当时的百姓经常在聚会宴饮的乡校谈论国事，褒贬时政，有人劝子产"毁乡校"。子产不同意，认为百姓议论国事是件好事。百姓认为对的，我们就应当实行，百姓认为不对的，我们就应当改正。这也就是成语"择其善者而从之"的由来。子产放宽对言论自由的限制非常典型地反映了其"宽"的做法。同时，子产还认为在执法中应注重根据礼义原则衡量，不必一味拘泥于法的条文。比如，有一年郑国大旱，子产派屠击、祝款和竖柎三个官员前去祭祀，他们到达后，砍光了山上的树木。子产得知后说，去祭祀应该保护山林，他们却砍伐山林，已构成大罪，因此下令"夺其官邑"。[38]子产的这些做法受到了世人的好评，孔子就曾多次称赞子产"其养民也惠，其使民也义"。在子产死后，"郑人皆哭泣，悲之如亡亲戚"，孔子为泣曰："古之遗爱也！"

【铸刑书】刑书是指法律条文，铸刑书是指将刑法铸造在金属器物上（子产是铸在鼎上），予以公布。

另一方面，子产主张"为刑罚威狱，使民畏忌"，在实践中表现为"猛"，即立法严厉，执法严格。在定罪量刑上，应以公布的礼法为依据，使罪名与刑罚相当。公元前522年，子产在临终前告诉他的继任者子大叔说，"唯有德者能以宽服民，其次莫如猛"，但是以宽服民很难，所以应主要用"猛"。这就像火很猛，百姓很害怕，所以被烧死的人就很少，水很柔弱，百姓便会掉以轻心，所以被水淹死的人就很多。可见，子产认为最好的统治方式是宽猛结合，但是当宽难以实现时，最现实、最有效的方式是严格法治，因此，韩非子认为子产是"以严莅人"的法治主义者。

（七）阴阳家的代表邹衍[39]

邹衍（约公元前324～前250年），齐国人，战国后期著名思想家，阴阳五行学说的集大成者。邹衍一生著作百余篇，十余万言，《汉书·艺文志》阴阳家类著录《邹子》四十九篇、《邹子终始》五十六篇，但均亡

【五灵七乳镜】汉代以图案中的五灵纹来反映五行观念，所谓五灵，即铜镜中的青龙、白虎、朱雀、玄武、麒麟。以铜镜中的五灵纹蕴五行之意"五德嘉符"之象。见微知著，可见阴阳五行观念对我国日常生活影响颇深。

佚，目前我们只能从《吕氏春秋》、《史记》、《汉书·艺文志》等典籍的零星记载中了解其法律思想。

据《汉书·艺文志》载，阴阳家由古代掌管天文历法的官吏演变而来，他们在长期的天象观测中，看到"天则有日月，地则有阴阳；天有五星，地有五行"，于是提出阴阳五行说，用以解释天象和自然变化。

邹衍总结传统阴阳五行说，创立"五德终始"[40]说。邹衍认为与自然界五行相对应的人类社会中有"五德"相互消长、相生相胜，并以此说解释了舜、夏、商、周的兴替。五德终始说适应当时天下大一统的趋势，为当时的君主实现统一提供了理论依据，深受统治者的赞赏。邹衍到梁国，惠王亲自出城到郊外迎接，并且对他行宾主之礼。到赵国，平原君走在路旁，为他擦去座位上的尘土。到燕国，昭王为他扫路、引导，请求做他的弟子，在碣石为他建造了一所宫殿，亲自去听他讲授。[41]

邹衍将阴阳五行说运用于法律领域，主要表现在两方面：一是创立了"时令说"。邹衍将阴阳附会到统治者治理国家的两种基本方法——德刑上，认为德为阳，刑为阴，统治者应顺应天地四时阴阳变化而选择用德政或者用刑罚，不可逆天时而动。反映阴阳家思想的《礼记·月令》这样因时安排了统治者的"政务"：春季是阳气长阴气消之时，万物复苏，统治者应行"春令"以应合阴阳五行的变化。在春季须行德政，以助阳气。此时应禁止杀伐，不动土木，多行庆赏教化，使百姓能体察到上天的好生之德与统治者的仁慈之心，即使对罪犯也要怀有怜悯体恤之心。夏季阳盛阴衰，万物生长，应行"夏令"并持续春季的德政，赦免小罪，缓决重囚，百官应静守其职，毋动刑罚，以稳定阴阳的变化。秋

【子产祠园】在郑州东大街，原来有宋代修建的子产祠，也称遗爱祠，后历经多次损毁与重修。如今，在金水河郑州大学南校区段，有关部门建有子产祠园，供人们凭吊这位先贤。

季阴气长，阳气消，故万物萧瑟，有肃杀之气，统治者应行"秋令"以合阴阳五行的变化，在秋季须以阴助阳，以刑辅德，故应修法制律，审案断刑，以刑杀应上天肃杀之气，确立统治者的权威。冬季阴盛阳衰，应行"冬令"，并保持威严，对犯罪者严惩不贷。后人将其总结为：春夏以庆赏，秋冬以刑罚。

邹衍法律思想第二方面的内容是创立了灾异谴告说。即如果统治者未按"时令"行政，阴阳就会失调，五行变化就会出现混乱，自然界就会发生灾异。如此一来，自然界中的灾异就变成了上天对人类、尤其是对帝王的警告和惩罚。如《月令》记："季春行冬令，则寒气时发，草木皆肃，国有大恐。行夏令，则民多疾疫，时雨不降，山林不收。行秋令，则天多沉阴，淫雨早降，兵革并起"等等。灾异谴告具有神秘的色彩，但是其对日益强大起来的君权毕竟是一种制约的力量。

阴阳家的学说神化了统治者的统治，并且以"阴阳"证明了等级制的合理与永恒，因此为后世统治者所采纳。汉代之后立法的指导思想"三纲五常"实际上就是将阴阳五行说附会于人事而形成的；正统法律思想中的"司法时令"说直接导源于此；在制度方面，很多古代法律制度规定皆来源于此，如秋冬行刑、秋后处决，《工部》中关于建筑方位、规格的规定等。

【清代秋审题本】秋审是清代最著名和最重要的会审形式，按照清朝法律规定，纳入秋审的案件主要是地方上报的斩监候和绞监候案件。每年秋审之前，各省督抚应对本地斩、绞监候案件现行审理，拟定初步意见，并"刊刷检册"（上图），分送九卿参阅。至当年八月在天安门金水桥西会同审理。这一方面反映了我国古代慎杀恤刑的传统，另一方面也是阴阳五行说在具体制度中的运用。

【太和殿】紫禁城是成功运用阴阳说的典范。如雄伟的前朝三大殿为阳，太和殿是阳中之阳，以体现阳刚之气。秀丽的后廷三宫六院为阴，坤宁宫则是阴中之阴，以显阴柔之美。前朝保和殿为阳中之阴，后廷乾清宫则是阴中之阳。中和殿与交泰殿则分别设置于阴阳两大建筑之间，这就起到阴阳调和的美妙作用，充分体现了阴阳交感，天下太平的思想。

1 钱穆：《中国历史研究法》，生活·读书·新知三联书店 2005 年版，第 28-29 页。
2 《诗经·大雅·文王》。
3 《尚书·无逸》。
4 《尚书·梓材》。
5 参见《尚书·无逸》。
6 《左传·昭公二十年》引《康诰》。
7 《尚书·康诰》记："敬明乃罚：人有小罪，非眚，乃惟终，自作不典，式尔，有其罪小，乃不可不杀。乃有大罪，非终，乃惟眚灾，式尔，既道极厥辜，时乃不可杀"。
8 《尚书·康诰》。
9 参见马小红：《中国法律思想史研究》，中国人民大学出版社 2007 年版，第 53 页。
10 《论语·八佾》。

人物篇 追求和谐·经世致用的法律理念与主张

11 《论语·雍地》。

12 《论语·颜渊》。

13 《论语·子路》。

14 马小红:《中国古代法律思想史研究》,中国人民大学出版社2007年版,第69页。

15 《荀子·王制》。

16 《荀子·君道》。

17 《荀子·成相》。

18 《荀子·正论》。

19 马小红:《中国法律思想史研究》,中国人民大学出版社2007年版,第68页。

20 《荀子·君道》。

21 《荀子·君道》。

22 《荀子·君道》。

23 《韩非子·五蠹》。

24 《韩非子·心度》。

25 《韩非子·有度》。

26 《韩非子·有度》。

27 《韩非子·二柄》。

28 《韩非子·饰邪》。

29 《韩非子．八经》。

30 《老子·二十九章》。

31 《老子·五十七章》。

32 《老子·三十章》。

33 《老子·七十三章》。

34 参见马小红:《中国法律思想史研究》,中国人民大学出版社2007年版,第37页。

35 《史记·郑世家》。

36 《左传·昭公二十五年》。

37 《史记·郑世家》:子产谓韩宣子曰:"为政必以德,毋忘所以立。"

38 《左传·昭公十六年》。

39 本篇写作参考了马小红教授《中国法律思想史研究》一书,在此致谢。

40 《吕氏春秋．应同》。

41 参见《阴阳大家——邹衍》,载 http://www.shandong.gov.cn/art/2007/11/01/art_11500_401034.html,访问时间2007年8月7日。

二、秦汉：从皆有法式到独尊儒术

（一）"千古一帝"秦始皇的法律思想

秦始皇，姓嬴名政（公元前 259
年~前210年），中国历史上第一个统
一封建王朝——秦王朝的缔造者，后
世人称"千古一帝"。秦始皇生于赵
国，于公元前 246 年 13 岁时即秦王
位，22 岁正式登基"亲理朝政"，重
用李斯、尉缭等人，推行富国强兵的
战略，于公元前 221 年 39 岁时完成
了统一中国的历史大业，自称始皇
帝，50 岁时病死于出巡路上。秦始皇
是秦帝国的缔造者，而李斯等人则是
其实现统治的重要辅佐者，故秦律中
必然会包含李斯等人的智慧，因此，
本篇所讲的秦始皇的法律思想许应
当视为整个秦王朝统治集团法律思
想的集中体现。

【秦始皇像】

【李斯像】李斯，秦代政治家，法家思想的代表人物之一。青年时代曾与韩非一道师从荀况，后接受商鞅、慎到、申不害等人的法家学说。先后被秦始皇任为客卿、廷尉直至丞相，大力推行法家学说，提倡"依法治国"。秦始皇死后，因受赵高诬陷于秦二世二年（公元前208 年）七月被具五刑，腰斩于咸阳。

　　秦始皇的法律思想主要是对商鞅和韩非等法家法律思想的继承和发展。秦始皇非常推崇韩非的"法治思想"。《史记·秦始皇本纪》记载，早在完成统一六国之前，当秦始皇看到韩非的《孤愤》、《五蠹》等论述法治的著作时，就说："嗟呼，寡人得见此人与之游，死不恨矣！"秦始皇最重要的一位大臣李斯，是先秦法家事业的集大成者，他在辅佐秦始皇巩固统一过程中大力推行 "法治"，很多建议被秦始皇采纳实施。总体上来说，法家思想对秦始皇的影响主要表现在"事统上法"、"事皆决于法"两个方面。

　　秦始皇一统华夏之后，以"事统上法"、"法令由一统"作为治国指导思想，强调法律的集中和统一。首先，在采用何种政治制度、权力如何分配问题上，秦始皇听从李斯的建议，弃西周以来的分封制而采用郡县制，分天下为 36 郡，并且建立了以皇帝为中心的封建官僚制度，皇帝享有至高无上的权力，主要官员皆由皇帝任免，对皇帝直接负责，要求"职臣遵分，各知所行"。这种中央集权制的思想来源即韩非子所言："事在四方，要在中央；圣人执要，四方来效"。其次，根据"事统上法"、"法令由一统"的原则，秦始皇在秦国原有法律的基础上重新修订律法，颁行全国。除律条外，秦始皇还颁布了大量通行全国的诏书，涉及政治、经济、文化等方面，具有最高的法律效力。再次，根据"法令由一统"的思想，秦始皇按照李斯的建议，统一了全国的文字、货币、度量衡，结束了"田畴异亩、车途异轨"、"言语异声、文字异形"的混乱局面，对国家统一的巩固与经济、文化的发展起到重要促进作用。

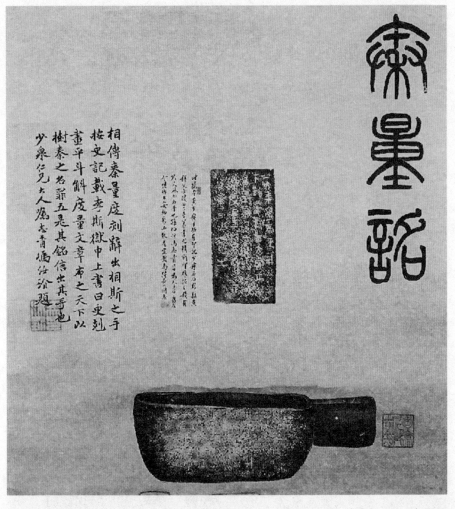

【秦量诏】公元前 221 年，秦始皇为统一度量衡，向全国颁发诏书，或在权、量（权即秤锤，量即升、斗）上直接凿刻，或直接浇铸于权，量之上，更多地则制成一片薄薄的"诏版"颁发各地使用，即《秦诏版》。图中为秦诏量及铭文，铭文相传为李斯所书小篆体，共 40 字："廿六年皇帝尽并兼天下诸侯黔首大安立号为皇帝乃诏丞相状绾法度量则不壹歉疑者皆明壹之"。本图既是统一度量衡的见证，亦是文字统一的见证，充分反映了秦始皇法令由一统的思想。

人物篇 追求和谐，经世致用的法律理念与主张

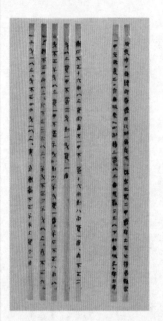

【云梦秦简】1975 年在湖北省云梦县睡虎地的秦墓中出土了大量的竹简,墓主人是一个叫"喜"的地方法律官员,大约相当于现在的县长法律秘书。这些竹简中除少部分是"喜"的自传外,大部分记载的是秦国从战国晚期到秦始皇时陆续制订和颁布于世的大量律法,对我们研究秦代法律具有重要意义。

秦始皇法律思想的一个重要方面是奉行"事皆决于法"的法治思想,强调法律对社会事务调整的广泛性,这也是受法家思想影响的结果。1975 年,睡虎地秦简的出土,为我们较为详细地描绘了秦朝法律制度的面貌,从中不难看出"事皆决于法"的思想。据秦墓竹简记载,秦朝的律法涵盖了政治、军事、工农业生产、市场管理、货币流通、交通行政、官吏任免、诉讼裁判等社会生活的方方面面。如秦简记载,播种的时候,水稻种子每亩用二又三分之二斗,谷子和麦子用一斗,小豆三分之二斗,大豆半斗;如果

【城旦舂图】城旦舂,秦朝法定劳役刑之一,男犯为城旦,从事筑城的劳役;女犯为舂,从事舂米的劳役。实际上从事的并不限于筑城和舂米也承担其他的劳役。

土地肥沃,每亩撒的种子可以适当减少一些。国家用法律来保障农民用先进的手段来耕种,有点类似于我们现在的科技推广,但是其细致程度却是我们现代所无法企及的。再比如竹简记载:各

县对牛的数量要严加登记；如果由于饲养不当，一年死三头牛以上，养牛的人有罪，主管牛的官吏要受惩罚，县丞和县令也有罪；如果一个人负责喂养十头成年母牛，其中的六头不生小牛的话，饲养牛的人就有罪，相关人员也要受到不同程度的惩处。在竹简出土前，我们都知道秦国有繁杂严厉的律法，但竹简的记载，使得今天的人们真真切切地感受到秦国的法律严谨到了什么样的地步，"皆有法式"绝非虚言。

最后需要指出的是，秦朝虽以法治著称，但并不意味着其对其他学派的法律思想一概排斥。相反，儒家思想、阴阳家思想中的各种观念在秦律中皆有所表现。比如秦始皇就曾利用阴阳学派的"五德始终"学说，解释秦取周而代之的正当性。在秦简中我们也可以看到儒家的一些道德原则被转化为法律原则，像关于不孝罪的规定、亲属相隐制度的法律化、同罪异罚的"议官"、"议爵"制度等。这一切都说明，秦始皇的法律思想中绝非法家独步天下，而是以法家为主流，兼采众家之长而成。

（二）尊崇黄老之道的汉文帝

秦朝以严刑苛法治天下却二世而亡，取而代之的汉代统治者总结秦朝骤亡的历史教训，严厉批判法家专任刑罚的思想，转向"无为而治、与民生息"的黄老之道。所谓黄老之道，形成于战国时期，是道家和法家的结合。它一方面宣传"君道无为"；另一方面又强调以法治国。据史籍记载，战国时期一些著名的法家代表人物如申不害、慎到、韩非等大都"学本黄老"。汉初的黄老之学根据当时政治社会的需要，对先秦的黄老之学进行了改造，使其兼采"儒墨之善，撮名、法之要"，实现了儒、道、法三者相互渗透。黄老之道在汉初的发展一方面促进了汉朝社会的恢复与发展，另一方面也为后来武帝时期正统法律思想的形成奠定了基础。汉文帝的法律思想可以看作是整个汉初统治者法律思想的缩影，主要包括如下几个方面：

第一，主张无为而治，与民生息。汉初统治者采用"治道贵清净而民自定"的黄老"无为而治"理论作为治国的指导思想，在内容上又兼采儒法各家的一些做法。汉文帝继承这一思想，实行"与民休息"的方略，主张主逸臣劳，宽简刑政，除削烦苛，务德化民，恢弘礼义，顺乎民欲，应乎时变等等。汉文帝崇尚的黄老之道和道家的"清净无为"、"消极倒退、放任自流"思想不同，他有着明确的目标，那就是"举一事而

恭俭无骄玄默化成
懔强朝叛国富刑清

【汉文帝像】汉文帝（公元前202年—前157年），名刘恒，汉高祖刘邦之第三子，公元前180年即位，在位23年期间，推崇黄老学说，与民生息，轻徭薄赋，并进行了大规模的刑制改革，使得汉朝国力迅速恢复。历史上把文帝和景帝的统治时期称为"文景之治"。

天下从，从一政而诸侯靡"，"同一治而明一统"。[1]

第二，注重文武并用，"德刑相济"。汉文帝在注重黄老之道无为而治的同时，也注意仁义德教治国的重要性，主张把"文"和"武"、仁义教化和律令刑罚结合起来，德刑兼施、相互济用。汉文帝认为应当以德治为先，其在位时"专务以德化民"，"兴于礼教"，甚至承认自己"德薄而教不明"。这实际上是接受了儒家"先教后诛"的思想，较之于秦朝专任刑罚，无疑具有进步意义。同时，汉文帝也深知只讲礼义是不行的，法度是始终不能被忽视的，如果独任礼义，同样会招致"衰废"的结果。因此以仁义教化劝善，以刑罚"诛恶"，德刑相济才是维护统治的长久之道。文武并用、德刑相济的思想，与先秦儒家的德刑关系理论基本相同。这一思想的提出和广为接受，反映出儒家思想在长期受排斥后获得新生。

第三，强调明具法令，进退循法。汉文帝在对法家的重刑主义、严刑峻法进行批判的同时，也采纳了法家的某些思想。如重视法律在治理国家中的地位，认为法律是"天下之度量"，"人主之准绳"。具体而言，必须做到两点：其一，"明具法令"。即要制定法律，并且要做到制法内容明确、具体简要，并在制定之后的较长时间内，不加增删废除，保证其具有较强的稳定性。同时，法律制定后，还要公布于众，让百姓及时了解法律的内容。其二，"进退循法"。即必须以制定的法律作为行为的准则，作为国君尤其应依法办事，自觉守法，"不为丑美好憎，不为赏罚喜怒"。

【廷理执法】《汉书》中记载的这个故事非常能反映汉文帝的模范守法。文帝出行时，曾有人惊了御马。汉文帝欲将冲犯仪仗的罪犯处死，廷尉张释之奏报文帝说："此人依法当处以罚金。"文帝认为处罚太轻，大为恼怒。张释之坚持依法处罚，并向文帝指出，法律是天下百姓与君主共有的，法律怎样规定，就应该怎样办，而不能随意加重或减轻，否则法律就没有威信可言。法律如果没有威信，百姓依据什么调整自己的行为呢？文帝于是表示同意，对罪犯处以罚金的处罚。

【汉文帝废肉刑】

第四，要求"刑不厌轻"，"罚不患薄"。和秦朝实行的深督轻罪不同，汉文帝在刑罚的具体运用上采用了陆贾的"设刑者不患轻，行罚者不患薄"[2]的观点，主张约法省刑，用刑宽减。文帝相继采取了一系列的改革措施来具体落实这一原则。比如"除收孥诸相坐律令"，废除了连坐之法，只惩罚犯罪者本人；废除诽谤妖言法，广开言路；其中最具代表性的当是下诏废除实行了一千多年的肉刑。汉文帝约法省刑的思想立足于道家的"无为"，却和儒家的"仁政"观点有很多相通之处，实际上反映出道儒法

【汉文帝灞陵】位于西安市灞桥区灞陵乡毛窑院村，因其外形酷似埃及金字塔，被国外汉学家称为"东方金字塔"。汉文帝躬行节俭，遗诏薄葬，墓中只许陪葬陶器、瓦器，不许有金银铜锡，所以，西汉以后，关中迭经战乱，历代帝王陵寝被盗掘一空，灞陵是最后遭劫的一座。

律思想开始呈现结合的趋势。

第五，"轻徭薄赋"，以粟为赏罚。汉文帝把农业视为治理天下的根本，多次颁布诏书，说："农，天下之大本也，民所恃以生也"，"道民之路，在于务本"[3]。他的大臣晁错曾上书说："欲民务农，在于贵粟；贵粟之道，在于以粟为赏罚。今募天下入粟县官，得以拜爵，得以除罪。"文帝采用了晁错的主张，并制定相应的制度将法律与发展农业相联系，使社会经济得以迅速发展，出现"天下殷富，粟至十余钱"的繁荣景象。

（三）新儒家神学思想体系的创建者董仲舒

董仲舒，西汉唯心主义哲学家，河北广川（今河北枣强县广川镇）人。汉景帝时曾任博士，武帝即位后，以贤良对策得到赏识，曾任诸侯王相。董仲舒一生大部分时间"以修学著书为事"，著有《春秋繁露》、《春秋决狱》等。他适应当时封建统治的需要，建立了一套与封建中央集权制相适应的封建神学唯心主义思想体系，主张《春秋》大一统，要求以经过改造的儒家学说作为治国的指导思想。[4]

董仲舒对儒家思想进行了较大规模的改造，以儒学为主体，吸收了法家、阴阳家、道家等诸家学说的精华，实现了儒学的创新。在"天人三策"中，董仲舒全面阐述了他结合阴阳学说所创建的"天人感应"学说，主张实行以"天"为本体的"大一统"思想，提出要"推明孔氏，抑黜百家"，即"罢黜百家，独尊儒术"，获得了汉武帝的嘉许，甚至后来"仲舒在家，朝廷如有大议，使使者及廷尉张汤就其家而问之，其对皆有明法"[5]。董仲舒的儒家思想成为中国封建社会的指导思想，对后世有深远影响。

【董仲舒像】

董仲舒以阴阳学说将儒家思想神圣化，认为天是至高无上的人格神，不仅创造了万物，也创造了人，人间的一切皆决定于天。 在君权问题上，董仲舒指出"天子受命于天，诸侯受命于天子"[6]，这就将皇帝神化，使皇帝成为人与天的中介，可代替上天进行赏罚，同时世人要忠于天，便要忠于君，忠于"大一统"的中央集权政体。这一学说对于当时强化中央集权，抑制分裂，巩固社会秩序是非常有利的。

除君权来自于上天之外，董仲舒认为"三纲五常"、德主刑辅、秋冬行刑等也是天意的体现。"三纲"即"君为臣纲、父为子纲、夫为妻纲"，"五常"即仁、义、礼、智、信。三纲五常均是上天意志的体现，"君臣、父子、夫妇之义，皆取诸阴阳之道。君为阳，臣为阴；父为阳，子为阴；夫为阳，妻为阴。"[7]而阴阳之道为"阴者，阳之助也"[8]。阳永远处于主导地位，故君、父、夫永远统治臣、子、妻。五常也是神意的体现，是处理人际关系的永恒不变的准则。故"三纲五常"是永恒不变的真理，纲常名教的核心，也是封建立法与司法的指导原则。

德主刑辅是中国封建社会正统法律思想的核心，是一直为历代统治者采用的统治策略，这与董仲舒运用阴阳学说的论证也有密切关系。"阳天之德也；阴天之刑也"。[9]阳为主，阴为辅，阳为本，阴为末，故德主刑辅，"大德小刑"、"先德后刑"、"德多刑少"。"德主刑辅"虽然强调"德"的重要地位，但并不轻视法律，二者缺一不可。

再就是秋冬行刑，是指除谋反大逆"决不待时"以外，一般死刑犯须在立秋以后、冬至以前这段特定的时间内执行死刑。汉代统治者根据董仲舒的"天人感应"理论，规定春夏不执行死刑。在秋天霜降以后、冬至以前才能执行。因为人事应与自然保持协调，春夏以阳为主，是万

【三纲五常】图中有三个缸，五个人尝酒。缸与纲、尝与常同音，寓人要有德行礼义规范。

物生长发育的季节，不能违背天时而杀生；秋冬以阴为主，万物凋零，"天地始肃"，杀气已至，此时应"顺天行诛"，清理狱讼。

在独尊儒术、罢黜百家的思想为汉武帝采纳以后，为了真正实现儒家思想在司法领域的独尊地位，董仲舒提出了"《春秋》决狱"的司法主张。春秋决狱即在法律没有明文规定，或者有规定但与儒家思想相违背的情况下，可以引用儒家经典《春秋》定罪量刑的一种制度，实质是用儒家的道德精神指导司法审判，赋予《春秋》经义极高的法律效力，将儒家经义上升为法律。董仲舒编订的《春秋决狱》二百三十二事，也成为审判的标准与重要参照。"春秋决狱"是汉代儒家依凭皇权在法制领域进行的一场扭转乾坤的重大变革。

"《春秋》决狱"的核心是"原心定罪"，但在审理具体案件时，主要依据一些反映儒家伦理道德观念的基本原则。如"君亲无将，将而诛焉"原则；"恶恶止其身"、"罪止首恶"原则；"亲亲得相首匿"原则等。《通典》中引用董仲舒《春秋决狱》养父隐匿养子的案例，最后以"父为子隐"的"《春秋》之义"，即亲亲得相首匿原则，免除了对养父首匿行为的处罚。通过这种方式，一方面将儒家的纲常名教、封建道德伦理观念逐步渗透到法律中去，促使礼法结合，逐渐实现了法律的儒家化，另一方面减轻了苛法的弊端，量刑上也改重为轻，缓和了社会矛盾，稳定了社会秩序，更好地维护了社会和谐。

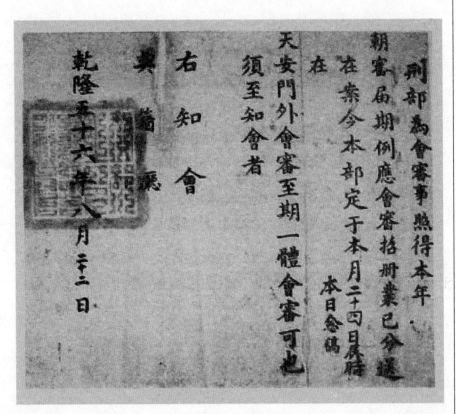

【清乾隆五十六年朝审知会】朝审是清朝的一种重要的会审制度，举行时间是每年霜降后10日，主要审理刑部判决的案件，以及京城附近发生的斩监候、绞监候案件。这是董仲舒的秋冬行刑观念在后世具体制度上的明确体现。

（四）富有批判精神的唯物主义思想家和哲学家王充

王充（公元27年～约97年），字仲任，东汉时期最杰出、最有影响的思想家，其信奉儒学，好博览但却不守章句，不囿于一般的"俗儒"之学，与王符、仲长统一起被誉为汉世三杰，范晔《后汉书》中将三人立为合传。《论衡·自纪篇》中记载王充："疾俗情，曾作《讥俗》之书；又闵人君之政，徒欲治人，不得其宜，作《政务》之书；又伤伪书俗文多不实诚，作《论衡》之书；晚年还有《养性》书十六篇，冀性命可延，斯须不老"。上述四部书，如今仅存其代表作《论衡》。

【王充像】

王充的主要贡献是在东汉谶纬神学成为官方统治思想的背景下，坚持朴素唯物主义思想，以"元气"为始基，构建了较为完整的唯物主义哲学体系，批判和否定了"天人感应"论和谶纬之学，推动了中国古代唯物主义和无神论的发展。同时作为一个儒家学者，在具体治国方针上，他依然坚持了德主刑辅的传统方针，提出要"文武张设，德力具足"。

针对当时流行的"天人感应"和"灾异谴告"等神权理论，王充根据当时自然科学研究的成果和客观事物的真实情况，否定了天是有意志的观点。他认为天地是由"气"形成，"气"是天地万物之基本元素，"天地，含气之自然也"，"天地合、万物自生，犹夫妇合气，子自生矣"[10]，"气"之运动产生万物，而不是由天创造万物。"何以知天之自然也？以天无口目也。"[11]天没有口目等感觉器官，故没有意志，没有感觉，是不可能有意识地安排人世间事物的。"夫人不能以行感天，天亦不随行而应人。"[12]日、月、风、雨、雷、电都是自然现象，有自己的规律，自然界的"灾异"，是"气"变化的结果，与人世间的政治、经济生活无关。王充还用天道自然无为驳斥"灾异谴告"说，"夫天道自然也，无为。如谴告人，是有为也，非自然也。"[13]意即上天如以灾异谴告人的话，就是有为，违背了天道无为的真理。这就从理论上推翻了"天人感应"学说以及"灾

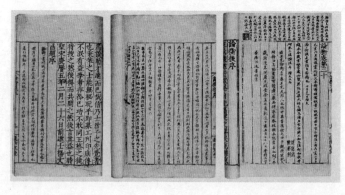

【《论衡》书影】

异谴告"说。

在否定"天人感应"学说和"灾异谴告"说的基础上，王充批判了"司法时令说"。针对董仲舒提倡的"人君用刑非时则寒，施赏违节则温"的观点以及建立在此观点基础上的秋冬行刑制度，王充提出了针锋相对的观点，"今寒温之变，并时皆然。百里用刑，千里皆寒，殆非其验。齐鲁接境，赏罚同时，设齐赏鲁罚，所致宜殊，当时可齐国温、鲁地寒乎？"意思是说互为接壤的齐国和鲁国寒温在同一时间都是一样的。按照董仲舒观点，赏罚非时，就会导致天气的变化，如果同一时间齐鲁两国分别处罚，会产生两国气温不同的情形吗？根据自然常识，我们知道这是不可能的，故"寒温，天地气节，非人所为"[14]。司法时令说也是不正确的，我们不能根据祥瑞和灾异决定人世间的行刑行为。

针对当时政治严酷，法令繁苛的社会现实，王充提出了"文武张设、德力具足"的主张，即"治国之道，所养有二：一曰养德，二曰养力。养德者，养名高之人，以明能敬贤；养力者，养气力之士，以示能用兵。"[15]王充认为治理国家，最主要的是养德和养力，要有有德之士和有力之士，以有德之士运用道德教化百姓，以有力之士运用国家强制力量，维护国家安定。这也就是儒家传统的德刑两手治国策略。

在德与刑关系上，王充与传统儒家学者观点一致，肯定了道德礼义的社会作用，认为道德礼义更为重要。从对韩非法治主义的批判中得出，"治国犹治身也。治一身，省恩德之行，多伤害之操，则交党疏绝，耻辱至身。推治身以况治国，治国之道当任德也。""国之所以存者，礼义也。民无礼义，倾国危主。"[16]治理国家首先要强调道德礼义，否则会使国家覆亡，国君危殆。

在肯定道德礼义重要地位的同时，王充也没有否定法的作用。

【祥瑞白猿】在我国古代社会，白猿、白鹿、白龟、白鹦鹉之类的动物都被视为瑞兽，一般会由地方官员进献给皇帝，作为天下承平的象征。但王充却对此种做法提出质疑，认为根据自然常识，上天不可能用祥瑞或者灾异赏罚人间。

他主张礼法结合，把法作为道德礼义的辅助。凡是违反了礼的，就以刑来制裁，通过刑的适用，进一步推进道德礼义的贯彻。故王充提出的"文武张设、德力具足"的主张依然是儒家传统治国方略"德主刑辅"的体现。

由于王充对谶纬神学的批判，对儒家正统思想的批判，他的学说在封建社会屡遭排斥。自《隋书·经籍志》以下，历代目录书都将王充《论衡》列入"杂家"类。清乾隆皇帝御批：王充"刺孟而问孔"，"已有非圣无法之诛！"但从其整体思想来分析定性，王充是一位儒家学者，是一位富有批判精神的儒者。

（五）酷吏与廉吏的代表：张汤

张汤（？——公元前 115 年），西汉杜陵（今陕西西安东南）人，因用法严酷，被后人视为酷吏的代表人物，又因为官清廉俭朴，也被视为古代廉吏的榜样。

以张汤为代表的酷吏，作为一个群体，有其鲜明的特征。司马迁在《史记》中专门为之作《酷吏列传》，最后评价道，"自郅都、杜周十人者，此皆以酷烈为声"[17]，一个酷字体现了酷吏的特点，用法严酷是其与循吏的一个重要区别。

酷吏代表张汤年幼时就已经体现出用刑严酷的特色。因家中老鼠偷吃肉，张汤掘开老鼠洞，抓住偷肉老鼠，并找到吃剩下的肉，然后立案拷掠审讯这只老鼠，最后在证据确凿的情况下，将老鼠处以磔刑。在政府为官后，执法酷烈。如元光五年，"治陈皇后巫蛊狱，深竟党羽"[18]，"相连及诛者三百余人"[19]。后来负责审理淮南、衡山、江都谋反案件，都能够做到彻底审理清楚，仅淮南王一案，"所连引与淮南王谋反列侯、二千石、豪

三十年千秋功邮随后人评说，二千载古道荒堠任暑秋轮回！
七十年天下稼李让大地芳芬，多少载丹书铁卷令长空品位？

【张汤墓发掘纪念碑】

桀数千人，皆以罪轻重受诛"[20]。

不仅张汤如此，郅都、义纵等《酷吏传》所列酷吏均执法酷烈。如郅都在处理济南瞷氏时，一到济南就诛杀瞷氏中的首恶，其他三百余家都不敢再为非作歹，"居岁余，郡中不拾遗，旁十余郡守畏都如大府"[21]。由于郅都行法不避贵戚，列侯宗室见到他都侧目而视，称之为"苍鹰"。义纵也是如此，对犯罪的太后外孙脩成子中，坚决予以逮捕。因此可知，以张汤为代表的酷吏，在执法时能够做到不畏权贵，不惧豪强，严厉打击侵犯皇权，损害中央集权，危害封建统治秩序的谋反等违法犯罪行为，对于当时强化中央集权发挥了重要作用。

尽管执法酷烈，但从上述事例，我们可以看出酷吏主要针对的是危害中央集权的贵族和豪强。对于普通百姓张汤等酷吏们并没有严酷执法，而是尽量减轻处罚。如张汤在审理豪强案件与普通百姓案件时采用完全不同的方式，如果审理的是豪强，他定要运用法令予以诋毁治罪；如果是贫弱的普通百姓，则当即向皇上口头报告，尽量减免处罚。再如严延年，"其治务在摧折豪强，扶助贫弱。贫弱虽陷法，曲文以出之"。即对于百姓犯法，他会从轻处罚。尽管张汤、严延年的做法有违执法公平、公正的要求，但在豪强、贵族飞扬跋扈的时代，维护弱势群体的利益，符合维护封建统治秩序的需要。

【腰斩图】图中表现的是中国古代的酷刑腰斩。不可否认的是，中国古代确实存在着很多较为残酷的刑罚，但我们不能据此认为酷刑是中国古代法的特征之一，进而认为中国古代法就是残酷、愚昧的代名词。就整个人类社会而言，世界各国在历史上，甚至在现代社会莫不存在很残酷的刑罚，西方社会古代刑罚的残酷较之于中国甚至于有过之而无不及，这从现存表现西方古代刑罚的史料中可以得到很好的证明。

酷吏执法酷烈的最终目的还是为了维护皇权，维护中央集权，维护中央政府的利益。他们是忠于皇帝，忠于职守的。如郅都常说自己已经"背亲而出身，固当奉职死节官下，终不顾妻子矣"[22]。要死在职位上，不能顾及妻子，鞠躬尽瘁，死而后已，最后窦太后要杀郅都时，景帝也为之争辩："都忠臣。"郅都可以说是忠于职守，忠于国家的楷模。再如赵禹为了能在执法中不徇私，对于公卿的相继邀请，从不回报，希望通过这种方式杜绝知交、亲友及宾客的邀请，以便严格执法，不徇私情。

张汤也是忠于君主的，在强化中央集权过程中，坚决打击谋反等危害君主权力的行为，坚定依照皇帝的意旨行事，若是皇帝想要加罪处罚的，他便让廷尉监或掾史加重其罪；若是皇帝意欲宽免其罪的，他便要廷尉监或掾史减轻处罚。按照这条原则，张汤以"腹诽"罪处罚了颜异。后来的杜周更是完全迎合皇帝，按照皇帝之意审案，他的名言为："三尺安出哉？前主所是著为律，后主所是疏为令；当时为是，何古之法乎！"这种行为违背了法律的公正性，也是造成冤狱的重要原因。

在用法严酷的同时，酷吏大多能做到为官清廉。如根据《史记》记载，张汤死后，家产所值不过五百金，都是俸禄所得和皇帝所赐，没有其他财产。在下葬的时候，只用牛车载运棺木，棺木外面也没有外椁。如此高官，如此薄葬，在封建社会非常少见。

再如与张汤关系密切的赵禹，自从任官以来，舍第中从未有过食客，"府中皆称其廉平"。因执法严酷，不畏权贵而被称为"苍鹰"的郅都，在《汉书》中被称赞为"公廉，不发私书"。被张汤数次称赞廉洁的酷吏尹齐病死时家直不满五十金等等，这些均体现了廉洁之风在酷吏间是存在的。酷吏不是贪吏，只是执法严酷而已，酷吏与廉吏是不冲突的，大多数的酷吏是廉洁、尽忠职守、执法不避贵戚、豪强的。对于酷吏，我们应作客观的评价。

【廉亭】如今张汤墓的发掘，验证了所记载的薄葬事实。为此，西北政法大学专门修建了一座"廉亭"用以纪念廉洁的张汤。

1 《新语·怀虑》，参见杨鹤皋主编：《中国法律思想史》，北京大学出版社 2005 年版，第 221 页。

2 《新语·至德》。

3 《汉书·文帝纪》。

4 中国大百科全书总编辑委员会：《中国大百科全书》（法学卷），中国大百科全书出版社 1992 年版，第 68 页。

5 《汉书·卷 56》。

6 《春秋繁露·顺命》。

7 《春秋繁露·基义》。

8 《春秋繁露·天辨在人》。

9 《春秋繁露·王道通三》。

10 《论衡·自然》。

11 《论衡·自然》。

12 《论衡·明雩》。

13 《论衡·谴告》。

14 《论衡·寒温》。

15 《论衡·非韩》。

16 《论衡·非韩》。

17 《史记·卷 122》。

18 《汉书·卷 90》。

19 《汉书·卷 97》。

20 《汉书·卷 44》。

21 《汉书·卷 90》。

22 《汉书·卷 90》。

人物篇 追求和谐，经世致用的法律理念与主张

三、魏晋南北朝：纳礼入律与不事礼法

（一）有"《左传》癖"的著名律学家杜预

杜预（公元 222 年—284 年），字元凯，京兆杜陵（今陕西西安东南）人，西晋著名政治家、军事家、律学家。

杜预博学多识，尤其喜欢钻研《左传》，在其"立功之后，从容无事，乃耽思经籍，为《春秋左氏经传集解》"，这是《左传》注解中流传至今最早的一种。"时王济解相马，又甚爱之，而和峤颇聚敛，预常称'济有马癖，峤有钱癖'。武帝闻之，谓预曰：'卿有何癖？'对曰：'臣有《左传》癖。'"从中可见杜预对《左传》的特殊癖好。杜预不仅潜心研究《左传》，而且能时刻以儒家礼仪为标准，"结交接物，恭而有礼。"[1] 儒家之礼贯彻到了他的一言一行，以至于在其参与制定的《泰始律》以及为其所作的注解中，均体现出了"纳礼入律，礼法合一"的思想。

杜预在为《泰始律》所作的注解

【杜预像】

中明确指出："今所注，皆网罗法意，格之以名分"[2]，意思就是要以礼教名分为标准来解释法律，将礼纳入到法律之中。其注解充分体现了这一思想。

其实早在《泰始律》制定时，就已经坚持了"礼乐抚于中"[3]的原则，在律文中引入了大量属于礼制的条款，如规定"轻过误老少女人当罚金杖罚者，皆令半之"。对老、幼、妇女减轻处罚，这是儒家矜老恤幼的"仁政"思想入律的体现。再如规定"峻礼教之防，准五服以制罪"[4]，将服制引入定罪量刑，体现出儒家礼制对《晋律》的影响。在《泰始律》及其注解中，充分体现了礼的精神，纳礼入律进一步推进了礼法融合，强化了儒家正统思想对封建法律的影响，使封建社会礼律融合达到了一个新的阶段。

在礼制思想的指导下，杜预等以"蠲其苛秽，存其清约，事从中典，归于益时"为立法指导方针。立法时，在形式方面去除了法律中琐碎芜杂的部分，保留简要明了的内容；在内容方面减轻刑罚，制定一部中典。比如《泰始律》中"减枭斩族诛从坐之条，除谋反適养母出嫁女皆不复还坐父母弃市，省禁固相告之条，去捕亡、亡没为官奴婢之制"[5]等均体现了上述要求。

杜预在注律中也坚持了类似的原则，特别针对法律及法律条文的拟定问题，杜预提出"文约而例直，听省而禁简"[6]的思想。他认为："法者，盖绳墨之断例，非穷理尽性之书也。"即法律是断案定谳的准绳，而不是穷理尽性的工具，故法律条文需要 "文约而例直，听省而禁简"，即法律的文字要简要通俗，条例应明白、准确，直截了当；法律的形式要单纯，概念要明确，条文要简约，不要繁密。 为其原因则在于"例直易见，禁简难犯"。条文简约、明白就容易使人明白，不容易触犯。而"易见则人知所避，难犯则几于刑厝"。即人们理解后便会避免犯罪，刑罚也自然几乎不用适用了。

为了在立法中更好地贯彻上文的"简

【春秋经传集解】

人物篇 追求和谐，经世致用的法律理念与主张

				高祖 高祖母 齐衰三月				
			族曾祖姑 出家缌麻 出嫁无服	曾祖 曾祖母 齐衰五月	族曾祖父母 缌麻			
		族祖姑 在室缌麻 出嫁无服	从祖祖姑 在家小功 出嫁缌麻	祖父 祖母 齐衰不杖期	伯叔祖父母 小功	族伯叔父母 缌麻		
	族姑 在室缌麻 出嫁缌麻	堂姑 在室小功 出嫁缌麻	姑 在室期年 出嫁大功	父 母 斩衰三年	伯叔父母 期年	堂伯叔父母 小功	族伯叔父母 缌麻	
族姊妹 在室缌麻 出嫁无服	再从姊妹 在室大功 出嫁缌麻	堂姊妹 在家大功 出嫁小功	姊妹 在室期年 出嫁大功	己身	兄弟期年 兄弟妇小功	堂兄弟小功 堂兄弟妇 缌麻	再从兄弟小功 再从兄弟妇 缌麻	族兄弟 缌麻 族兄弟妇无服
	再从侄女 在室小功 出嫁无服	堂侄女 在室大功 出嫁小功	侄女 在室期年 出嫁大功	众子期年 众子妇大功	长子期年 长子妇期年	侄期年 侄妇大功	堂侄小功 堂侄妇缌麻	再从侄缌麻 再从侄妇 无服
		堂侄孙女 在室缌麻 出嫁无服	侄孙女 在室小功 出嫁缌麻	众孙大功 众孙妇缌麻	嫡孙期年 嫡孙妇小功	侄孙小功 侄孙妇缌麻	堂侄孙缌麻 堂侄孙妇 无服	
			侄曾孙女 在室缌麻 出嫁无服	曾孙妇 无服	曾孙 缌麻	曾侄孙缌麻 曾侄孙妇 无服		
				玄孙妇 无服	玄孙 缌麻			

【五服图】所谓五服，是指《仪礼·丧服》篇中所制定的五等丧服，由重至轻分别为斩衰、齐衰、大功、小功、缌麻，每一等都对应有一定的居丧时间。死者的亲属根据与死者关系亲疏远近的不同，而穿用不同规格的丧服，以示对死者的哀悼。西晋定律第一次把"五服"制度纳入法典之中，作为判断是否构成犯罪及衡量罪行轻重的标准。"五服制罪"的原则实质上是"同罪异罚"原则在家族范围内的体现，它在刑法方面的适用原则是：亲属相犯，以卑犯尊者，处罚重于常人，关系越亲，处罚越重；若以尊犯卑，则处罚轻于常人，关系越亲，处罚越轻。亲属相奸，处罚重于常人，关系越亲，处罚越重；亲属相盗，处罚轻于常人，关系越亲，处罚越轻。在民事方面，如财产转让时有犯，则关系越亲，处罚越轻。"准五服以制罪"是杜预纳礼入律思想的集中体现，对后世影响深远：唐律中绝大多数条文都因服制不同而规定了轻重不同的刑罚，明清法典均在正文之前附有"五服图"。

直"思想，杜预还提出要明确区分律、令这两种法律形式。"律以正罪名，令以存事制。"[7]即"律"是用来定罪量刑的，"令"是用来规定各种规章制度的。律和令界限明确，有利于实现"简直"的立法原则。

除上述观点外，杜预还提出"法门一出"的主张。他论述道："法出一门，然后人知恒禁，吏无淫巧，政明于上，民安于下。"[8]只有做到法出于一处，坚持维护立法机构独有的立法权，明确法律的内容，才能维护法律的权威。人们知道法律的具体内容，法律具有至高无上的权威便会自觉遵守，官吏也不敢滥用法律，从而实现政治的清明，社会的安定。可见杜预法律观的主要贡献在于坚持以"纳礼入律、礼法合一"为

立法和注释法律的指导思想，完善
了封建法律的内容，丰富了封建正
统法律思想，促进了礼法的融合，
加快了纳礼入律的进程。再就是从
理论上区分律与令，推进立法的简
直、统一，促进律学的发展，使律
学成为独立学科，为我国律学的发
展作出了重大贡献。

（二）力主"复肉刑"
的法制实践家刘颂

　　刘颂（？——约300年），字子
雅，广陵人，西晋时著名律学家、
思想家。任官四十年间，刘颂长期
主持中央的司法、吏治工作，历任
尚书三公郎、中书侍郎、廷尉、三
公尚书等司法职务，"论律令事，
为时论所美"[9]。刘颂在长期司法实
践活动中能够坚持秉公执法，时人
将之比做西汉张释之。

【杜预墓】杜预墓位于洛阳市偃师县杜楼村
北，不过如今仅保存下来一座墓碑，书"晋
当阳侯杜预之墓"，其南有杜预后世子孙唐
朝大诗人杜甫之墓。

　　刘颂法律思想中最有特色的就是其提出的"重刑"思想，他主张要
用严刑重罚来整肃社会，力主"复肉刑"；除此之外，刘颂还提出"法
令断一，事无二门"，严格依"律法断罪"等主张，充分体现出其强调
法律权威性的特点。

　　刘颂认为他所处的时代是"叔世"，即衰乱的时代，"奸恶陵暴，所
在充斥"[10]，到处充满着犯罪行为，"刑不制罪，法不胜奸"，刑法已经
无法制止犯罪行为，"为法若此，近不尽善也"[11]，这样的法律绝对不是
好的法律了。如果此时还要按照儒家的道德教化观点，实行慎刑必然会
造成社会的更加混乱。为了实现国家的安定，必须采用严刑重罚。

　　在刘颂的重刑思想中，"复肉刑"思想是其重要组成部分。刘颂对
此论述道，汉文帝废除肉刑是以小仁舍弃大仁，违背了圣王之典。如今
死刑过多，刑罚过重，导致因判刑而死亡的人数增加；同时，生刑过轻，

【刖人守囿铜挽车】1989 年山西省闻喜县出土，现藏山西省考古研究所。这件挽车为厢式六轮车，无辕，顶部有厢盖，前有车门，可开启，门旁立一个断左足的裸人（受刖刑者），拄杖扶门拴。刖刑，即断足，奴隶制五刑之一。

导致不能够制止犯罪，这都是因为废肉刑造成的。大量罪犯在被判处徒刑后，由于远离家乡，工作劳苦，饥寒交迫，失去了生存的信心，即使原来是好人，为了生存也不得不逃亡成为盗贼，更何况本来就品质恶劣的人呢？废肉刑没有起到其预期的目的，反而造成更严重的犯罪产生。故刘颂主张应恢复肉刑。他认为："圣王之制肉刑，远有深理"[12]。肉刑的适用一方面可以使罪犯畏惧刑罚的痛苦而不敢再犯罪，从而达到以刑去刑的目的，另一方面可以使罪犯失去作恶的能力，使罪犯不能再进行相同的犯罪，达到"止奸绝本"的效果。如对逃亡的人斩足，其自然

【拶指、手杻】

无法再逃亡。对盗窃的人斩手，其自然无法再用手盗窃。对于强奸犯，割去其势，其也就无法再犯强奸罪。"除恶塞源，莫善于此。"[13]再就是适用肉刑后，可以让受刑者回家，在其创伤痊愈后，还可以从事适当的工作，有利于保存劳动力。基于对废肉刑缺点和恢复肉刑好处的考虑，刘颂提出要恢复肉刑。

除恢复肉刑思想外，刘颂还提出要严格依"律法断罪"，执法必严的主张。即"律法断罪，皆当以法律令正文；若无正文，依附名例断之；其正文，名例所不及，皆勿论。"他强调司法官必须严格按照法律条文规定判案，如果没有法律条文，就应根据刑名和法例进行定罪量刑；如果法律和名例都没有涉及，就不能定罪。但当时一些司法官借口各种情况，以"看人设教"、"随时之宜"[14]为名撇开法律条文不用，量刑畸轻畸重。对此，刘颂解释道，"看人设教"、"随时之宜"是立法原则，

【宫刑图】宫刑是古代的一种肉刑，是指对犯罪者生殖系统的破坏，"丈夫割其势，女子闭于宫"。上图是对女性实施幽闭，即对女犯施行宫刑，开始于秦汉。使用木槌击妇人腹部，人为地造成子宫脱垂，是对犯淫罪者实施的一种酷刑。

而不是司法原则，在立法时需要考虑具体的对象和形势。在执法时，就不能如此。如果法律不完善，可以让立法机关修改；法律完善后，司法机关必须严格执行，"看人"、"随时"不能成为司法官不依"律法断罪"的借口。但这里我们需要注意仅是对司法官要求其要严格依律断案。而"法吏以上，所执不同，得为异议"[15]。意思是说司法官以上的大臣，有权解释有疑义的案件，可以不严格按照法律规定。这里涉及到刘颂思想中另一个方面，即严格划分君臣在立法，司法方面职责的思想。他认为："法欲必奉，故令主者守文；理有穷塞，故使大臣释滞；事有时宜，故人主权断。"[16]即法律要想具有权威性，得到很好的遵守，司法官就必须要严格遵守法律，依律断案。而大臣只有在出现疑难案件时，才能解释法律；对于极少

数超出现有法律规定的案件，才由君主去处断，这实际上是一种立法行为。这三者职权的明确划分使得司法机关具有一定的独立地位，与我们现在所提倡的司法独立也是一致的。刘颂之所以强调这三者职权的明确划分，是为了防止法出多门，"人主轨斯格以责群下，大臣小吏各守其局，则法一矣"[17]。

　　除此之外，在避免法出多门方面，刘颂还提出"夫人君所与天下共者法也"[18]的观点，即要求君主和天下人共同遵守法律，这是法律能否得到真正贯彻的一个重要因素。

　　刘颂思想中充满了重法的成分，但这并非代表刘颂不重视儒家学说，因为刘颂所重视的法是建立在儒家伦理纲常基础上的，是纳礼入律之后的法。"夫法者，固以尽理为法。"尽理表明礼已经融于法中。故刘颂强调法律，也就是强调儒家的伦理纲常。

（三）天下奇才，治国明相诸葛亮

诸葛亮（公元181年—234年），字孔明，号卧龙居士，琅琊阳都（今山东沂南县）人。诸葛亮著作在《三国志》本传中载有《诸葛氏集目录》，共二十四篇，十万四千一百一十二字。清人张澍辑本《诸葛忠武侯文集》较为完备，主要作品有《前出师表》、《后出师表》、《诫子书》等。

诸葛亮法律思想以"立法严峻"、"科教严明，赏罚必信"为核心内容。他主张以深刑竣法治理国家，立法要严厉，但由于他能够先教后刑，赏罚严明，执法公平，故而在其重刑思想治理之下，"刑政虽峻而无怨者，""行法严而国人悦服"。

"立法严峻"思想是诸葛亮法律思想的重要组成部分。《三国志》记载："亮刑法峻急"。基于对当时现实的考虑，诸葛亮主张以重刑治理国家，"吾今威之以法"[19]。诸葛亮认为刘璋统治期间，法律废弛，导致"德政不举，威刑不肃"。刘璋通过恩惠方式维持统治，结果却适得其反。因为"宠之以位，位极则贱，顺之以恩，恩竭则慢"。意思是说用职位去恩宠臣民，到无高位可给的时候，他们就会轻视职位；用恩惠去笼络臣民，到无恩惠可施时，他们就会怠慢恩惠。刘璋的谋臣法正、张松便是典型的例子。由于刘璋的恩惠治国方式，豪强富户把持了权力，横行无忌，君臣之间的行为准则已被破坏，最终灭亡。诸葛亮从中得出结论，在刘璋以减免罪行，恩赦，赏赐职务等恩惠方式治理国家灭亡的背景下，不能再以轻刑治理国家，这与秦亡汉兴时的情况是不同的。秦是暴政灭亡，故汉初需轻刑。而在当时三国鼎立，战乱纷飞，国家混乱已久，以及刘璋是实施恩宠灭亡的背景下，对于新建立的蜀国而言，只有根据"刑罚世轻世重"的原则，"刑新国用重典"，选择严刑治国，特别是对豪强地主势力要用严厉的法律去打击、限制，只有这样，蜀国的国家政权才能得到巩

【诸葛亮像】

【古隆中】诸葛亮隐居隆中（今湖北襄阳县西）达十年之久，专注治国用兵之道。公元207年，刘备三顾茅庐，请其出山。诸葛亮在此拟定了东联孙吴，西据荆、益，南和夷、越，北抗曹氏，待机进图中原的隆中对策，为以后的蜀汉制定了总战略。

固。在诸葛亮处死了益州豪强代表彭羕，流放了廖立之后，蜀汉政权得到巩固。

　　严刑治国除了体现为严刑打击豪强地主外，还体现在制定的军令中。诸葛亮所制定的兵法非常严厉，如"赋赐不均，阴私所亲，取非其物，借货不还夺人头首，以获功名，此谓盗军，有此者斩之"[20]。意思是说："受了赏赐分配不公平，袒护自己的亲信，随便拿不应拿的东西，借人的钱或东西不还，抢了别人所杀敌人的头骗取军功和名誉的，都要斩首。"[21]再如军令第十三条提到临阵之时，不许喧哗，要注意明听鼓音，谨观旗帜，按照旗帜所指方向运动，不听从命令者斩首。[22]严厉的军法保障了军队战斗力，巩固了蜀汉政权。

　　诸葛亮虽然实施严刑却没有被怨恨，并且还得到了人民的爱戴，这主要得益于他执法时坚持的先教后刑，赏罚严明、公正，不别亲疏。

　　尽管在立法上坚持重刑，但在执法上诸葛亮始终强调要先教后刑，重视教化的作用，"以教令为先，诛罚为后"[23]，要"教之以礼义，诲之以忠信，诫之以典刑，威之以赏罚，故人知劝"。即对民众首先要进行礼义忠信的教化，其次才是典刑赏罚。从这一点上我们可以看出诸葛亮深受儒家伦理道德观念影响，从本质上说，他是一个儒家学者，他本人也是忠君勤政的典

【勉县武侯墓】

范，但由于当时实际情况，加上他是一个非常现实的人，故在其思想中引入了以重法治国的法家理念。由于诸葛亮对民众的教化到达了"劝戒明"[24]的程度，民众知晓法律的内容，明白法律的严厉，故在一定程度上达到了预防犯罪的目的，严厉的法律也没有被民众抱怨。

　　在具体执法过程中，诸葛亮主张赏罚要严明公正，不别亲疏。"赏不可不平，罚不可不均。"[25]赏罚公平才能达到鼓励立功，制止犯罪的目的。该赏的不赏，该罚的不罚，法令就不会被遵守，赏罚也就失去其存在价值。为了实现赏罚的公正性，诸葛亮要求赏罚不别亲疏贵贱，即使是官府中的皇亲国戚，官僚大臣及其皇帝的仆人，犯罪时都要适用相同的法律。"宫中府中，俱为一体，陟罚臧否，不宜异同。若有作奸犯科及为忠善者，宜付有司论其刑赏，以昭陛下平明之理。不宜偏私，使内外异法也。"诸葛亮反对以情破法，主张法不阿贵。如刘备养子刘封因为抗命最后被赐死和马谡因失守街亭被斩首，都显示出诸葛亮的赏罚严明。

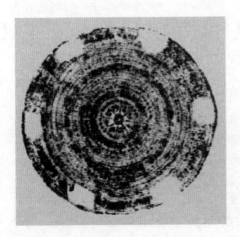

【诸葛亮南征铜鼓】

人物篇　追求和谐，经世致用的法律理念与主张

【斩马谡】

陈寿在评价诸葛亮时论述道："尽忠益时者虽仇必赏，犯法怠慢者虽亲必罚，服罪输情者虽重必释，游辞巧饰者虽轻必戮；善无微而不赏，恶无纤而不贬。"意思是说对于尽忠有益于国家的行为虽是仇人所为，也要奖赏，对于犯法的人即使是亲属也要处罚。对于认罪态度较好，有悔改情形的，即使罪重也可以释放，对于认罪态度差意图掩饰者罪行虽轻，也要处罚。只要有善行，再小也要奖赏，而对于恶行，再小也要处罚。这句话比较全面地反映了诸葛亮的赏罚严明思想。

由于诸葛亮严于律己，忠君爱国，"专权而不失礼，行君事而国人不疑"，在执法时能够做到"用心平而劝戒明"，故立法虽严，执法虽严，百姓却"咸畏而爱之"，其思想中体现出儒法合流的鲜明特色。

（四）越名教而任自然的嵇康

嵇康，（公元 223 年——262 年），字叔夜，谯郡铚县（今安徽宿州）人，三国时魏末著名思想家、文学家与音乐家，玄学著名代表人物，"竹林七贤"第一人，以一曲广陵散而闻名天下。

嵇康"家世儒学"，但"学不师授"，"好老、庄之业"[26]，崇尚自然，不拘礼法，主张清静无为，强烈批判虚伪的"名教"。嵇康甚至提出"越名教而任自然"的主张。后因与山涛志向不同，遂作《与山巨源绝交书》[27]，对虚伪的儒家礼法制度以及礼法之士进行了猛烈的抨击，公开

【嵇康像】

【竹林七贤图】嵇康与陈留阮籍、河内山涛、河南向秀、籍兄子咸、琅邪王戎、沛人刘伶相与友善，游於竹林，号为七贤。28他们主张回到自然，厌恶儒家各种人为繁琐礼教。

与司马氏集团决裂，颇招司马氏集团嫉恨，后被司马昭杀害，临刑前神色自若，奏《广陵散》一曲，从容赴死。

嵇康思想核心为他在《释私论》中提出的"越名教而任自然"[29]。

在名教与自然关系上，嵇康的思想与当时正统的玄学思想不同，他认为自然与名教是对立的，而不是"名教本于自然"。嵇康认为当时的名教是当权者用以维护统治的工具，所以公开反对名教，要求挣脱名教、礼法的束缚，即"越名教"，回归自然，放弃功名利禄，"清虚静泰，少私寡欲"。

在"越名教"基础上，嵇康在《与山巨源绝交书》一文中，进一步菲薄圣人。嵇康在文中列举了自己不能为官的缺点，即性情疏懒，不能守礼法，不会办公事等"七不堪"以及"非汤、武而薄周、孔"和"刚肠疾恶，轻肆直言，遇事便发"的"二不可"。这些都是与朝廷的礼法不容的。"人伦有礼，朝廷有法"。故不能为官，要回到自然，不受儒家人为繁琐礼教的束缚。

【唐·李怀琳书《嵇康与山巨源绝交书》】这是嵇康散文的代表作品，文章有气势，嬉笑怒骂，泼辣洒脱。

　　嵇康表面上是在列举自己的缺点，实际上是对当时朝廷、官场礼法的批判，表示对当时虚伪礼法的蔑视，特别是"二不可"更是表明了嵇康与司马氏集团之间不可调和的矛盾。在当时，王肃等人正在为司马氏集团篡位制造理论依据，其中重要一条理由就是对于汤武革命，周公、孔子认为是顺应人心的行为。而此时嵇康却批判汤武，菲薄周、孔，攻击名教，结果不可避免地触怒司马氏集团。

　　嵇康对当时的虚伪名教进行了最激烈的批判，"以明堂为丙舍（墓舍），以讽诵为鬼语，以六经为芜秽，以仁义为臭腐"[30]。将儒家的一切，明堂、六经、仁义、道德等全盘否定，要求人们摆脱名教束缚，顺应自然，"任自然"。

　　这里还需要强调一点，嵇康所批判的礼教指的是被司马氏集团用以篡权利用的虚伪的礼教，这种礼教是社会上一切罪恶的根源，故要抛弃。对于真正的儒家伦理嵇康是不反对的，他只是反对人为的、虚假的仁义。他认为名教应该建立在自然之上，源于自然，顺应人性的自然发展，要使仁义道德成为发自内心的一种内在的自然美德，而不是一种外在束缚。"越名教"不是不要名教，而是要建立起一种真正的名教，一种纯粹的仁义道德，一种发自内心的自然生成的道德伦理。这样人才能获得精神上的自由，不会为名教所拘束，真正达到"越名教而任自然。"

　　以"越名教而任自然"思想为指导，嵇康主张在治理国家时也要废除现实社会虚伪的礼法。他对当时的司法进行了猛烈抨击。他论述道，刑罚本来是用来惩罚坏人的，而如今却用来威胁好人。"邢本惩暴，今以胁贤。"司法极不公正，造成了社会的黑暗。对此，嵇康提出来要建立"任自然"的法制，主张学习古代圣王的做法，实行"无为而治"，具有浓厚的法律虚无主义色彩。

---

1 《晋书·杜预传》。
2 《晋书·杜预传》。
3 《晋书·刑法志》。
4 《晋书·刑法志》。
5 《晋书·刑法志》。
6 《晋书·杜预传》。

7 《太平御览》638 引杜预《律序》。

8 《艺文类聚·卷 54》。

9 《晋书·刘颂传》。

10 《晋书·刑法志》。

11 《晋书·刑法志》。

12 《晋书·刑法志》。

13 《晋书·刑法志》。

14 《晋书·刑法志》。

15 《晋书·刑法志》。

16 《晋书·刑法志》。

17 《晋书·刑法志》。

18 《晋书·刑法志》。

19 《蜀书五·诸葛亮传》。

20 《太平御览·卷 296》。

21 刘冀民、李金河：《诸葛亮法律思想初探》，载《社会科学研究》1995 年第 1 期。

22 《太平御览·卷 341》。

23 《诸葛亮文集全译·便宜十六策·教令》。

24 《蜀书五·诸葛亮传》。

25 《诸葛亮文集全译·便宜十六策·赏罚》。

26 《魏书·卷 21》。

27 《全三国文·卷 47》。

28 《诸葛亮文集全译·便宜十六策·赏罚》。

29 《全三国文·卷 50》。

30 《嵇中散集·难自然好学论》。

四、隋唐：一准乎礼与宽严适中

（一）唐朝法律的奠基人李世民

【唐太宗像】唐太宗李世民是中国历史上一个开明而有作为的皇帝，被后世封建统治者称为有道明君，是历代君主的典范。

李世民（公元 599 年-649 年），中国古代杰出的政治家、军事家、思想家。作为一名政绩卓著、开明自律、从谏如流的封建君主，李世民在创业与守业的过程中形成了内涵丰富、体系严密的法律思想。其法律思想对唐朝法制的创设与完备起到了重要的指导作用。

唐太宗李世民的法律思想以"德主刑辅，礼法并用"为核心。他认为自古以来，以仁义治国的，国运昌盛；泛用刑罚的，虽能得到短暂的安定，但统治不会长久。他用隋朝短命而亡的教训告诫百官，隋亡并不是由于军事势力不强，而是由于仁义不修，百姓怨叛的缘故，故要吸取隋亡教训，对百姓以道德教化为主，刑罚为辅。

为了实现"德主刑辅，礼法并用"，李世民在立法方面以礼为指导，礼法结

【遇物教储】唐史上记：太宗自立晋王为太子，凡遇一物一事，必委曲诲谕之，以启发他的意志。如见太子乘舟，就教之说：水本以载舟，故舟藉水以运，然而水亦能覆舟，则舟不可倚水为安，那百姓每就譬之水一般，为君上的譬之舟一般，君有恩德及民，则民莫不戴之为君，若是暴虐不恤百姓，则人亦将视之为寇仇而怨叛之。譬之于水，虽能载舟，亦能覆舟，不可不惧也。

合。《贞观律》实现了"一准乎礼"，在唐律中已经全面而具体地实现了"三纲"原则，儒家礼制已经与法律融为一体，从而为其提供了法律保障。

在法律具体内容、形式方面，太宗要求简约宽平。他认为法律不但应当由繁而简，而且应当去重从轻。如果法律条款太过繁杂，势必造成冤假错案，影响社会安定。隋朝末年，炀帝严刑酷法，草菅人命，结果激起民变。高祖反其道而行之，"布宽大之令，百姓来归"，竟"旬月之间，遂成帝业"[1]。这样的创业经历使太宗深知宽平立法的重要性，于是

【唐太宗览图禁杖】唐史中记载，太宗看到《明堂针灸图》中说："人五脏之系，咸附于背"。于是下诏令天下问刑衙门，自今以后不许笞杖罪囚的脊背。这充分反映了唐太宗"削烦去蠹，变重为轻"的轻刑主义法治思想。

在制定《贞观律》时，要求"削烦去蠹，变重为轻"[2]，"减大辟九十二条，减流入徒者七十一条"，进一步削减酷刑。《贞观律》的这些变革，为巩固唐初政权发挥了重要作用。

再就是立法要稳定。为了维护法律的权威，法律一旦制定之后，就"不可数变"。因为"数变则烦，官长不能尽记；又前后差违，吏得以为奸"[3]。所以在变法时一定要慎重，不能轻易更改。

法律是天下的准绳，故在执法方面，太宗强调要公正严明，一断于法。唐太宗特别欣赏诸葛亮的"尽忠益时者，虽仇必赏；犯法怠慢者，虽亲必罚"[4]的执法原则。他要求官员在执法时不徇私情，不分亲疏贵贱，一断于法。不仅要求官员如此，对自己也是严格要求，自觉遵守法律。如贞观元年，"长孙无忌尝被召，不解佩刀入东

上阁门，出阁门后，监门校尉始觉"。后监门校尉被判处死罪，无忌被判处徒二年，罚铜二十斤。太宗从之。大理少卿戴胄驳曰："校尉不觉，无忌带刀入内，同为误耳。"不应如此处罚，太宗曰："法者非朕一人之法，乃天下之法，何得以无忌国之亲戚，便欲挠法耶？"[5]更令定议。太宗乃免校尉之死。这个事例显示出太宗对执法公平的坚持。在执法时对亲贵与普通官员一视同仁，严格依照法律执行。因为法律是天下之法，故执法要严明，不阿亲贵，即使对他的儿子吴王李恪，也是如此。李恪

【纵囚归狱图】唐太宗亲自审录罪囚，对被杀的囚犯心生怜悯，敕令法司将天下死囚都暂时放回家看父母妻子，限定到第二年秋天再回监狱受刑。第二年秋天，所放的390 名囚犯，感太宗不杀之恩都按时回到朝堂听候处决，没有一个逃亡隐匿的。唐太宗见这些囚犯依期就死，终不忍杀，尽皆赦之。这充分体现了唐太宗慎刑的思想。

由于"数出畋猎，颇损居人"，结果被免官，削户三百。在维护法律的公正与尊严方面太宗是不会妥协的。

　　除以上法律思想之外，太宗还坚持慎刑思想。慎刑要求司法官在审理案件时要慎杀，慎重用刑。适用于死刑的三复奏、五复奏制度，尤其体现了慎刑思想。贞观元年，太宗下诏确立了三复奏制度，"大辟（死刑）罪皆令中书、门下四品以上及尚书九卿议之"。在这种慎刑理念引导下，从贞观元年到贞观四年，全国被处死刑的只有 29 人，可见太宗初期对杀人是慎之又慎的。贞观五年，在相州人李好德言涉妖妄案中，大理丞张蕴古因与囚博戏，漏泄圣旨，被斩于东市。事后，太宗后悔道："蕴古身为法官，此亦罪状甚重。若据常律，未至极刑。"为了避免再错杀人，太宗颁诏："凡有死刑，虽令即决，皆须五复奏。"[6]

　　由于太宗在"贞观之初，志存公道，人有所犯，一一於法。纵临时处断或有轻重，但见臣下执论，无不忻然受纳。民知罪之无私，故甘心而不怨；臣下见言无忤，故尽力以效忠"[7]，国家出现了贞观之治的盛事局面。

（二）敢于直谏的魏征

　　魏征（公元 580 年–643 年），字玄成，馆陶（今河北邯郸市）人，著有《魏郑公文集》与《魏郑公诗集》，其言论多见于《贞观政要》。

　　唐初的法律思想大多源自于魏征。魏征法律思想的核心和唐律的

【魏征像】

指导思想"德礼为政教之本，刑罚为政教之用"一致，主张"仁义，理之本也；刑罚，理之末"[8]，仁义和刑罚是本与末的关系。他特别强调在治理国家中发挥仁义，道德教化的作用；认为圣主明君都是重视道德教化，重视仁义而慎用刑罚的。"圣帝明王，皆敦德化而薄威刑也。"[9]

　　在唐太宗的其他大臣主张在大乱之后要以刑罚为先时，魏征坚决予以反对。他认为大乱之后，不但需要道德教化，而且还要以道德教化为主，因为道德教化在此时能够起到更好的效果。他说人在混乱危难的时候，

忧虑死亡。忧虑死亡，就会怀念安定的状态。怀念安定的状态，就会自我反思，希望自己从善，有一个好的环境，就容易对之进行教化。大乱之后就是如此，每个人都希望安定的生活，如同饥饿的人需要食物一样。但太宗对之有所怀疑，认为大乱之后在短期内实现教化不可能成功。魏征对此解读道，圣人和普通人施政效果是不

【《贞观政要》书影】《贞观政要》是记录唐初贞观年间君臣讨论政治得失的重要政论史籍。唐中期史官吴兢撰，成书于唐玄宗开元初年。

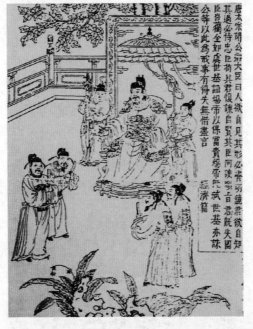

【唐太宗纳谏图】唐太宗以善于纳谏而著称，他重用敢于直言的魏征，在历史上留下了一段佳话。魏征原是李建成的谋士，玄武门之变以后，唐太宗见他为人正直，对他倍加器重。魏征进谏时，常据理力争，不留情面。魏征前后进谏两百多次，唐太宗非常赞赏他。魏征死后，太宗悲伤地说："以人为镜，可以明得失。现在魏征死了，我失去了一面镜子。"这幅图描绘的正是唐太宗虚心纳谏的情形。

同的。普通人推行教化，可能不会短期成功。但圣贤之人推行教化，"上下同心，人应如响，不疾而速，期月而可，信不为难，三年成功，犹谓其晚"[10]。在此，魏征将李世民比为圣贤君主，认为由他推行教化自然会有"立竿见影"的效果。这种推行贤人政治的观点，体现了魏征思想中的"人治"论，身为"贤君"的李世民也就自然接受了他道德教化为主的观点。

魏征肯定"仁义"在治理

人物篇 追求和谐，经世致用的法律理念与主张

国家中的作用，认为"非仁无以广施，非义无以正身。惠下以仁，正身以义，则其政不严而理，其教不肃而成"[11]，只要对人民施以仁义，道德教化的目的自然就能实现。

魏征在肯定仁义、道德教化主导作用的同时，也没有否认刑罚的作用。他认识到教化与刑罚必须结合运用，才能相得益彰。"为理之有刑罚，犹执御之有鞭策也"，意思是说道德需要刑罚就如驾驭马匹需要鞭子一样。但其中仁义为本，刑罚为末，"人皆从化，而刑罚无所施；马尽其力，则有鞭策无所用"。人们都经过道德教化变好了，刑罚就没有用的地方了。马尽力奔跑，鞭也就不需要用了。"故圣哲君临，移风易俗，不资严刑峻法，在仁义而已。"[12]

基于仁义为主，刑罚为末的指导思想，魏征主张在立法方面要宽平。他说："人君之道，惟在宽厚"，力主在立法时减轻刑罚。《旧唐书·刑法志》记载："及太宗即位，又命长孙无忌、房玄龄与学士法官，更加厘

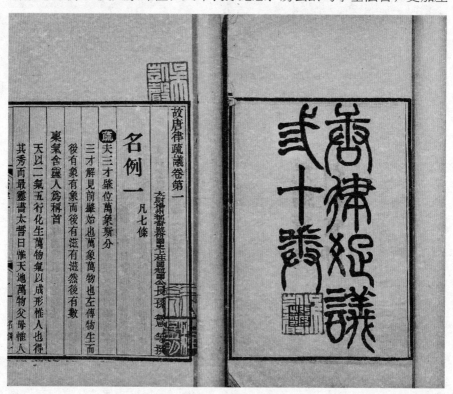

改，戴胄、魏征又言旧律令重，于是议绞刑之属五十条，免死罪。"从中可以看出魏征的宽平立法主张，对唐朝立法产生了深刻的影响。

在执法方面，魏征主张"志存公道，人有所犯，一一於法"[13]。"一一於法"，首先强调在执法时，严格以法为"国之权衡也，时之准绳也"，严格依照法律执行，要求"法有定科"，而不能适用法外刑。再就是在适用对象方面，不分亲疏贵贱，一视同仁，以公平为规矩，对

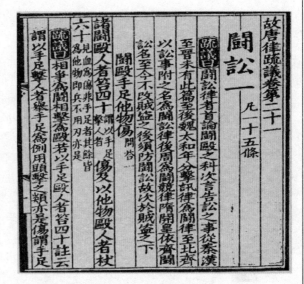

【《唐律疏议》】元代人柳察在《唐律疏议·序》中说："始太宗因魏征一言，遂以宽仁制为出治之本。"唐律以立法宽减为基本特征，这亦是杜预法律思想的直接体现。

所有人适用同一标准。"夫刑赏之本，在乎劝善而惩恶，帝王之所以与天下为画一，不以贵贱亲疏而轻重者也。"[14]

在审判时，魏征主张要重事实，反对严刑拷讯。"凡理狱之情，必本所犯之事以为主。"[15]意思是说审理案件的时候，要以所犯之事为主进行审理，根据案件事实断罪定刑。而不能严刑拷打，旁求罪证，耍弄手段；并且在审理时，要审讯再三，达到"求实"的目的。

魏征为维护法律的尊严，敢于同违法行为抗争。在其担任门下省给事中时，多次行使封驳权，将中书省起草的诏敕驳回，甚至唐太宗亲自出面逼他署敕，他也不同意，并且严辞反驳唐太宗。魏征的敢于直谏，对"仁义为主，刑罚为末"的坚持，对唐初法制建设起到了重大的影响。

（三）朴素唯物主义思想家柳宗元

柳宗元（公元773年—819年），字子厚。因其祖籍河东（今山西省永济市），世称柳河东。又因官终柳州刺史任上，故又称柳柳州。柳宗

【柳宗元像】

元死后，其著作由好友刘禹锡编为《柳河东集》。

柳宗元的法律思想建立在对封建正统法律思想批判的基础上，他以朴素唯物主义思想为指导，批判了传统儒家的天命神权论，主张"天人不相预"，提出法起源于"势"，赏罚要及时的观点。但其对传统儒家核心内容之一的德主刑辅观点却持肯定态度，其法律思想也是以仁义为核心，主张刑、礼"其本则和，其用则异"，即刑、礼根本原则相同，只是用途有所差别，以及"无忘生人之患"。柳宗元是一位儒家思想的坚定拥护者，但他又不拘泥于传统儒家学说，从现实需要出发，对儒家思想加以取舍，同时吸收了其他学派、学说，如法家学说、佛教学说的有益成分，形成了他的依仁义礼智信而行的"中道"思想。

对儒家天命神权论的批判是柳宗元思想的重要组成部分，也是其思想体系的基础。柳宗元认为天是不可能有意志的，也就不可能赏功罚过，天赏天罚是不可能存在的。天、地、元气、阴阳与花果、草木一样，都是物，没有喜怒哀乐，"乌能赏功而罚祸乎？"[16]天和人也是"各行不相预"[17]的，这里天主要指的是生殖与灾荒等自然现象，人主要是指法制与悖乱等人的活动，天和人各有其发展规律，互不干预，故天人之间不可能有感应，天也不可能赏罚人的功过，国家和法律也就不可能是受命于天的。

国家和法实际上是起于"势"。所谓"势"，是指不以人们主观意志为转

【柳宗元衣冠冢】

移的人类社会发展的必然趋势。柳宗元认为国家和法律不是从来就有的，也不是上天有意制造的，而是人类发展到一定条件为适应社会的需要而出现的。人类最初为了生存经常发生争夺，为了平息纠纷，就推举出能够明断曲直的人作为领袖，由他处理是非，对于不听从领袖的人则处以刑罚，这样"君长刑政生焉"[18]，国家和法律产生了。由于法律是因"势"而生，故随着势的

【秋冬行刑】正统儒家认为赏罚需符合天时，"赏以春夏而刑以秋冬"，这样才能与天意相符。传统司法中的秋冬行刑制度就是建立在司法时令说基础上的。上图为晚清官员被处死，可以明显看出是在秋冬季节。

变化，法律也应随之变化，这也就为当时柳宗元参与的永贞革新运动提供了理论支持。

柳宗元也否定了建立在天罚思想基础上的"司法时令说"。柳宗元认为，春夏秋冬四时变化纯粹是自然现象，与人间赏罚没有任何联系。国家设立赏罚的目的是为了及时解决纠纷，宣传善行。"夫圣人之为赏罚者非他，所以惩劝者也。赏务速而后有劝，罚务速而后有惩。"如果按照司法时令说，"使秋冬为善者，必俟春夏而后赏，则为善者必怠；春夏为不善者，必俟秋冬而后罚，则为不善者必懈"[19]。即对于在秋冬季节从事善事的人必须要等到春夏再予奖赏，从事善事的人必然会懈怠。对于在春夏季节犯罪的人必须要等到秋冬再予处罚，犯罪的人也会懈怠。这样便起不到赏罚的效果，反而使行善者失去积极性，而作恶者

由于没有及时惩罚，反而会使更多的人以身试法，"驱天下之人而入于罪"，走上犯罪道路。故赏罚要及时，根据实际需要，制定适时的政令法规，充分发挥法律及时打击犯罪的惩治、震慑、教育、警戒作用，维护国家统治和社会安定。

因此，传统儒家的天人感应，天罚，君权神授等神权理论说"类淫巫瞽史，诳乱后代"[20]，历代君王并不是受命于天，而是受命于人，祥瑞也不在于吉祥之物，而在于仁德。只有君主施行仁政，才能真正做到国家的长治久安，"未有丧仁而久者也，未有恃祥而寿者也"[21]。

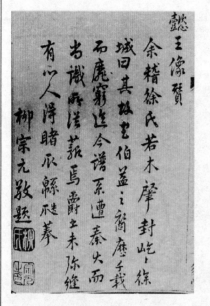

【柳宗元书法真迹】

故柳宗元非常重视民生，主张"以生人为主"，注意维护人民的利益，在官与民关系上，柳宗元认为："夫为吏者，人役也。"即官吏是人民的仆役，并且提出了吏民平等的民主思想。在君民关系上，他认为君是用来保护人民的，商汤能施行"仁政"，所以获得王位，而商纣王荒淫无道，残害民众，故被推翻杀死；"民为君本"，君主在治理国家时要坚持厚德简刑的原则，尽管刑、礼都是治理国家的重要手段，刑罚用于惩罚违法犯罪，礼用于表彰善行，但二者地位不同，德主刑辅，君主对民众要以道德教化为主，这是其仁政思想的一个重要体现。

在适用刑罚时，柳宗元主张"穷理以定赏罚，本情以正褒贬"[22]，即定罪量刑，既要合法又要合情。在《驳复仇议》中，柳宗元针对徐元庆为父报仇，杀死县尉赵师韫一案，提出定罪要建立在查清事实，分清是非曲直的基础上。柳宗元认为对复仇要分两种情况处理，对于因公罪而被杀的情况，不允许复仇；对于因私怨的，如果复仇，国法不该诛。而不是按照陈子昂所说既要杀掉徐元庆，以正国法，又要旌其闾以褒孝义。定罪量刑以事实为根据，既合法，又合理，有利于及时解决纠纷，得到人民的支持，实现司法正义，这也是维护人民利益的一个体现。

（四）尊儒排佛的思想家韩愈

韩愈（公元 768 年—824 年），字退之，号昌黎，谥号"文"，又称韩文公，河南河阳（今河南孟州市）人。代表作为《昌黎先生集》，其中的《原道》、《原性》、《论佛骨表》等篇是研究韩愈思想的重要资料。

韩愈是唐中期以儒家学说反对佛教、道教的一个重要代表人物，其对中国封建社会正统法律思想的重要贡献在于其创立了"道统论"，为维护传统儒家思想提供了新的理论武器。

【韩愈像】

何谓道统，"博爱之谓仁，行而宜之谓义，由是而之焉之谓道"。[23] 道，就是儒家学说中的仁与义内容的综合。道起源于尧，后经舜、禹、汤、周文王、周武王、周公、孔子、孟轲等相继传播，孟子死后，道失传，佛教、道教乘虚而入。现在由他来继承"道统"，恢复儒家传统仁义学说的正统地位，恢复正统法律，便可以排斥佛教、道教的影响了。故"道统"，实际上就是关于儒家道的传授系统。韩愈认为道是由圣人创

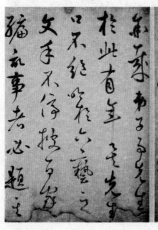
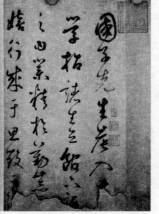

【草书韩愈《进学解》局部】

制的、强化了儒家思想的权威性，而法律是道的重要体现，故法律也是由圣人创制的。圣人制刑学说是韩愈关于法律起源的理论。

圣人制刑说树立了法律的权威，不仅因为法律是圣人所制，更因为是圣人受命于天所制。以人性中所具有"仁、义、礼、智、信"的多少为依据，韩愈将人性分为上、中、下三等，即"性三品"之说。韩愈认为人性是与生俱来的，属于先天的禀赋，"上之性就学而愈明，下之性畏威而寡罪，是故上者可教而下者可制也"[24]，意思是上品之人，天生聪明善良，通过学习可以更加明辨事理。下品之人，本性恶劣，只有用刑罚才能加以管理。中品之人，是可以教化的。这样就论证了儒家德刑两手统治方式的合理性。进行统治既缺不了道德教化，也要发挥刑罚的作用。由圣人制刑，对下等人适用刑罚是源于上天的天命，人们不能抗拒，如果违反，就是违抗天命，要受到天罚，从而进一步强化了封建法律的权威性，强化了儒家"德主刑辅"思想的权威性。这也与儒家正统法律思想中"顺天则时"的神权法一致，使正统法律思想具有了更加浓厚的神秘性。

【沈阳故宫龙椅】反映了君主至高无上的地位和神秘主义色彩。

【孔府家法——甘蔗棍】孔府的家法极严，犯了错误要受杖责，所使用的杖是将木棍做成甘蔗形状，挨打者要喊：盖到甜头了，意味着苦尽甘来，这充分反映了法律制裁与道德教化的结合。

关于德刑关系问题，韩愈不仅运用"性三品"说论证了运用德刑两手策略治国的必然性，而且进一步论证了德刑关系上"德礼为先而辅以政刑"的"德主刑辅"观点。为什么"德主刑辅"？韩愈解释道："夫律虽本于圣人，然执而行之者，有司也"。[25]即法律虽由圣人创制，但执行法律的并不是圣人，而是有关机构。符合"道"的法律能否被真正贯彻，就需要对执行机构进行有关"道"、仁、义思想的教化。这与孔子的"导之以政，齐之以刑，民免而无耻。道之以德，齐之以礼，有耻且格"[26]的德主刑辅观点一致。尽管"礼法二事，皆王教之端"[27]，礼法都是治理国家的重要手段，但要使国家得到治理，在韩愈看来，关键在于使以仁义为主要内容的"道"深入人心。仁义之"道"只要实现，国家自然就能得到较好治理。

在强调道德教化为主的同时，法律在治理国家过程中起到的辅助作用也不能忽视，不仅不能缺少，而且非常重要。相较道德教化而言，法律具有强硬的一面，特别在对"下品"之人方面，更是要用刑罚才能加以管理。韩愈是很重视刑罚的运用的，主张对犯罪者用严刑加以镇压。之所以如此，仍是要归因于犯罪者的下品之性。"下之性畏威而寡罪"，意思是说下品之性的人畏惧包括刑罚在内的强制手段，对其适用严刑，才能达到使其少犯罪的目的。这是建立在性三品说上的刑罚目的论，实际上是对法家"以刑制刑"的一种改造。

在德刑兼用思想指导下，韩愈主张在司法中"经律两不失"，这一主张尤其反映在他对于复仇问题的看法上。针对梁悦为父复仇的案件，韩愈认为根据儒家经典，容许为父复仇。但按照法律，"杀人者死"。礼和法发生尖锐的矛盾。最后韩愈提出针对复仇应当区分不同情况加以区别对待，并且确立复仇案件处理程序，"凡有复父仇者，事发，具其事申尚书省，尚书省集议奏闻，酌其宜而处之"，以达到"经律无失其指"的要求。这个意见依然没有直接解决复仇问题。但其中体现的"经律无失其指"的主张，再次表明他对德刑兼用法律思想的维护。

韩愈以"道统论"和"性三品"说为其思想基础，提出圣人制刑，天罚论以及 "德主刑辅"观点，其目的在于恢复封建正统法律思想，打击佛教、道教。但实际上他所谓的道并非孔孟之道，而是"合儒墨、兼名法"的"杂霸"之道。

（五）主张刑、礼、道迭相为用的思想家白居易

白居易（公元 772 年—846 年），字乐天，晚年号香山居士，又曾官太子少傅，著有《白氏长庆集》七十一卷。

白居易的思想具有浓厚的儒、法、道三家杂糅色彩。白居易认为，治理国家需要三种手段，即刑、礼、道。三者性质不同，作用不同，"刑者可以禁人之恶，不能防人之情；礼者可以防人之情，不能率人之性；道者可以率人之性，又不能禁人之恶。"即刑是用来禁止人犯罪，但不能控制住人的感情；礼制可以控制住人的感情，但不能压抑人的天然本性；道可以压抑人的天然本性，但又不能用来禁止人犯罪。三者都是治理国家不可缺少的凭借，故可"迭相为用"[28]。

白居易认为治国的主导思想应当是儒家思想。他以孟子的"穷则独善其身，达则兼善天下"[29]激励自己，认为穷达都是身外事，只有道义即儒家的"仁义"才是根本。其著作也同样体现出重视儒家思想的内容，如："刑者礼之门，礼者道之根。知其门，守其根，则王化成矣。"[30]即刑是崇礼的门径，任道也得以"礼"为根本，只有儒家的礼，才是"王化"的根本所在。

以儒家思想为主导，以道、法思想为补充，儒、法、道三家学说杂糅运用，是白居易对长期儒法合流，礼法合一思想的总结和进一步发展。

尽管白居易认为应以礼为主，兼采道、法。但他作为一

【白居易像】

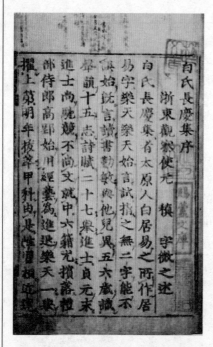

【白居易代表作《白氏长庆集》】

个开明的思想家；也看到了另一个真理，即时代不同，治理国家的三种手段在适用时的主次也不同。"是以衰乱之代，则弛礼而张刑；平定之时，则省刑而弘礼；清静之日，则杀礼而任道。"[31]即在战乱时期，强调刑的适用，减少礼的使用；在国家战乱结束之后，则要减少刑罚适用，弘扬礼制；而清静之时，则要运用道家无为而治的理论。白居易认为他所存在的时代社会安定，故要省约刑法，崇尚礼乐，以伦理道德教化百姓，也就是要以礼为主，恢复德主刑辅正统儒家思想的适用。

在刑、礼、道迭相为用思想的指导下，针对具体的立法、司法问题，白居易也提出了自己的一些主张。

首先是"令一则行，推诚则化"的思想。白居易认为，当时司法中出现的种种弊端，如司法官在定罪量刑时，"轻重加减，随其喜怒，出入比附，由乎爱憎"。[32]主要原因在于法令的不统一。法令的不统一，一方面体现在法令的"朝出夕改，晨行暮止。"[33]即由于法律本身不稳定，经常更改，从而造成法律的不统一。另一方面，体现在法律得不到严格的贯彻，"急於贱，宽於贵"，"行於疏，废於亲"[34]。即在适用法律时根据身份的贵贱，关系的亲疏采用不同的标准，从而造成法令适用的不统一。基于法令不统一的这两种情形，白居易提出要统一法令，严肃执法，特别要求君主首先要严于律己，"以礼自修，以法自理，慎其所好，重其所为"。自上守法，在适用法令过程中不别亲疏，不分贵贱，这样才能达到令行禁止，"言出则千里之外应如响，令下则四海之内行如风"的效果。

其次是"理大罪，赦小过"[35]的思想。白居易认为治理国家，要想得到人民的支持，必须要学习圣人治国的经验，即："圣人在上，使天下畏而爱之，悦而服之者，由乎理大罪赦小过也。"也就说圣人在治理国家时首先关注的是严惩官僚贵族的重大犯罪案件，而对于小官吏、普通民众的小过失则可赦免。这样才能治理好国家，使人民有悦服之心。

除以上思想外，白居易还提出慎选司法官吏，"止狱措刑，在富而教之"[36]等主张。这些主张都是其通过对历史的考察分析得出的。如白居易通过考察唐朝法制适用的情况，认为贞观年间法制能够推行与当时有一批好的司法官密切相关，而同样的法制在以后却得不到很好的贯彻，主要原因就在于司法官吏不好，故要慎选司法官吏，在选拔司法官时必须要选用熟习律令，慎重判案的狱官，这样才能改革时弊。

再如通过对历史上经济与犯罪关系的考察，白居易得出贫穷是产生犯罪的根源的思想，并提出了以"富其人"来防止犯罪的对策。白居易继承孔子的"富而后教"的思想，他以西周文王，西汉文帝、景帝，唐朝太宗等为正例，以夏桀、商纣、秦始皇为反例，说明犯罪的多少与人民的生活贫富有密切关系，"贫困思奸而多罪也"。故要消除犯罪，不能单纯适用刑罚，"在乎富其人，崇其教；开其廉耻之路，塞其冤滥之门，使人内乐其生，外畏其罪"[37]，这样才能真正消除犯罪。

最后针对肉刑问题，白居易认为："议肉刑，可废不可用"。[38]自西汉文帝下诏废除肉刑后的一千来年当中，出现多次围绕肉刑复废的论争。白居易在考察双方观点基础上，提出必须考察事实，斟酌人情。从现实情况来看，肉刑自被汉文帝废除，已经被排除在国家正刑之外，唐朝也没有再适用，再就是结合圣人用刑的原则"轻重适时变，用舍顺人情"来看，如果将废置已久的肉刑恢复，会带来人民的恐惧，不符合顺人情的原则。因此，肉刑绝不能恢复，这也是符合传统儒家"仁政"的要求的，同时也体现出白居易以儒家思想为主，调和儒法的思想特点。

白居易手书《《楞严经》》墨迹

【白居易手迹】

1 《旧唐书·卷50》。

2 《资治通鉴·卷194》。

3 《资治通鉴·唐纪十》。

4 《贞观政要·公平》。

5 《贞观政要·公平》。

6 《贞观政要·刑法》。

7 《贞观政要·刑法》。

8 《贞观政要·公平》。

9 《贞观政要·公平》。

10 《贞观政要·政体》。

11 《贞观政要·公平》。

12 《贞观政要·公平》。

13 《贞观政要·公平》。

14 《贞观政要·刑法》。

15 《贞观政要·公平》。

16 《全唐文·天说》。

17 《全唐文·答刘禹锡天论书》。

18 《全唐文·封建论》。

19 《柳宗元集·断刑论》。

20 《新唐书·卷168》。

21 《新唐书·卷168》。

22 《全唐文·驳复仇议》。

23 《韩昌黎文集·原道》。

24 《韩昌黎文集·原道》。

25 《韩昌黎文集·复仇状》。

26 《论语·为政》。

27 《韩昌黎文集·复仇状》。

28 《白居易集·刑礼道》。

29 《孟子·尽心上》。

30 《白居易集·刑礼道》。

31 《白居易集·刑礼道》。

32 《全唐文·策林五十六》。

33 《全唐文·策林十三》。

34 《全唐文·策林十三》。

35 《全唐文·策林五十七》。

36 《全唐文·策林五十五》。

37 《全唐文·策林五十五》。

38 《全唐文·策林五十三》。

五、宋元明清：从天理人欲到轻重之变

（一）理学的集大成者朱熹

朱熹（公元 1130 年-1200 年），字元晦，号晦庵，别号紫阳，南宋著名的理学家、教育家，中国封建时代儒家的主要代表人物之一，"孔门十哲"之一，在历代儒者中的地位及实际影响仅次于孔子和孟子。其思想在中国元明清三代，一直是封建统治阶级的官方思想，是巩固封建社会统治秩序的强有力精神支柱。

【朱熹对镜自画像】

朱熹继承和发展了程颐、程颢等人的"理学"思想，以儒家学说为主，兼采佛、道思想，建立了一个庞大完备的客观唯心主义体系。朱熹思想集理学之大成，以"存天理，灭人欲"为指导原则，以"理"作为其思想体系中的核心范畴，其次为"气"。

如何实现"存天理，灭人欲"，朱熹提出要德礼政刑相为终始。

【紫阳书院匾额】紫阳书院始建于宋淳熙十年（1183 年），称武夷精舍，南宋末年扩建，称紫阳书院，明正统年间改称朱文公祠。宋朝理学家朱熹曾在此讲学达十年。初建时有仁智堂、隐求斋、寒栖馆、晚对亭、铁笛亭等建筑。现仅存止宿和隐求室的部分建筑。书院各处石壁上，留有许多诗文手迹，尤以朱熹亲笔所题的"游者如斯"最为著名。

朱熹发展了传统的德主刑辅理论，对孔子的"导之以政，齐之以刑，民免而无耻，导之以德，齐之以礼，有耻且格"[1]进行了重新解读。他认为德、礼、刑、政本质上是一致的，都是"存天理，灭人欲"的手段。只是在适用于治理国家时，有轻重本末之分，德礼为治国的根本，政刑为治国之末。

但适用于具体的个体时，由于四者各有明确的适用对象，当适用于各自的对象时，可以同时并举，没有先后。德、礼、刑、政与人的气禀有密切关系。由于每人禀受的"气"有浅、深、厚、薄之分，故适用的治理手段也不同。气质最厚，即能够自觉服从君主者，导之以德；厚，即能够按照道德规范行事者，齐之以礼；薄，即只能被动服从国家政令者，导之以政；最薄，即只能为刑罚所折服者，齐之以刑。

朱熹的德礼政刑相为终始理论极大地丰富了传统的"德主刑辅"论，也为他主张的重刑治国提供了理论基础。针对当时日益尖锐的阶级矛盾，为了镇压农民起义和维护封建统治秩序，朱熹主张以严为本，重刑治国，以宽济之。他认为执法上的宽松是对德治学说的歪曲，只知犯人可怜，不知被害人更可怜。对犯人严格执法，才能恢复法律的权威，才能制止犯罪，实现德治，以刑去刑才是实行仁爱的有效途径。故朱熹主张恢复肉刑，增强刑罚的威慑力，但这一主张的理论依据依然是儒家的"仁"，即通过肉刑的适用可以"全其生命"并可以警戒他人。执法上还要严格限制赎刑，小罪、轻罪可以赎，大罪、重罪决不可赎。重刑理论反映了朱熹与其他儒家对"仁政"认识的不同。

为了实现存天理，灭人欲，朱熹还提出要变法，恢复三代之理。朱熹认为夏、商、西周三代是最完美的时代，"天理流行"，而三代以后不讲"天理"，只重欲利，充满"利欲之私"。故朱熹主张效法三代，将纲常名教作为变法的指导原则，改革时弊，改变人心，限制君权，重建"天理流行"的盛世。

朱熹的理学思想强化了"三纲五常"，不仅深刻地影响了中国的传统法律思想，而且还远播海外，如对李朝时期的朝鲜、德川时代的日本也有相当大的影响。

（二）铁面无私的青天大老爷包拯

【包拯像】

包拯（公元 999 年－1062 年），字希仁，庐州合肥（今安徽合肥）人，北宋著名的司法官，遗著有《包拯集》。包拯一生为政廉洁，执法如山，不畏权贵，不避亲党，被后世视为清官的化身。"关节不到，有阎罗老包"，是当时人们对包拯公正执法，不徇私情的形象表达。

包拯法律思想深受正统儒家德主刑辅思想的影响。在治国方略上主张以道德为主，以刑罚为辅。他在引用董仲舒运用阴阳学说论证德主刑辅学说的基础上，进一步阐明了自己的主张，"以此见天任德不任刑也"。以阴阳学说增

廉泉堂

【廉泉】由于包公廉洁奉公，包公祠内的泉水也有了灵性，传说贪官喝了会肚子疼，所以称之为"廉泉"。

加德主刑辅理论的神圣性，要求君主遵守天命。“王者亦当上体天道，下为民亟”，对百姓要以道德教化为主，少用刑罚。“治平之世，明盛之君，必务德泽，罕见刑法”，刑罚过重，就会“伤德化，昔暴世法网凝密，动罹酷害，下不堪命，卒致溃乱”[2]。包拯在“天人感应”学说基础上，又结合历史上重法治国导致国家溃乱的范例，最终得出了德主刑辅的观点。

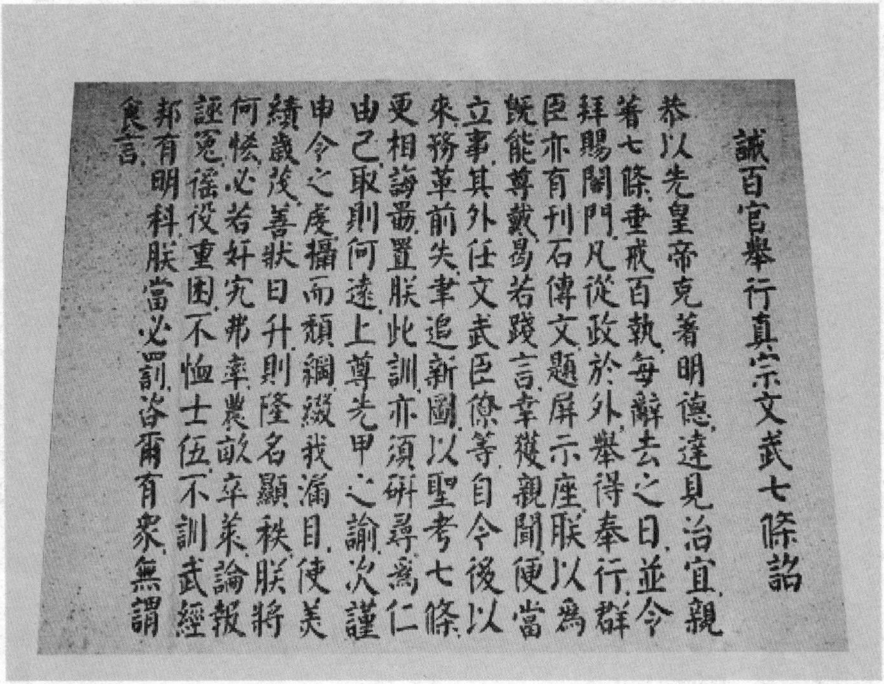
誡百官舉行真宗文武七條詔
恭以先皇帝克著明德達見治宜親著七條垂戒百執每辭去之日並令拜賜閤門凡從政於外舉得奉行群臣亦有刊石傳文題屏示座朕以為既能尊戴曷若踐言幸獲親聞便當立事其外任文武臣僚等自今後以來務革前失聿追新圖以聖考七條更相誨勗置朕此訓亦須研尋為仁由己取則何遠上尊先甲之諭次謹申令之虔攝而頹綱綴我漏目使美績歲茂善狀日升則隆名顯秩朕將何恡必若奸宄弗率農畝卒萊論報誣冤徭役重困不恤士伍不訓武經邦有明科朕當必罰咨爾有眾無謂食言

【诫百官举行真宗文武七条诏】现存开封府衙内，全文为：“恭以先皇帝克著明德。达见治宜。亲著七条。垂戒百执。每辞去之日。并令拜赐阁门。凡从政于外。举得奉行。群臣亦有刊石传文。题屏示座。朕以为既能尊戴。曷若践言。幸获亲闻。便当立事。其外任文武臣僚等。自今后以来。务革前失。聿追新图。以圣考七条。更相诲勖。置朕此训。亦须研寻。为仁由己。取则何远。上尊先甲之谕。次谨申命之虔。摄而颓纲。缀我漏目。使美绩岁茂。善状日升。则隆名显秩。朕将何悋。必若奸宄弗率。农亩卒莱。论报诬冤。徭役重困。不恤士伍。不训武经。邦有明科。朕当必罚。咨尔有众。无谓食言。”

【三铡刀图】

德主除了要求对普通百姓进行道德教化外，在具体施政政策上还要实行宽民政策。包拯认为要使"国家富有天下，当以恤民为本"。[3]民为国之根本，故要想使国家富裕，首先要减轻百姓负担，使民众逐渐富裕起来。为此，包拯主张在立法时要贯彻"于国有利，于民无害"的原则，修改当时给百姓带来严重负担的旧法，如盐法、茶法等。针对赋役严重的现实，包拯提出"薄赋敛，宽力役，救荒谨"，以及减冗兵、省奢侈等节约国家费用，减轻百姓负担的谏议，并多次上疏要求减免灾害地区与贫困地区的赋役。

而刑辅并不是说不要法律，相反包拯认为治理好国家，必须要健全法制，法律是君主治理国家的重要手段，是国家能否治理好的关键所在，即"法令者人主之大柄，而国家治乱安危之所系"，法律制定得好，得到很好的贯彻，"纪律自正，则无不治之国"。由于法律在治理国家中的重要作用，立法时要慎重，并且法律一旦制定就要保持其稳定性，要使"法存画一，国有常格"[4]。执法时要公平，公正。公平、公正就要求赏罚适当，严格执法，不畏权贵，执法如山，维护法律的尊严。

　　赏与罚是封建统治者管理民众的两种重要手段。包拯主张适用赏罚要适当，"赏者必当其功，不可以恩进；罚者必当其罪，不可以幸免。邪佞者虽近必黜，忠直者虽远必收"[5]。赏罚要与其功劳、罪行相符合，而不能过度，"赏德罚罪，在乎不滥"[6]，只有如此才能收到赏罚的效果。如果赏赐过度或者用刑过度，都会造成不良的后果，对有功者赏赐过多，就起不到鼓励的效果，而惩罚过度，也会减少刑罚的惩罚效果。特别是后者，包拯坚决反对，他认为"刑罚一滥，则狡吏得以为奸，无所畏惧"[7]，就会严重造成冤狱，损害人民的利益。如江南西路转运使王逵，滥施刑罚，将百姓逼入山洞。包拯连续七次上奏参劾，指责王逵"不顾条制，苛政暴敛，殊无畏惮"[8]，迫使皇帝罢免了王逵。

　　为了保证执法的公平公正，包拯特别强调贵族、官吏犯罪要严惩不贷，特别对于贪官污吏，更不能心慈手软，要严格依法惩处。他把贪污者视为贼，"贪者，民之贼也"；视为害虫，认为只有除掉这些害虫，才能治理好国家，"善为国者，必务去民之蠹，则俗阜而财丰，若蠹原不除，治道何从而兴哉"[9]。但当时治贪之法律没有得到贯彻，"虽有重律，仅同空文，贪猥之徒，殊无畏惮"。所以对于贪污枉法的民之贼，包拯主张"今后应臣僚犯赃抵罪，不从轻贷，并依条施行，纵遇大赦，更不录用……如此，则廉吏知所劝，贪夫知所惧矣"[10]。在具体执法过程中，包拯也能坚持严格依照法律惩处贪官污吏。如对宋仁宗有意庇护的贪婪成性的张尧佐，包拯多次上书弹劾，最后迫使仁宗不得不将其罢官。再如淮南转运使张可久任职期间贩卖私盐一万多斤，包拯认为他"巧图财利，冒犯禁宪"[11]，要求仁宗严惩张可久，最后将之发配边疆。由于包拯不畏权贵，执法如山，使得贪官污吏皆惧怕之。《宋史·包拯传》说："拯立朝刚毅，贵戚宦官为之敛手，闻

【包拯家训碑】

者皆惮之"。

另外，为了防止冤狱，方便人民诉讼，包拯还改革诉讼制度。如撤掉门吏牌司，由告状人直接上庭送诉状，当面陈曲直。

包拯一生严于律己，清廉自奉。他在盛产名砚的端州任满后，"不持一砚归"。一生艰苦朴素，并立下家规："后世子孙仕宦有犯赃者，不得放归本家，死不得葬大茔中，不从吾志，非吾子若孙也。"[12]这是他能够公正执法的关键所在，也是他至今为后人赞扬学习的地方。

【千秋遗直】后诗人对包拯的评价在此匾上可见一斑。

（三）"重典治国"政策的坚定贯彻者朱元璋

朱元璋（公元 1328 年—1398 年），幼名重八，后改名兴宗，参加元末农民起义后改名为元璋，字国瑞。祖籍江苏沛县，祖父后定居濠州（今安徽凤阳），明代开国皇帝。

【明太祖朱元璋像】

朱元璋法律思想的核心为重典治国。这与朱元璋出身贫寒，通过农民起义建立明王朝的建国方式，以及明朝建立后的复杂情况有密切关系。朱元璋认为，"胡元以宽而失，朕收平中国，非猛不可"[13]，吸收元朝灭亡教训，"反元政，尚严厉"[14]，以重法治理国家。

朱元璋认为明朝初年仍属乱世，根据中国传统的"刑新国用轻典，刑平国用中典，刑乱国用重典"[15]思想，"治乱世，刑不得不重"[16]，"法重则人不轻犯"[17]。所以朱元璋"重典治国"思想首先就体现在立法方面，要求立法的重刑化。如明朝根本大法《大明律》中对危害封建国家犯罪行为的处罚就比《唐律》严厉许多。但《大明律》尚不是最能体现朱元璋重典治国思想的法典，最能体现朱元璋重典治国思想的是《明大诰》。《御制大明律序》载："由是出五刑酷法以治之，欲民畏而不犯，作《大诰》以昭示民间。"《明大诰》与《大明律》有同等的法律效力，《大诰》刑罚极为严酷，仅《大诰三编》，"所列凌迟、枭示、种诛者，无虑千百，弃市以下万数"[18]。

重典治吏也是"重典治国"思想的重要体现。朱元璋认为吏治腐败是元朝灭亡的重要原因，故明确规定"如今严法禁，但遇官吏贪污蠹害吾民者，罪之不恕"[19]。朱元璋特别痛恨贪官豪强，故《大诰》中用以严惩贪官豪强的条款占了绝大多数，如《大诰续编》87条中涉及贪官豪强的有七十余条。朱元璋对贪官适用刑罚特别残酷，如贪污六十两以上，就要枭首示众，剥皮塞草。并且对贪污犯罪行为不分亲疏、不论宿功，功臣、贵戚犯法也一律施以重刑。洪武十八年受"秋粮"案牵扯的开国功臣永嘉侯朱亮祖，最后被鞭打致死。再如驸马都尉欧阳伦贩卖私茶牟取暴利，也被赐死。朱元璋的重典治吏，使得当时"京官每日入朝，必与妻子诀，及暮无事，则相庆以为又活一日"。重典治国对于当时吏治的清廉起到了重大作用。

【明代锦衣卫印、御林军佩牌】洪武二年（公元1369年），朱元璋设立亲军都尉府，统领中、左、右、前、后五卫，专事对皇城的保卫。洪武六年（公元1373年）造守卫金牌，或镀金铜牌，牌上有篆文"守卫"、"随驾"字样，军士值班领取佩带，下值时交回。洪武十五年（公元1382年），建锦衣卫，设南北镇抚十四司，其编制为将军、力士、校尉，专门为皇帝护驾，并有巡查缉捕任务，若有失察，从重治罪。

【戒贪碑】宋太宗登基后，曾下令各大小衙门都要立一块碑，刻上"尔俸尔禄，民膏民脂；下民易虐，上帝难欺"十六个字，旨在警戒贪官污吏，故名"戒贪碑"。这一防止官员腐败的观念被朱元璋所借鉴并发展成为重典治吏。

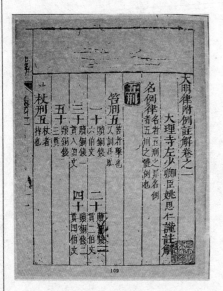

【大明律书影】

朱元璋把重典治国的重点放在治理官吏上，同时也没有忽略对民众的治理。重典治民也是重典治国的一个方面。朱元璋对于盗贼等危害封建统治秩序的行为是严惩不贷的。如东莞出现盗贼时，朱元璋进行了严厉镇压，擒万余人，斩首两千余人。

在当时仍属乱世的认识下，朱元璋将重典治国贯彻得非常彻底，但朱元璋同时也认识到这只是一时权宜之措施。从长久治国来看，还是要礼刑并用，"明礼以导民，定律以绳顽"，将礼道德教化民众，预防犯罪的作用和法律惩治犯罪的作用有机结合。如在《大明律》中贯彻礼治的内容，将"八礼图"与"二刑图"并列置于篇首，对"事关典礼及风俗教化"的犯罪行为减轻处罚，这些均体现了对礼治影响的强化。

礼与刑的并用还体现在司法方面，朱元璋主张"屈法申情"，即当法律与人情冲突时，要优先考虑"人情"，此处"人情"是指伦理之情，亲情。如在案件"民父以诬逮，其子诉于刑部，法司坐以越诉"中，太祖最后裁断："子诉父枉，出于至情，不可罪。"再如案件"有子犯法，父贿求免者，御史欲并论父"。太祖裁决："子论死，父救之，情也，但论其子，赦其父。"[20]这两个案件，都体现出朱元璋在具体司法活动中对儒家亲情，礼法的重视。

再就是在立法指导思想方面，朱元璋主张"法贵宽简"。他说到"圣王贵宽，而不贵急，务简而不务烦，国家立法贵得中道。"[21]即要求立法宽简，法律简明就使人容易知晓，就不会去犯罪，反之法律严密，官吏就会利用人们对法律的不理解，作奸犯科，陷人民于水火之中，招致人民的反抗，故立法要宽简。《大明律》就是在这一思想指导下制定的，比唐律在体例上更简约，篇目从唐律的十二篇减少到七篇，法律条文由唐律的 500 条减为 460 条，但可惜的是，朱元璋为了贯彻重典治国，没有将这一思想贯彻下去。

朱元璋的思想从整体上看，以重典治国为其主要特色，同时兼有一些传统儒家的礼治、宽简观念，具有鲜明的两面性。

（四）起衰振靡的改革家张居正

张居正（公元 1525 年-1582 年），字叔大，号太岳，明江陵（今湖北沙市郊区）人，著有《张太岳集》、《书经直解》等，清时增刊为《张文忠公全集》。

张居正的核心法律思想体现为"惟其时之所宜与民之所安"[22]的改革变法指导原则和"尊主权、课吏职、信赏罚、一号令"[23]的具体施政思想。在上述原则思想指导下，张居正的改革取得了非常好的效果，"十年内海寓（内）肃清，四夷詟服，太仓粟可支数年，同寺积金至四百余万"[24]。

针对明室中衰的实际情况，张居正毅然改革，厉行变法。他认为从古至今，社会在不断变动，法制也随之不断发展变化。故法不可"苟因"，因为苟且因循守旧，"则承敝袭舛，有颓靡不振之虞"。但法也不可以"轻变"，因为"轻变"，"则厌故喜新，有更张无序之患"。[25]是否变法，何时变法关键是要"惟其时之所宜与民之所安"，即变法要看是否合乎时宜，合乎民众的利益。"时宜之，民安之，虽庸众之所建立，不可废也；戾于时，拂于民，虽圣哲之所创造，可无从也"[26]，即如果合乎时宜，合乎人民的利益，即使是平凡的人所建立的法律，也不应当废弃；否则，即使是圣人哲人所建立，也不应当遵循。张居正在此强调变法要从时势和是否合乎民情出发来考虑，与他要求君主"不以天下奉其身，而以其身为天下使"以及"天之立君双为民"[27]的观点一致。从变法的根据角度，张居正的变法思想发展了孟子的"民贵君轻"思想，具有历史的进步性。

在具体变法过程中，首先，张居正认为要"尊主权"，即加强中央集权，确立君主的绝对权威，实现"一号令"，由君主统一法律、政令管理天下。张居正认为当时政治

【张居正像】

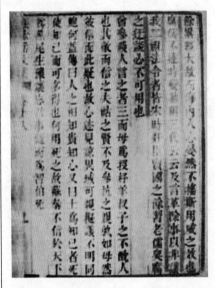

【张居正代表作《张太岳集》】

腐败、国力衰弱的最主要原因就是"纲纪坠落,法度陵夷"[28],豪门贵族任意破坏纲纪、法律,使其无法得到贯彻实施。故要变法革新,首先就要"强其根本,振其纲纪"[29],要"一切以尊主、庇民,振举颓废为务"[30],即要求集权于君主,集权于朝廷,使朝廷总揽大权,有权严格执行法律规定,适用刑罚严格按照法律规定,而不再是循以私情。张居正执政期间严厉惩处了一大批违法贵族官员及其亲属,如废辽王,惩治孔子的后裔衍圣公,法办黔国公,严惩冯保侄子等。通过这一系列严格适用法律的措施,张居正进一步提高了朝廷的权威,实现了法律的统一适用。

其次,张居正强调在变法中要"课吏职,信赏罚",即强化吏治,严格实行"考成法",严明黜陟。在选拔人才上,他要求不务虚名,综核名实。在官员选拔之后,要明确其职责,然后严格按照考课之法进行考核,一律要以"功实"为准,在论定功过之后作出"称职、平常、不称职"的评价,并且据此给予恰当的赏罚和黜陟。由于张居正能够做到"法之必行"和"言之必效",特别是淘汰并惩治了一批冗官,故在其执政期间,朝廷号令,"虽万里外,朝下而夕奉行",行政效力大大提高。如部院在变法之前,办事效率低下,经常延误奏报,变法后根据事情缓急设立限期制度,对违反限期者严格处罚,于是部院办事效率提高。[31]

在法律总体适用

方面，张居正强调"法在必行，奸无所赦"与慎刑罚两者并存。"法在必行，奸无所赦"强调的是"严刑明法"，即严明法制，严于行法。他认为行法不严明，犯罪不惩罚，不但体现不了仁爱，得不到人民支持，还会造成对封建统治秩序的严重破坏，导致天下的不安宁。只有做到"朝廷法令，必欲奉行，奸冗之人，必不敢姑息"，即朝廷的法令严格贯彻，对待作奸犯科的人决不饶恕才能真正维护封建秩序。故对各种宽纵罪犯的主张，甚至包括来自皇太后的命令，张居正全部加以反对。如隆庆二年九月，慈圣皇太后曾经下达一个暂免秋季行刑的命令。张居正对此提出批评，并请求皇太后收回成命，按照惯例执行了刑罚。这样"以挠三尺之公，险躁之士，必不敢引进，以坏国家之事"。

张居正坚持"法在必行，奸无所赦"，与整饬吏治、信赏罚的主张也是一致的。但严格执法并不是严刑执法。张居正反对严刑，他曾说："夫教化不行，礼义不立，至于礼乐不兴，刑罚不中，民将无所措其手足。当此之时，虽有严令繁刑，祇益乱耳。"[32]在德与刑的关系问题上，张居正仍然坚持德主刑辅的正统观念。首先要求对民众进行教化，之后才能适用刑罚，适用刑罚也必须是中刑，而不必是重刑苛法。张居正反对以严刑峻法治理民众，强调"法可严而不可猛"，即对于法律要求的是能够严格贯彻，而不是法律本身规定重刑。这点足以体现张居正的慎刑思想，从中也可看出张居正要求法律本身为中刑的慎刑罚思想与其在法律适用中强调"法在必行，奸无所赦"是不冲突的。

张居正领导的改革，不仅涉及法律方面，还涉及政治、经济、军事、思想文化等各个方面。在改革过程中，张居正坚持"以法绳天下"，加强法制，使改革有法可依，有章可循，在此基础上严格执法，严惩有法不依或执行不力的行为。这是其改革取得重大成果的一个重要原因。

（五）"惩贪抑霸"的一代清官海瑞

海瑞（公元1514年－1587年），字汝贤，自号刚峰，回族，海南琼山（今海口）人，明代著名政治家。海端一生居官清廉，刚直不阿，深得民众的尊敬与爱戴，"小民闻当去，号泣载道，家绘像祀之"，有"海青天"之誉。《明史·海瑞传》评价海瑞"秉刚劲之性，戆直自遂，盖可希风汉汲黯、宋包拯。苦节自厉，诚为人所难能"[33]。

海瑞法律思想中最为后人所赞扬的是惩贪抑霸。海瑞认为天下盗贼

【海瑞像】

蜂起，主要的原因在于选拔的官吏不得其人，贪污受贿，祸害百姓，导致百姓生活潦倒。"广寇大都起于民穷，民穷之故多端，大抵官不得其人为第一之害。"海瑞主张以"重刑"严惩贪官污吏，他上疏皇帝："陛下励精图治，而治化不臻者，贪吏之刑轻也。"认为惩贪之刑轻是导致国家治理不好的原因。故"举太祖法剥皮囊草及洪武三十年定律枉法八十贯论绞"[34]之事例，主张如今也要像太祖朱元璋时期一样对贪官适用重刑，"严刑峻法用之恰当，为爱中之劳"。

海瑞对地方豪强荼毒百姓的行为也特别痛恨，"素疾大户兼并，力摧豪强"。如在江西兴国担任知县时，他处罚了原兵部尚书张鳌的两个作恶多端的侄儿张魁、张豹。在应天做巡抚时，他清退豪强抢占的田宅，"贫民田入于富室者，率夺还之"。海瑞不畏权贵，不徇私情，一心为民，甚至对罢相在家中居住的徐阶也没有优待，"按问其家无少贷"[35]，最后退田12万亩。海瑞推行政令气势凌厉，贯彻彻底，所到之处，贪官豪强无不惧怕，"属吏惮其威，墨者多自免去。有势家砾丹其门，闻瑞至，黝之。中人监织造者，为减舆从"，"豪有力者至窜他郡以避"[36]。

【严刑拷打】

贪官由于害怕而辞职，豪强窜至他郡躲避，从而海瑞惩贪抑霸的目的得以实现。

海瑞认为贪官豪强贪污受贿，抢夺土地，毫无礼义廉耻之心，使得民众对礼治丧失了信心，故惩贪抑霸最终的目的还是为了恢复封建伦理道德观念的统治地位，推行礼治。

海瑞是封建礼法的坚决维护者，他认为治理天下应首先推行礼义。他曾经多

【世孝祠】

次表明重视礼义的观点，如"天下孰为重?德义为重"[37]，"如有用我，我举礼乐为天下用"[38]。他认为对百姓进行道德教化是官员应做的最重要的事情，"以狱讼文移催征为末，以教民耕桑转移风俗为首"[39]。"教养乃守令第一事"[40]。对百姓要进行礼法、廉耻、礼义的教化，"孝悌礼义，尤所课中谆切之急"。他极力倡导"五教之目"，即要求百姓遵循"父子有亲、君臣有义、夫妇有别、长幼有序，朋友有信"[41]的伦理道德观念。

在礼法的推行过程中，海瑞强调官吏应该率先遵守礼法，要知廉耻，守礼义，他要求下属官吏要"洁己守义"[42]，一心为民，遵守"八行"，即

【不染池】位于海南省海口市海瑞墓园内，池中有莲花，以象征海瑞"出污泥而不染"的高风亮节。

"孝悌忠信，礼义廉耻"[43]。他对自己首先以礼严格要求，在其任南平教谕时，御史视察学官，其他官员均下跪行恭迎大礼，而海瑞拒不跪拜，因为他认为在学官教师跪拜上司，有辱师门，违背礼治，"此堂，师长教士地，不当屈"[44]。他认为官吏做到了礼义的要求，就能够给民众带来良好的示范作用，促进礼法之治在整个社会的实现。

海瑞在强调道德教化的同时，也没有否认刑罚的作用，只是认为刑罚为末，礼义道德教化为主，所以海瑞的法律思想仍属传统的德主刑辅思想。

在适用刑罚时，海瑞坚持"奉职不恤身，执法不为党，淡泊养心不见货利"的原则，主张公正执法，对普通百姓和贵族官僚一视同仁。他任巡抚时曾颁发《督抚条约》，公开宣布："本院法之所行，不知其为阁老尚书家也，凌害小民，有犯毋贷"[45]，坚持对任何有违法犯罪行为的人都要依法论处。在具体审理案件时要"惟廉性明，惟公惟断，勤慎兼之"[46]，为了做到公正，要学习古代的"博访"、"五听"，认真查访，注意证据和人情事理。对于诬告行为，海瑞主张严惩，他认为对于诬告者如果不施以重刑，必然会招致更多的诉讼。

海瑞一生刚正不阿，曾"市一棺，诀妻子"，冒死上疏批评世宗，世宗后被感动，尝曰："此人可方比干"。[47]海瑞忠心为国，执法如山，不仅获得人民爱戴，也获得君主的赞扬，树立了一代"清官"形象。

（六）心学大师王守仁

王守仁（公元 1472 年～1528 年），字伯安，幼名云，后改名守仁，号阳明子，世称阳明先生，浙江余姚人，著有《传习录》、《大学问》、《阳明先生文录》等，后人辑《王文成公全书》38 卷传世。

王守仁的法律思想是建立在他所构建的"心学"基础上的。在"心"是万物本原，人生来就有"良知"，去掉"物欲"皆可为圣贤，实现社会和谐的思想指导下，王守仁提出在治理国家时要运用德和刑两种手段。

与其他思想家着重分析德、刑二者的主次关系不同，王守仁重点分析了德刑在治理国家中的作用。他认为治理国家，不可否认要对民众进行道德教化，"教之以礼，庶几所谓小人学道则易使矣"[48]。道德教化能够预防犯罪，是治本之举。但刑罚同样重要，以往认为刑罚只能治标，而不能治本，不能消除内心的欲望的观念是片面的，"因为刑罚也具有改造风俗的作用，其不仅可以以力服人，而且也可使人知耻，革心洗面"[49]。故法律也是可以达到治本的作用的。德与刑是互为表里的关系，而不是主次先后关系，并且法律可用来推行教化。在实践中，王守仁经常使用法律手段推行教化，如其发布《告谕》规定：节俭办丧事，"不得用鼓乐，办佛事"。病者应求医药，"不得听信邪术，专事巫梏"；婚事从俭，"不得徒饰虚文"等。

在立法中，王守仁主张因时因地而制宜立法，即要求立法要根据当时的具体时代背景和具体的地理环境，

【王守仁像】

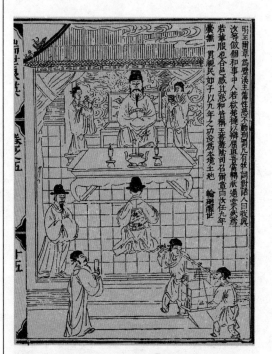

【爱民如子图】据《轮回醒世》记载，明朝的王尔章任碧溪主簿时，遇到有人诉讼，总是先行调解，通过教化的方式来解决纠纷，被视为爱民如子，反映了教化优于刑罚的思想。这也反映了王阳明"古之善治者，未尝不以风俗为首务"的思想。

这与当时具体历史背景有密切关系。明代中叶，土地兼并严重，阶级矛盾尖锐，各地农民不断起义，局势动荡，正常的法律制度难以实施，故王守仁的立法思想中很少论述法律的繁简宽严问题，而是提出了立法应因时因地而制宜的问题。

因时制宜主要体现在针对当时具有资本主义萌芽性质的商业活动获得发展的时代背景，王守仁提出要改变"强本抑末"的传统思想，改革严禁商贩的传统政策，制定税法，通过征收商税，解决军饷不足的问题。这种"官商两便"的税法的制定，既有利于国家的利益、政治的稳定和经济的发展，又有利于商人的利益。

立法不仅要因时制宜，也要因地制宜。法律制度的制定必须考虑到各地的具体情况，如王守仁在镇压了思恩、田州的兵乱之后，通过实践总结道："思、田地方，原系蛮夷瑶僮之区，不可治以中土礼法，虽流官之设，尚且不可，又况常设重臣住扎其地"[50]。因此，在此立法要考虑当地的具体风俗，从中表现出了其因地制宜的立法思想。

在具体执法中，王守仁强调赏罚要从速，"情法得以两尽"。他认为"赏罚，国之大典"，能够起到整饬纲纪、肃清朝政的重大作用。赏罚，不可拖延，过后赏罚，如同没有赏罚，起不到赏罚的效果。

除强调赏罚从速之外，在执法中王守仁还强调"情法交申"，主张执法时要根据犯罪的具体情况区别对待。即使触犯同一个罪名，但因为情节不同，量刑也不能相同。如对于首犯加重处罚，对于从犯减轻处罚。这样才能做到"情法得以两尽"[51]。再如对待农民起义问题，王守仁主张不能只采用镇压和依法惩处的手段，还要对起义农民劝之以礼、诱之以情，使情法得以两尽，这种策略起到了削弱、瓦解农民起义军的作用。

综上所述，王守仁的法律思想尽管与朱熹有所不同，但目的仍是一致的，即都是为了维护封建伦理纲常，振兴封建正统思想。

（七）重视"治人"的理学推崇者康熙

康熙，爱新觉罗·玄烨（公元 1654 年-1722 年），满族，清朝第二代皇帝，康熙为其年号，庙号圣祖，中国历史上在位时间最长的皇帝。康熙勤政好学，励精图治，奠定了"康乾盛世"的基础。

【康熙像】

康熙自幼受到儒家思想影响，其治国理论核心便是建立在朱熹理学基础之上、以强化君主中央集权，重建和维护封建伦理纲常秩序为目的的儒家传统德治思想。他主张"有治人，始有治法"[55]，"宽则得众，信则民任"[56]等。

在法治与人治的关系上，康熙肯定了人治的重要地位。他认为"治国家者，在有治人，不患无治法尔。"[57]意思是说治理国家，只要有合适的官员，就不用担心没有健全的法制。在法与人之间，康熙认为"为政全在得人"，治理国家只要有一批勤政、廉洁、公正的官吏，就能使社会秩序稳定，经济发展，国家昌盛。故如何拥有这样一批官吏，并使之能一直为国家效力，一心为公，就更为重要。所以在治理国家过程中，康熙特别强调吏治，在官吏的选拔、监督、考核方面都加强了管理。

【钦定大清会典】《大清会典》又称五朝会典，是康熙、雍正、乾隆、嘉庆、光绪五代皇帝所修会典的统称，是记述清朝典章制度的官修史书。初修于康熙二十三年（1684年），雍正、乾隆、嘉庆和光绪曾四次重修。《清会典》的编纂，形式上仿照《大明会典》，但具体类目颇有增损。书中把典则与事例分开，称"会典"和"会例事例"。大致"以典为经，例为纬"，事例为会典的辅助。把各门各目的因革损益情况，按年进行编排，从而既有门类，又有时间顺序，便于查阅。嘉庆、光绪《清会典》中，将户部的舆图，礼部的仪式、祭器、簿，钦天监的天体图等，绘图成编，称"会典图"。全书除汉文本外，又有满文本。

不仅以道德教化官吏，要求官员加强自身修养，保持廉洁、自律，还通过法律完善吏治的各个环节。如制定 162 卷的《大清会典》，为清朝官僚政治的运行提供法律依据。再如设立"大计"制度，监督考核官吏，区分等级，分别升贬，以及在上谕中明确指出，"今设有贪污之臣，朕

【清末打拱】打拱是最常见的见面礼节，边打拱边寒暄，很有人情味。这同时也反映了礼仪规范、道德教化对人们行为的约束。

得其实，亦必置之重典"。[58]不仅对本人要严惩，对原荐举者也要"从重治罪"，体现出了严肃治吏的精神。康熙在强调人治的同时，也没有否定法治；在肯定道德教化的同时，也没有否定刑罚的作用。只是在地位上，前者更为重要，人治重于法治，德主刑辅。

康熙《清会典》共一百六十二卷，成书于康熙二十九年，记崇德元年（1636年）至康熙二十五年事，其中二十六年孝庄文皇后丧礼，则以特例附载礼部。

不仅在治理官吏时如此，在治理普通百姓时，康熙帝更是坚持德主刑辅。"守国之道，惟在修德安民，民心悦，则邦本得。"[59]他认为治理国家最重要的就是推行道德教化，使民众安居乐业，获得民众支持。

【总理各国事务衙门】清朝设置理藩院管理蒙古、回、藏等少数民族事务。1696年，康熙帝命理藩院，将清太宗以来陆续发布的一百二十五条有关蒙古的法令，汇编成《理藩院则例》，作为处理蒙古事务的法律依据。1862年，设置总理各国事务衙门，接管以往礼部和理藩院所执掌的对外事务。

"与其绳以刑罚，使人休惕文网，苟幸无罪，不如感以德意，仰民蒸蒸向善，不忍为非。"[60]在适用刑罚与适用道德教化方面，康熙认为道德教化显然要优于刑罚，对人民进行道德教化，可以使其一心向善，不忍做坏事，从而达到预防犯罪，消除犯罪的效果。而适用刑罚的话只能使每个人每天都生活在忧虑中，庆幸自己没有犯罪，生活状态显然后者不如前者。

康熙强调道德教化的主导作用，不等于不用刑罚。他认为要"以德化民，以刑弼教"[61]，用刑罚来辅助道德教化，把两者密切结合起来。"礼者所以劝民为善也；刑者所以禁民为非也"[62]，礼仪规范、道德教化是用以规劝人民从善的，刑罚是用来禁止人民从事犯罪活动的，两者作用是有差别的，所以要配合使用，"圣人治天下，有礼有刑"。

在德主刑辅思想指导下，康熙主张在治理国家时要宽平，慎重，"宽则得众，信则民任"。康熙多次发布诏令，要求适用刑罚时慎用重刑。在审理案件时，要公平公正，不能徇私，"审鞫精详，谳决平允"，"从公审断，勿徇一时私见"[63]，要做到"矢公得中"。

【钦定理藩院则例】

　　康熙法律思想中还有一部分比较有特色，就是在少数民族立法方面。他主张在制定少数民族法规时，要考虑当地民族的社会风俗和民族习惯法。《蒙古律书》就有因地制宜的特点，考虑到了蒙古族独特的一些风俗习惯。对少数民族适用法律时，也不能完全按照内地法律，只能适用大概，在与当地习惯冲突时要考虑当地具体情况。这些主张为团结少数民族，稳定边疆发挥了重要作用。

　　康熙以儒家思想为治国之本，坚持德主刑辅的治国理念，推行一系列安民、治吏的措施，巩固了清王朝的统治，促成了中国封建历史上最后一个盛世的形成，对中国历史的发展作出了重大贡献。

1　《论语·为政第二》。

2　《包拯集·请不用苛虐之人充监司》。

3　《包拯集·言陕西盐法》。

4　《包拯集·上殿札子》。

5　《包拯集·上殿札子》。

6　《包拯集·论星变》。

7　《包拯集·论内降》。

8　《包拯集·弹王逵》。

9　《包拯集·请置鹿皮道者》。

10　《包拯集·乞不用赃吏》。

11　《包拯集·请重断张可久》。

12　《宋史·卷316》。

13　《诚意伯文集·卷一》，《四部丛刊》本。

14　《明通鉴·卷1》。

15　《周礼·秋官司寇》。

16　《明史·卷93》。

17　《明通鉴·卷4》。

18　《明通鉴·卷94》。

19　《明太祖实录·卷38》。

20　《明史·刑法志一》。

21　《明太祖实录·卷110》。

22　《张太岳集·辛未会试程策二》。

23 《明史·张居正传》。

24 《明神宗实录》。

25 《张太岳集·辛未会试程策二》。

26 《张太岳集·辛未会试程策二》。

27 《张太岳集·人主保身以保民论》。

28 《张太岳集·答司空雷古和叙知己》。

29 《张太岳集··辛未会试程策二》。

30 《张太岳集·书牍八》。

31 "初，部院覆奏行抚按勘者，尝稽不报。居正令以大小缓急为限，误者抵罪。自是，一切不敢饰非，政体为肃。"《明史·张居正传》。

32 《张太岳集·宜都县重修儒学记》。

33 《明史·海瑞传》。

34 《明史·海瑞传》。

35 《明史·海瑞传》。

36 《明史·海瑞传》。

37 《海瑞集·赠赖节推署贵县序》。

38 《海瑞集·其嗟也可去》。

39 《海瑞集·海忠介公传》。

40 《海瑞集·考语册式》。

41 《海瑞集·教约》。

42 《海瑞集·均徭禀帖》。

43 《海瑞集·规士文》。

44 《明史·海瑞传》。

45 《海瑞集·督抚条约》。

46 《海瑞集·贺守陈后溪荣奖序》。

47 《明史·海瑞传》。

48 《王阳明全集·卷十八》。

49 马小红：《中国法律思想发展简史》，中国政法大学出版社 1995 年版，第 229 页。

50 《王阳明全集·卷十九》

51 《王阳明全集·卷十二》

52 《清实录·卷 43》。

53 《清实录·卷 245》。

54 《清实录·卷 154》。

55 《清实录·卷 43》。

56 《清实录·卷 245》。
57 《清实录·卷 154》。
58 《清实录·卷 154》。
59 《清圣祖圣训·卷 7》。
60 《清圣祖圣训·卷 7》。
61 《清实录·卷 90》。
62 《清圣祖圣训·卷 7》。
63 《清圣祖实录·卷 108》。

典籍篇

家国一体，礼法结合的法律典籍

法律是统治阶级按照自身价值判断来统治被统治阶级，维持统治秩序的工具，法律典籍则是这一工具的载体或者说具体表现。由于法典的主要功能是进行利益的划分，所以，人与人之间的权利关系越复杂，通过法律来协调社会利益的难度也就越大，尤其是在剥削与被剥削阶级对抗的社会里，由于利益的极端不对称，法律典籍往往成为双方斗争的焦点。从英国自由大宪章的制定到法国人权宣言的公布，从美国人权法案的曲折历程到今天欧盟宪法的步履蹒跚，历史一再地印证了这一点。令人惊叹的是，中国古代的先贤们通过淡化"自我"从而淡化人们的权利意识进而将各方利益的协调与认同实现于各种法律典籍的编纂、制定过程当中，使得在近两千年的封建社会里中国的各种法律典籍不但稳定，而且闻名于世，它所承载的精神理念也因之广播亚洲乃至世界各国。那么，古人的秘诀究竟在哪里呢？用四个字来概括就是"礼法结合"。"礼"最早是父系家长制度下，处理家族内部关系的习惯准则，它形成于中国古代社会特有的地理、经济、文化背景之中。随着家国一体，君父合一的政治体制的建立，"礼"便演变成为上至国家下至黎民的精神纽带与行为准则。将其引入法典的制定，就使得国家法典有了最广泛的群众基础和最大的社会认可度。也正因为如此，尽管中国古代封建社会是高度集权的，但国家的法典并不排斥为数众多的乡规民约与经书义理，它们同样注重君臣、父子、兄弟、夫妇之间的伦常关系，同样是在"亲亲"血缘合同的基础上，以"尊尊"明确等级间的差别，强调大宗对小宗的支配，小宗对大宗的服从，以及君仁、臣忠、父慈、子孝等等。用现代的法理学用语来说，"礼"所确立的精神原则和行为规范就是中国古代各种法律典籍的合法性基础，法律典籍因为遵守和体现这种精神与规范而受到最大限度的尊重与信仰。这就是中国古代法律典籍的和谐之道：在蒙上了一层温情脉脉的宗法伦理色彩的同时，体现了以统治阶级利益为中心的指导原则。

　　基于以上分析，笔者认为只有以礼与法的关系为线索，才有可能搞清楚中国古代各种法律典籍的实质性内容以及它们之间的内在联系，做到"知其然，而知其所以然"。考虑到作为指导国家法典的礼法关系，其结合经历了四个阶段，即："礼治"时期、"法治"时期、"礼法合治"时期和"礼法重构"时期。接下来，本篇就以上述"礼法结合"的过程为脉络，向大家介绍中国古代有着密切联系的三种形式的法律典籍：国家法典与经文义理、乡规民约与家法族规以及律学著作与官箴书。

一、设法立制，一准乎礼

——国家法典与经文义理

（一）"礼治"时期——《周礼》、《仪礼》、《礼记》

这一时期开始于殷商，盛行于西周，衰落于春秋。"国"刚从"家"演变而来，还未完全脱离"家"的形态。原始社会末期各个统治集团的家长、族长掌握国家政权后，把维护家长制的宗法制度和国家行政体制直接结合起来，任命和分封自己的亲属担任各级官吏并世袭下去，形成了以"小宗"服从"大宗"的宗法等级制，从而达到了利用族权来巩固政权的目的。从中我们可以清楚地看到，与世界其他地区法律发展的路径所不同，源于氏族社会的血缘关系以及建立在这种血缘关系基础之上的礼治，并没有随着以地域为基本组织形式的国家的形成而衰落，相反其作为传统被人们继承下来，并发扬光大。最终，在西周形成了完整的礼治体系。在这一过程中，被削弱、动摇的仅仅是神权法思想。一般来说，神权法思想形成于夏、兴盛于商、动摇于西周，可见其在夏商西周时期与礼治思想可以说是互为消长的。直接的结果，就是中国社会一直没有能够形成真正的宗教，而是形成了一套社会关系的哲学。正是在这个意义上，我们可以说：中国人不是宗教的，而是哲学的，不是出世的，而是入世的，后者较前者显然更加科学有效。

延续到周代便形成了一整套以维护宗法等级制为中心的行为规范

以及相应的典章制度、礼节仪式，"三礼"中的《周礼》与《仪礼》便是其中的代表。所谓三礼是《周礼》、《仪礼》、《礼记》的合称。《周礼》又称《周官》，内容涉及官制和政治制度，相传为周公所作。《尚书大传》上这样记载："周公摄政，一年救乱，二年克殷，三年践奄，四年建侯卫，五年营成周，六年制礼作乐，七年致政于成王。"此外，《礼记·明堂位》

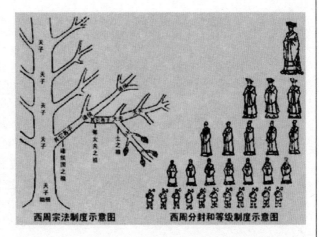

西周宗法制度示意图　西周分封和等级制度示意图

【宗法图】宗法制度由父系氏族社会的家长制演变而来。夏商时期，宗法制进一步发展，继统法既包含以子继父也包含以弟继兄，至周代完全确立了嫡长子继承制，并由此产生了直系旁系之分、嫡庶之分、大宗小宗之分。宗法图，是人们记载宗族系统的形式。

中也有类似的记载："武王崩，成王幼弱，周公践天子之位，以治天下。六年，朝诸侯于明堂，制礼作乐，颁度量，而天下大服。七年，致政于成王。"

　　从内容上来看，《周礼》以官职分为六篇，分别是：天官冢宰第一，地官司徒第二，春官宗伯第三，夏官司马第四，秋官司寇第五，冬官考工记第六。掌管邦治的官长叫做大宰，掌管邦教的官长叫做大司徒，掌管邦礼的官长叫做大宗伯，掌管邦政的官长叫做大司马，掌管邦刑的官长叫做大司寇，掌管邦事的官长叫做大司空，这叫做六官。把六官与天地四时相配，便是大宰是天官，大司徒是地官，大宗伯是春官，大司马是夏官，大司寇是秋官，大司空是冬官。在古人眼中，天、地、春、夏、秋、冬反映了宇宙的构成，国家的政治体制与之相适应便是"顺天而治"、"天人合一"，从而使国家统治有了政治"合法性"。从这个角度看，《周礼》可以说是一部反映了古人"法自然"治国理想的著作。在此指导下所确立的六官即六卿之制对后世政治制度产生了深远的影响。从隋唐开始实行的"三省六部制"，其中的"六部"，即是仿照《周礼》的"六官"所设置。具体来说，就是把吏部比作天官，把户部比作地官，把礼部比作春官，把兵部比作夏官，把刑部比作秋官，把工部比作冬官。天、地、春、夏、秋、冬即天地四方六合。这一中央官制，一直为后世所遵循，直到清朝灭亡。

值得我们注意的是《周礼》不仅仅在形式上创设了中国古代官制的先例，在具体内容上其所反映出的周人"以德配天"的思想更是为后人所称颂。书中所要求的统治者之"德"，具体来说就是要求统治者体恤民情，"徽柔懿恭，怀保小民，惠鲜鳏寡。"[1]例如，《周礼正义•秋官•司刺》中记载，官吏在听讼时须心存怜悯："察贫弱，哀孤独矜寡，宥老幼不肖无告。""老而受刑谓之悖，弱而受刑谓之暴，不赦有过谓之贼，率过以小谓之枳。"这正如《左传•文公十八年》记载臧文仲说："周公制《周礼》曰：'则以观德，德以处事，事以度功，功以食民。'"此处的"则"指礼的规则，也就是说礼的内在精神为"德"，外在规定为"则"。可见，《周礼》所要传达的基本治国方略为：国家的治理体系由"德"、"礼"、"法"三部分组成，其中"德"是礼的核心，是礼的生命力所在，从而也是整个法律体系的生命力所在。礼、法关系，本质上就是德、法的关系，而对德法关系的不同界定是区分世界上不同法学流派的基本标准。以此观之，《周礼》所确立的"德主刑辅"、"明德慎罚"应该就是中华法系区别于同时代世界其它法律体系的基本精神。

《仪礼》记述的是有关冠、婚、丧、

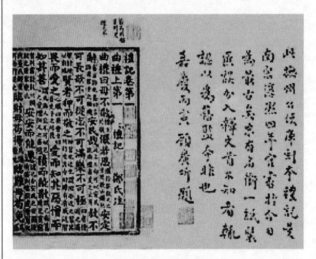

【周礼书影】《周礼》成书于战国时期。从思想内容上分析，以儒家思想为主，融合道、法、阴阳等家思想。其中，既有关于天文地理、草木鱼虫的记载，又有礼仪典章、政法兵刑的论述，还有工艺制作、农商医卜等，几乎涉及社会生活的方方面面。这从一个侧面说明中国古代的礼所包含的内容相当广泛，其所规范的社会关系是我们今天的"法"所无法涵盖的。

祭、乡、射、朝、聘等的礼仪制度，从篇目上看，共十七篇，分别是：士冠礼第一，士昏礼第二，士相见礼第三，乡饮酒礼第四，乡射礼第五，燕礼第六，大射仪第七，聘礼第八，公食大夫礼第九，觐礼第十，丧服第十一，士丧礼第十二，既夕礼第十三，士虞礼第十四，特牲馈食礼第十五，少牢馈食礼第十六，有司第十七。《仪礼》中所规定的各种礼仪，不仅仅是指导性的，也是强制性的，它以国家的强制力和社会舆论压力为后盾。现在，人们通常会认为古人的礼只是为人们提供行为模式的正面规范，但我们一定不能忘记，在中国古代违礼是要受到制裁的，从这一特征上看，完全可以说礼就是中国古代法的渊源之一。尽管这种制裁有时是舆论性的，有时是强制性的。一般情况下，虽然在具体的礼的规范中没有明确规定违犯何礼要给予何种惩罚，但在礼治社会下的统治者会根据他们对违礼行为的性质及其危害的认识，临时对其加以概括，列出罪状，而后说明执行何种刑罚。这即古书上所说的："出礼则入刑"，"临事制刑"。[2]我们以《仪礼·丧服》篇为例：

斩衰裳，苴绖杖，绞带，冠绳缨，菅屦者。诸侯为天子，君，父为长子，为人后者。妻为夫，妾为君，女子子在室为父，布总，箭笄，髽，衰，三年。子嫁，反在父之室，为父三年。公士、大夫之众臣，为其君布带、绳屦。

……

大功布衰裳，牡麻绖，无受者：子、女子子之长殇、中殇，叔父之长殇、中殇，姑、姊妹之长殇、中殇，昆弟之长殇、中殇，夫之昆弟之子、女子子之长殇、中殇，適孙之长殇、中殇，大夫之庶子为適昆弟子之长殇、中殇，公子之长殇、中殇，大夫为適子之长殇、中殇。其长殇皆九月，缨绖；其中殇，七月，不缨绖。

……

小功布衰裳，澡麻带绖，五月者。叔父之下殇，適孙之下殇，昆弟之下殇，大夫庶子为適昆弟之下殇，为姑、姊妹、女子子之下殇，为人后者为其昆弟、从父昆弟之长殇，为夫之叔父之长殇；昆弟之子、女子子、夫之昆弟之子、女子子之下殇；为侄、庶孙丈夫妇人之长殇；大夫、公之昆弟、大夫之子，为其昆弟、庶子、姑、姊妹、女子子之长殇；大夫之妾为庶子之长殇。

……

缌麻，三月者。族曾祖父母，族祖父母，族父母，族昆弟；庶孙之如，庶孙之中殇；从祖姑、姊妹适人者，报；从祖父、从祖昆弟之长殇；外孙，从父昆弟侄之下殇，夫之叔父之中殇、下殇；从母之长殇，报；庶子为父后者，为其母；士为庶母；贵臣、贵妾；乳母，从祖昆弟之子，曾孙，父之姑，从母昆弟，甥，婿，妻之父母，姑之子，舅，舅之子；夫之姑姊妹之长殇；夫之诸祖父母，报；君母之昆弟；从父昆弟之子长殇，昆弟之孙之长殇，为夫之从父昆弟之妻。

以上文字所记载的就是中国古代的"五服"制度。包括斩衰（音同崔，指丧服）、齐衰、大功、小功、缌麻。斩衰是用很粗的生麻布做成，不缝边，像斧斩一样，故名斩衰。穿这种丧服服丧三年，用于臣、子、妻、妾为君、父、夫服丧。齐衰则是用缝边的生麻布做成。大功和小功则是用熟麻布做成，只是做工不同。缌麻是用细的熟麻布做成。服丧时间依次减少，有一年、九月、五月、三月。《书·皋陶谟》记载："天命有德，五服五章哉。"《礼记·大传》云："四世而缌，服之穷也，五世袒免，杀同姓也，六世亲属竭矣。"可见，在以家为基本单位的中国古代社会，五服的意义不仅仅是一种形式，而是一种人与人之间身份的象征。在春秋以前，君主与王侯的丧葬之礼是绝不能等同的，否则就是"违制"，天子可以对其进行征伐，所谓"礼乐征伐自天子出"。宗法制瓦解以后，随着皇权控制力的增强，对不同等级之间礼的维护也更加严密。从晋律以降历代法典几乎都将"准五服以治罪"入律。在古代社会中，一种行为有罪无罪，或者罪刑轻重，常常取决于当事人之间是否有五服内的亲属关系，以及关系的远近。例如，《唐律·斗讼》篇中规定："詈祖父母者绞，（殴者斩）"。而在通常情形下，只要告祖父母父母者就会被处以绞刑。《户婚》篇规定："祖父母父母在而子孙别财异籍者，徒三年"；"居父母丧生子……徒一年"；"居父母……丧而嫁娶者徒三年，妾减三等各离之"；"祖父母父母被囚禁而嫁娶者，死罪徒一年，流罪减一等，徒罪杖一百"。《职制》篇规定："闻父母……之丧，匿不举哀者，流二千里；丧制未终，释服从吉，若忘丧作乐，徒三年，杂戏徒一年；即遇乐而听，及参预吉席者，各杖一百"；"祖父母父母老疾无侍……及冒哀求仕者，徒一年"；"祖父母父母犯死罪被囚禁而作乐，徒一年半"。明清律的规定大致相同，《诉讼》篇都有"凡子孙违反祖父母父母教令及奉养有阙者，杖一百"，这称做"违反教令"。"凡子孙告发祖父母父母，杖一百，诬告者绞"，这称做"干犯名义"。《仪制》篇规定："凡祖父母父母年八十以上及笃疾，别无以次侍丁而弃亲之任，及妄称祖父母父母老疾，求归入侍者，并杖八十"，这称做"弃亲之任"。并且清律规定："子贫不能营生赎养父母，自缢死者，仍杖一百，流三千里。"同样是斗殴，打了一般人，罪较轻，打了自己的长辈尊亲，如大功以上亲属，罪行尤为严重，甚至要入十恶之一的"不睦"罪，要受死刑。

　　除五服制度之外，在社会关系领域也是如此。良犯贱，其处分较常人相犯为轻，贱犯良较常人相犯为重。贱民殴杀良人，汉时为弃市。唐、宋律加凡人一等或二等治罪。明、清时一律加凡人一等治罪。若殴伤良人至折跌肢体，瞎目及笃疾者，唐、宋、明、清各律皆处绞刑，至死者斩。在这里，礼法合流的目的在于峻礼教之防，正所谓"凡人之为人者，礼义也。礼义之始，在于正容体，齐颜色，顺辞令；容体正，颜色齐，辞令顺而后礼义备，以正君臣，亲父子，和长幼。"[3]由此推而广之，《新书》云："奇服文章以等上下而差贵贱。是以高下异，则名号异，则权力异，则事势异，则旗章异，则符瑞异，则礼宠异，则秩禄异，则冠履异，则衣带异，则环珮异，则车马异，则妻妾异，则泽厚异，则宫室异，则床席异，则器皿异，则食饮异，则祭祀异，则死丧异。"从天子到百姓，中间有无数的级差，表现在日常生活中，则饮食、衣饰、房舍、舆马、婚仪、丧葬、祭祀等皆有等差，其中，每一项又有许多细微的差别，如衣饰一项，颜色、质地、皮毛、冠履佩饰都因身份而异。即或是公服朝服，由于品级不同，冠式、冠饰、服色、花样、腰带、佩绶、朝笏等也各不相同。总之，衣食住行、婚丧嫁娶，无处不体现出名分的差异。这样的安排不但使人与人之间层次分明、等级有序，更重要的意义在于，从经济学角度看，它使有限的社会资源通过身份等级的划分分配得井井有条，在差别对待的基础之上最大限度地使整个社会实现了不同等级的和谐相处。

【汉简仪礼】中国古代记载典礼仪节的书。简称《礼》，亦称《礼经》、《士礼》。《仪礼》是记载古代礼仪制度的著作，与《周礼》、《礼记》合称"三礼"。

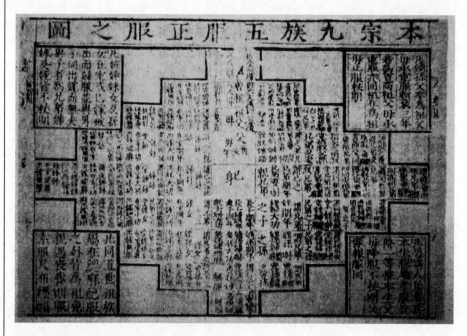

【九族五服图】九族中，纵向有父母、祖父母、曾祖父母、高祖父母、己身、子、孙、曾孙、玄孙；横向，有己身、兄弟、堂兄弟、再堂兄弟、三堂兄弟、姊妹、堂姊妹、再堂姊妹、三堂姊妹。围绕着纵横向的九族，形成了九族与五服的家族结构图。往上数，上辈中有叔伯父母、堂伯父母、再堂伯父母、祖伯父母、堂伯祖父母、曾祖伯父母、姑、堂姑、再堂姑、祖姑、堂祖姑、曾祖姑等。往下数，下辈中有侄妇、堂侄妇、再堂侄妇、侄女、堂侄女、再堂侄女、侄孙妇、堂侄孙妇、侄孙女、堂侄孙女、曾侄孙妇、曾侄孙女等。

　　《礼记》是一部关于秦汉以前儒家各种礼仪制度论著的选集。从年代上来看晚于《周礼》和《仪礼》，不应当纳入"礼治"时期，但考虑到它在内容上与《周礼》和《仪礼》密切关系，笔者再三斟酌还是认为放入此节中介绍较为适宜。《礼记》中既有礼仪制度的记述，又有关于礼的理论及其伦理道德、学术思想的论述。全书共九万字左右，内容广博，门类庞杂，涉及政治、法律、道德、哲学、历史、祭祀、文艺、日常生活、历法、地理等诸多方面，几乎包罗万象。东汉郑玄将《礼记》49篇分为通论、制度、祭祀、丧服、吉事等八类。近代梁启超则将其分为五类：一通论礼仪和学术，有《礼运》、《经解》、《乐记》、《学记》、《大学》、《中庸》、《儒行》、《坊记》、《表记》、《缁衣》等篇。二解释《仪礼》17篇，有《冠义》、《昏义》、《乡饮酒义》、《射义》、《燕义》、《聘义》、《丧服四制》等篇。三记孔子言行或孔门弟子及时人杂事，有《孔子闲居》、《孔子燕居》、《檀弓》、《曾子问》等篇。四记古代制度礼节，并加考辨，有《王制》、《曲礼》、《玉藻》、《明堂位》、《月令》、《礼器》、《郊特牲》、《祭统》、《祭法》、《大传》、《丧大记》、《丧服大记》、《奔丧》、《问丧》、《文王世子》、《内则》、《少仪》等篇。五为《曲礼》、《少仪》、《儒行》等篇的格言、名句。

《礼记》不单单是对礼仪制度的总结，以及各种"礼"的渊源的阐释，更是对其背后所蕴含的精神理念、社会功用的分析。例如，《礼记·曲礼上》就对礼的作用有十分精辟的论述："道德仁义，非礼不成，教训正俗，非礼不备；分争辨讼，非礼不决；君臣、上下、父子兄弟，非礼不定；宦学事师，非礼不亲；班朝治军，莅官行法，非礼威严不行；祷祠祭祀，供给鬼神，非礼不诚不庄。是以君子恭敬撙节退让以明礼。"又见《礼记·哀公问》："非礼无以节事天地之神也，非礼无以辨君臣、上下、长幼之位也，非礼无以别男女、父子、兄弟之亲，婚姻、疏数之交也。君子以此之为尊敬然，然后以其所能教百姓，不废其会节。"由于

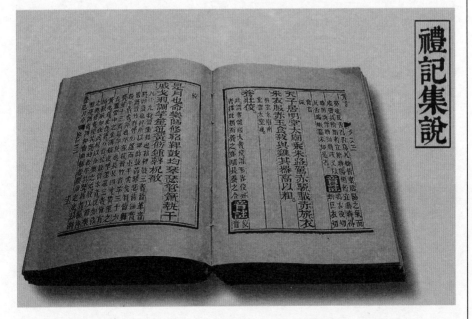

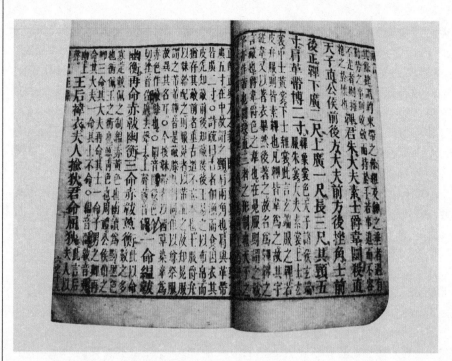

【礼记书影】《礼记》记载了战国至秦汉年间有关《仪礼》的解释、说明，集中体现了先秦儒家的政治、哲学和伦理思想，是研究先秦社会的重要资料。

《礼记》对礼治的总结达到前所未有的理论高度，所以它对中国文化的影响非常深远，各个时代的人都从中寻找思想资源。我们所熟知的"四书"就是宋代的理学家选中《大学》、《中庸》、《论语》和《孟子》，用来作为儒学的基础读物。从某种程度上讲，后人对它的推崇甚至超过了成书较早的《周礼》和《仪礼》。

这一时期与礼制的完善相适应，刑罚制度也在不断发展。《左传·昭公六年》记载："夏有乱政而作《禹刑》，商有乱政而作《汤刑》，周有乱政而作《九刑》。"这三部法典我们已经无从考证，只能借助其它史料来大致了解其中的内容。《隋书·经籍志》记载："夏后氏正刑有五、科条三千"，"大辟二百，膑辟三百，宫辟五百，劓墨各系。"《周礼·秋官·司刑》记载："夏刑，大辟二百，膑辟三百，宫辟五百，劓、墨各千。"从中我们可以知道，古代奴隶制刑罚分为五种，即墨、劓、刖、宫、大辟。

就这一时期礼与刑的关系而言，王国维有一段精彩的论述：

周之制度典礼，乃道德之器械，而尊尊、亲亲、贤贤、男女有别四者之结体也，此之谓民彝。其有不由此者，谓之非彝，《康诰》曰："勿用非谋非彝。"《召诰》曰："其惟王勿以小民淫用非彝。"非彝者，礼之所去，刑之所加也。《康诰》曰："凡民自得罪，寇攘奸宄，杀越人于货，暋不畏死，罔不憝。"又曰："元恶大憝，矧惟不孝不友：子弗祇服厥父事，大伤厥考心；于父不能字厥子，乃疾厥子；于弟弗念天显，乃弗克恭厥兄；兄亦不念鞠子哀，大不友于弟。惟吊兹，不于我政人得罪。天惟与我民彝大泯乱，曰：乃其速由。文王作罚，刑兹无赦。"此周公诰康叔治殷民之道，殷人之刑惟寇攘奸灾，而周人之刑则并及不孝不友，故曰"惟吊兹，不于我政人得罪"，又曰"乃其速由文王作罚"，其重民彝也如此！是周制刑之意，亦本于德治、礼治之大经；其所以致太平与刑措者，盖可睹矣。

【四书书影】《四书》是《论语》、《孟子》、《大学》、《中庸》的总称。南宋理学家朱熹将这四部书辑录在一起，加以注释，题称《四书章句集注》，始有《四书》之名。其中《论语》是孔子的弟子和再传弟子记载孔子及其部分弟子言行的书。《大学》是《礼记》中的一篇，传说是曾参的弟子记述曾参言论的著作。《中庸》也是《礼记》中的一篇，相传为孔子的弟子子思所著。《孟子》是孟子及其弟子的著作。宋代以后，《四书》被规定为科举取士的初级标准读物。

　　但是，礼、刑关系的广泛适用并不意味着无差别，德政的广播也是因人而异，在这一问题上"礼不下庶人，刑不上大夫"[4]是一个基本原则。这一原则将同是这一时期法律规范的礼与刑的调整范围划分得泾渭分明。所谓"礼不下庶人"，就是说礼是用来调整奴隶主贵族内部关系的；而"刑不上大夫"，则是说刑罚的锋芒是指向奴隶和平民的。但是，我们不能理解为大夫是不受刑罚，而平民是可以不讲礼仪的。张逸云："非是都不行礼也，但以其遽务不能备之，故不著于经文三百、威仪三千耳。其有事则假士礼行之。刑不上大夫者，制五刑，三千之科条不设大夫犯罪之目也。所以然者，大夫必用有德，若逆设其刑，则是君不知贤也。"[5]"谓所犯之罪不在夏三千、周二千五百之科，不使贤者犯法也。非谓都不刑其身也。其有罪则以八议，议其轻重耳。"[6]这里所指的"八议"，按照《礼记·正义》的记载是指："议有八条，事在《周礼》，一曰议亲之辟，谓是王宗室有罪也；二曰议故之辟，谓与王故旧也；三曰议贤之辟，谓有德行者也；四曰议能之辟，谓有道艺者也；五曰议功之辟，谓有大勋立功者也；六曰议贵之辟，谓贵者犯罪即大夫以上也；郑司农云，若今之吏墨绶有罪先请择后，案汉时墨绶者是贵人也；七曰议勤之辟，谓憔悴忧国也；八曰议宾之辟，谓所不臣者，三恪二代之后也。"《白虎通》云："礼为有知制，刑为无知设。"可见，"礼不下庶人，刑不上大夫"实际上是基于不同等级所具备的道德素养、认知能力以及行为能力的不同而给士大夫阶层设立的一种特权。

【劓刑图】

劓刑：古代的一种酷刑，用刀割去鼻子。始于商周，多用于惩治违抗国君命令、谋反、奸淫、偷盗、斗殴、伤人等罪。

（二）"法治"时期——《法经》、《韩非子》、《论语》

这一时期起源于春秋，兴盛于战国，定鼎于秦代，破产于汉初。它处在"国"与"家"完全同一关系的破裂时期。春秋战国时，由于铁器被普遍地用于农业生产，生产力的发展水平进入了新的阶段。这一生产力的发展引发了生产关系的变革，宗法制所隐含的制度危机——"尾大不掉"，随着诸侯国势力的不断强大，周天子的"天下宗主"地位的不断动摇，逐渐变为现实。近六百年间，天下纷争，先有齐、晋、韩、楚、郑五霸相争，后有齐、楚、韩、赵、魏、燕、秦七雄逐鹿。经济的快速发展、政治上的"礼崩乐坏"使得以地缘纽带为基础的经济关系的重要性越来越突显，原有的血缘关系已不足以维持统治阶级的统治。于是，强调统治者要刚健有为得运用各种统治手段而不是主要依靠血缘亲情来维持统治的"法治"思想便应运而生。在动荡的年代里，用规则来统一人们的言行显然比礼教感化更易于实现，因为刑罚远比教化易于操作，"法"的立竿见影的效率也远比"礼"的潜移默化更能打动人心[7]。

值得注意的是，这里的"法治"与我们现在所谈论的"法治国家"中的"法治"概念截然不同。它是封建制取代奴隶制，地主阶级取代贵族阶级的产物，自形成之日便与君主专制联系在一起，以刑罚的运用作为其主要内容。一方面，由于它在内容、形式以及阶级基础上都与礼治有明显的不同，因此这一时期的"法治"可以说完全是礼治的对立面，是以礼治的衰落为前提的。在《韩非子·五蠹》中，我们可以清楚地看到这种对立：

上古之世，人民少而禽兽众，人民不胜禽兽虫蛇。有圣人作，构木为巢以避群害，而民悦之，使王天下，号曰有巢氏。民食瓜蓏蚌蛤，腥臊恶臭而伤害腹胃，民多疾病。有圣人作，钻燧取火以化腥臊，而民说之，使王天下，号之曰燧人氏。中古之世，天下大水，而鲧、禹决渎。近古之世，桀、纣暴乱，而汤、武征伐。今有构木钻燧于夏后氏之世者，必为鲧、禹笑矣；有决渎于殷、周之世者，必为汤、武笑矣。然则今有美尧、舜、汤、武、禹之道于当今之世者，必为新圣笑矣。是以圣人不期修古，不法常可，论世之事，因为之备。宋人有耕田者，田中有株，兔走触株，折颈而死，因释其耒，冀复得兔，兔不可复得，而身为宋国笑。今欲以先王之政，治当世之民，皆守株之类也。

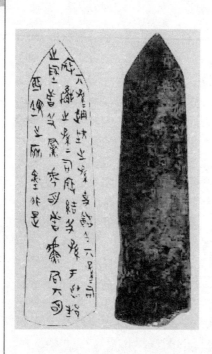

【侯马盟书】《侯马盟书》是晋定公十六年（公元前 496 年）由晋大夫赵鞅主持，六国在新田进行盟誓的记载。主要内容为：六国之间保证互不侵犯，振兴国力，有福同享，有难同当，齐心协力，共同对外。当时的不同政治势力为团结力量，打击敌对势力，经常举行这种盟誓活动。《侯马盟书》的内容涉及法律、政治、经济、军事、文化等方面，为我们研究春秋战国时期盟誓制度和书法文字提供了极为可靠的科学资料。

韩非子在文中将主张效法先王的儒者比喻为守株待兔的迂腐之人，进而明确提出因时制宜的"以法治国"。另一方面，由于二者都是为专制统治服务，所以它们的形成和发展不乏相似之处，如法治虽然否定礼治的宗法性，但是又肯定其等级性；法治的手段虽然是"严刑峻法"，但是其目的与"礼义教化"一样都是让被统治者臣服。虽然法治学说在秦汉之际破产并遭到否定，但是在它的指导下形成的封建制法律体系却一直保持到魏晋时期才得以改变。

这一时期，由于法家的兴盛，作为国家法典指导思想的经文义理，一方面表现为法家思想的集大成，另一方面表现为儒家思想的深刻总结。早在公元前 536 年，执政于郑的子产就将刑法铸在金属鼎上，公布于众。

【大盂鼎】大盂鼎是西周康王时期的著名青铜器，内壁有铭文，长达 291 字，为西周青铜器中所少有。其内容为：周王告诫盂（人名），殷代以酗酒而亡，周代则忌酒而兴，命盂一定要尽力地辅佐他，敬承文王、武王的德政。

"三月，郑人铸刑书"[8]之后，李悝在魏国提倡"尽地力之教"，并在魏国魏文侯的支持下进行变法，推行新政，制定了《法经》；吴起在楚国"明法审令"；申不害在韩国"内修政教，外应诸侯"；更为著名的是战国早期，商鞅在秦国实施变法。这几位在春秋战国时期颇有作为的政治家便是法家的先驱者。其中，李悝的《法经》在中国古代法律典籍中占有十分重要的地位。

【商君书】《商君书》也称《商子》，《汉书·艺文志》称"商君二十九篇"。现存二十六篇。其中，《刑约》、《御盗》只有篇目而无原文，实际只有二十四篇。此外，在《群书治要》卷三十六可以见到《商君书·六法》佚文一百五十余字。《商君书》是研究商鞅政治法律思想和战国社会历史状况的重要文献。

　　《法经》的原书已经佚失。根据《晋书·刑法志》，其篇目分为《盗》、《贼》、《囚》、《捕》、《杂》、《具》。立法者认为，"王者之政，莫急于盗贼"，因此将《盗》、《贼》两篇置于卷首。劾捕盗贼的有关规定，列入《囚》、《捕》二篇。其他如"轻狡、越城、博戏、借假不廉、淫侈、逾制"等各种一般的犯罪，归入《杂》。最后以《具》篇作为统摄各篇规定的总则，"具其加减"。董说在《七国考》中引东汉桓谭《新论》说："卫鞅受之（《法经》），入相于秦。是以秦魏二国，深文峻法相近。" 从湖北云梦出土的秦墓竹简可以看出，当时的律的种类已经相当繁多。在"秦律十八种"里，就有《田律》、《厩苑律》、《仓律》、《金布律》、《工律》、《徭律》、《军爵律》、《置吏律》、《传食律》和《效律》等名目，"秦律杂抄"中还有《除吏律》、《游士律》、《除弟子律》、《中劳律》、《藏律》、《公车司马猎律》、《傅律》、《屯表律》、《捕盗律》和《戍律》。不难看出，《法经》基本上是一部诸法合体而以刑法和刑事诉讼为主的法典。它的出现事初步确立了封建法典"以律为主""诸法合体"的原则和体系，对后世封建立法影响深远。

【李悝著法经】李悝亦称李克，班固说："李悝为魏文侯作尽地力之教。" 《法经》的内容主要记载于《晋书·刑法志》。《刑法志》说："是时（指三国魏明帝时）承用秦汉旧律，其文起自魏文侯师李悝，悝撰次诸国法，著《法经》。以为王者之政莫急于盗贼，故其律始于《盗》《贼》。盗贼须劾捕，故著《网》《捕》二篇。其轻狡、越城、博戏、借假不廉、淫侈逾制，以为《杂律》一篇。又以《具律》具其加减。是故所著六篇而已，然皆罪名之制也。商君受之以相秦。"

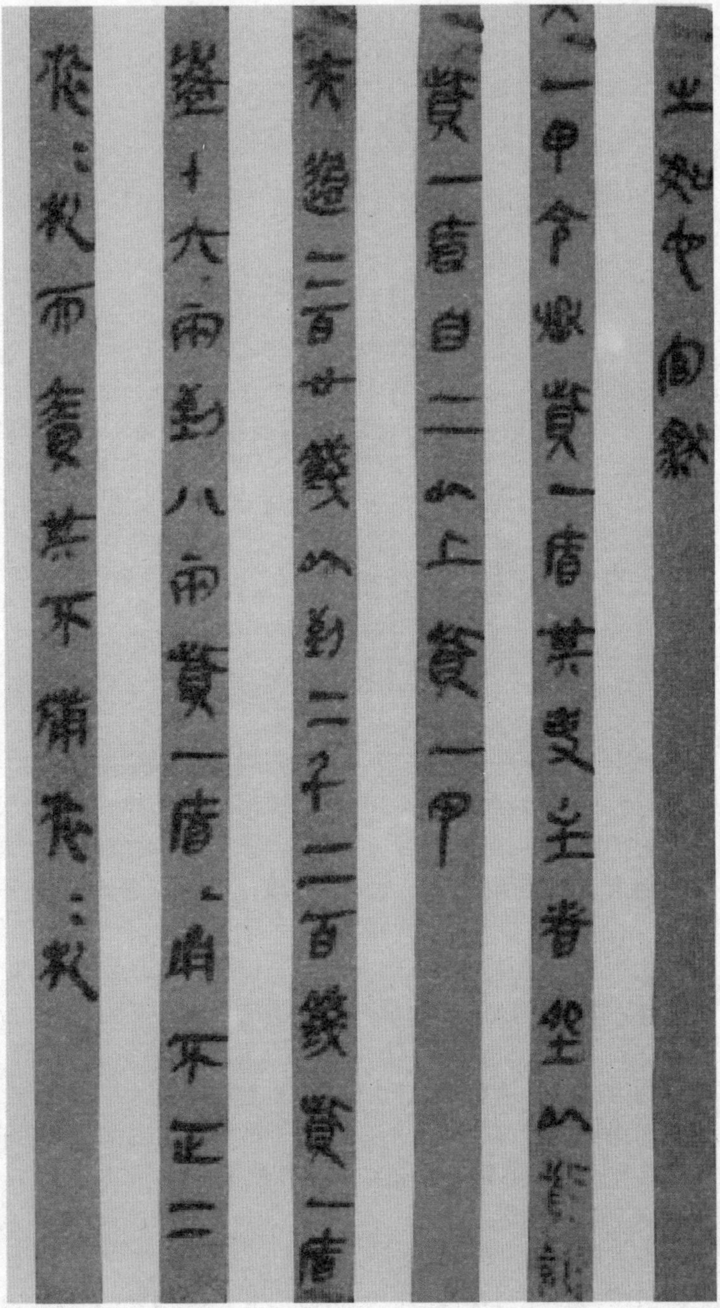

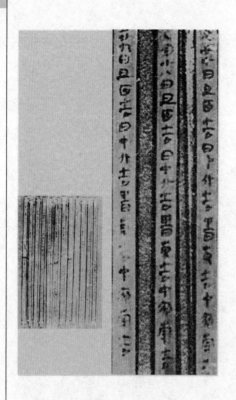

【云梦睡虎地秦简】1975 年 12 月，在湖北省云梦县睡虎地秦墓发掘过程中发现了大量竹简，史学界称之为睡虎地秦墓竹简。云梦睡虎地秦简是我国首次出土的秦简。这些秦简详尽记载了秦代的部分法律条文，是研究秦代法律、政治、经济、军事和文化的宝库，具有极高的史学价值和考古价值，被列为国家一级文物，位列新中国成立 50 年全国十大考古发现之一。

在秦国和统一后的秦朝，律作为国家基本法律形式的地位已经完全确立。《唐律疏议》中说："商鞅传授，改法为律。"随着《法经》入秦，其中的精髓都已移植到秦国法律之中。而汉《九章律》，则是在《秦律》的基础上"加悝所造户、兴、厩三篇，谓九章之律"。此后的《魏律》、《晋律》乃至《唐律疏议》虽然篇目有所增加，体例更加规范，但始终是在《法经》所奠定的基础上发展，沿袭了《法经》的框架，而没有重大突破，因此可以说它们是一脉相承的。程树德对《法经》作出了"其源最古"的评价，并将《法经》列于他的"律系表"[9]首位。直到今天，学界的大部分学者仍然认同《法经》是中华法系的源头这一基本观点。

如果说在战国之际，《法经》开辟了中国古代法典的道路的话，那么《韩非子》一书则全面总结了法家的思想并将其在"儒、道、法合流"的道路上向前推进。例如，从《韩非子·二柄》篇我们可以明显看出儒家德治思想对韩非的影响：

明主之所道制其臣者，二柄而已矣。二柄者，刑德也。何谓刑德？

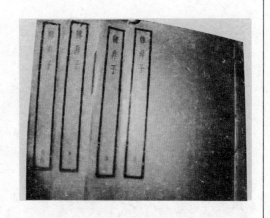

【《韩非子》】《韩非子》是战国末期韩国法家集大成者韩非的著作。该书重点宣扬了韩非法、术、势相结合的法治理论。提出了重赏、重罚、重农、重战的政策，主张因时制宜地治理国家，为秦统一六国提供了理论武器。后世与儒家思想相结合，为封建专制法制提供了理论根据。

曰：杀戮之谓刑，庆赏之谓德。为人臣者畏诛罚而利庆赏，故人主自用其刑德，则群臣畏其威而归其利矣。故世之奸臣则不然，所恶，则能得之其主而罪之；所爱，则能得之其主而赏之；今人主非使赏罚之威利出于己也，听其臣而行其赏罚，则一国之人皆畏其臣而易其君，归其臣而去其君矣。此人主失刑德之患也。夫虎之所以能服狗者，爪牙也。使虎释其爪牙而使狗用之，则虎反服于狗矣。人主者，以刑德制臣者也。今君人者释其刑德而使臣用之，则君反制于臣矣。故田常上请爵禄而行之群臣，下大斗斛而施于百姓，此简公失德而田常用之也，故简公见弑。子罕谓宋君曰："夫庆赏赐予者，民之所喜也，君自行之；杀戮刑罚者，民之所恶也，臣请当之。"于是宋君失刑百子罕用之，故宋君见劫。田常

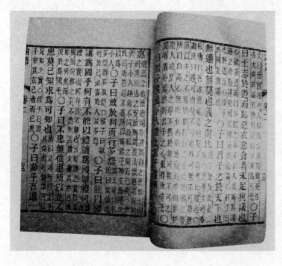

【《论语》书影】《论语》是孔子及其弟子言论的汇编，是儒家最重要的经典之一。是研究孔子及儒家思想尤其是原始儒家思想的主要资料。南宋时朱熹将《大学》、《论语》、《孟子》、《中庸》合为"四书"，使之在儒家经典中的地位日益提高。今本《论语》是西汉末年张禹以《鲁论》为主，结合《齐论》编成，共20篇，约1.2千字。

徒用德而简公弑，子罕徒用刑而宋君劫。故今世为人臣者兼刑德而用之，则是世主之危甚于简公、宋君也。故劫杀拥蔽之，主非失刑德而使臣用之，而不危亡者，则未尝有也。

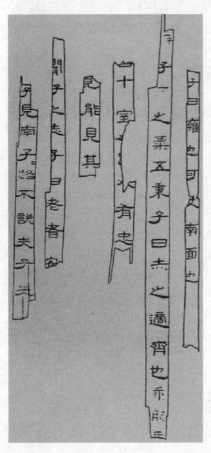

【定县木简论语】出土于 1973 年定县八角廊西汉中山怀王刘修墓。这批竹简总数724 枚，虽经火焚、炭化、残损，但字迹尚清楚，皆系西汉晚期之古籍，有《论语》、《儒家者言》、《文子》、《太公》、《日书》等，兼有儒道两家的内涵。《论语》简文约占传本《论语》文字的一半，也是至今时代最早、保存文字最多的古本《论语》。

而《主道》篇，则有明显的道家思想痕迹：

道者，万物之始，是非之纪也。是以明君守始以知万物之源，治纪以知善败之端。故虚静以待，令名自命也，令事自定也。虚则知实之情，静则知动者正。有言者自为名，有事者自为形，形名参同，君乃无事焉，归之其情。故曰：君无见其所欲，君见其所欲，臣自将雕琢；君无见其意，君见其意，臣将自表异。故曰：去好去恶，臣乃见素；去旧去智，臣乃自备。故有智而不以虑，使万物知其处；有贤而不以行，观臣下之所因；有勇而不以怒，使群臣尽其武。是故去智而有明，去贤而有功，去勇而有强。君臣守职，百官有常，因能而使之，是谓习常。故曰：寂乎其无位而处，漻乎莫得其所。明君无为于上，君臣竦惧乎下。明君之道，使智者尽其虑，而君因以断事，故君不穷于智；贤者敕其材，君因而任之，故君不穷于能；有功则君有其贤，有过则臣任其罪，故君不穷于名。是故不贤而为贤者师，不智而为智者正。臣有其劳，君有其成功，此之谓贤主之经也。

可见，《韩非子》之所以能够成为法家思想的集大成者，在于它不但总结完善了法家前辈学者的学说，对前期法家的不足，提出了自己

【孔子修诗书】

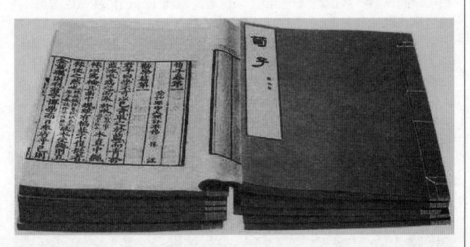

【《荀子》书影】《荀子》是战国末年著名唯物主义思想家荀况的著作，是继《论语》之后又一部集儒家思想之大成的著作。关于如何治理国家问题，荀况提出了"重法爱民"、"赏罚严明"的政治纲领。他认为，统治阶级治理国家和统治人民，一定要有一套严密的政治法令和赏罚措施。他说："赏行罚威，则贤者可得而进也，不肖者可得而退也，能者可得而官也。""王者之论，无德不贵，无能不官，无功不赏，无罪不罚。朝无幸位。民无幸生。"这样国家的政治才能清明，人民才能安居乐业。从中我们可以看出明显的儒法合流的趋势。

的看法，如商鞅的"徒法而无术"，申不害的"徒术无法"等等，而且兼收并蓄地吸收了包括儒家、道家在内的各种思想。笔者曾作过一个初步统计，《韩非子》一书中，"仁"、"仁义"分别出现过将近五十次，"礼"、"义"分别出现过八十多次。在总结前期法家法、势、术三派经验的基础上，韩非提出了以法为本，法、势、术结合的思想，使法家的理论更具可操作性。

虽然春秋战国时期的人们选择了法家，而崇尚法家的统一秦王朝的建立宣告了"礼治"的崩溃。但是，在"礼治"衰败之时，"礼治"的经验却得到了全面总结，这一时期的儒家理论为"礼治"复兴奠定了坚实基础[10]，成为以后历代的经典，一部《论语》可以说是这一时期最具代表性的典籍。

《论语》是一部记述孔子及其若干弟子言行的书，由其弟子及再传弟子编写。《汉书·艺文志》说："《论语》者，孔子应答弟子、对人及弟子相与言而接闻于夫子之语也。当时夫子各有所记。夫子既卒，门人相与辑而论纂，故谓之《论语》。" 汉朝时设博士专门传授《论语》，东汉时则将《论语》列为"七经"之一。 魏晋后，历朝均把《论语》列入官学，设博士传授。南宋朱熹把《论语》、《孟子》、《大学》、《中庸》称为"四书"，作为儒家最基本的经典，并作《四书章句集注》。由于自汉武帝以后各朝各代均将儒家思想奉为正统，所以作为记述儒家创始人——孔子言行的《论语》自然成为中国历代典籍的核心。其《为政》篇中的"导之以政，齐之以刑，民免而无耻。导之以德，齐之以礼，有耻且格"，奠定了中国数千年正统法典的礼法关系。因此有人说，西方的传统存在于《圣经》中，而中国的传统则存在于《论语》中，这是有道理的。

（三）"礼法合治"时期——《唐律疏议》至《大清律例》

这一时期，确立于汉代，发展于魏晋，成熟于隋唐，完备于宋明，最终随着封建国家的消亡而消亡。这一阶段的法典，可以说是中国古代社会"国"与"家"在新的、更高层次上统一的集中表现："国"在制度上脱离了"家"的束缚，形成了一套特有的官僚体系，却又在精神、文化层面保留了"家"的凝聚力，并贯穿于各种制度的运行当中，二者相得益彰，互为依托：如果离开了礼治便无法调整宗法伦理关系，无法赢得社会的认同，从而失去统治的合法性支柱；离开了法治则无法有效镇压民众的反抗和调整内部的对抗性矛盾，从而失去了统治的基本保障。因此，礼与法二者前所未有地紧密联系起来，具体表现为宗法制与官僚制的结合，家族伦理原则与君主专制原则的结合，道德教化与法律强制的结合，贤人政治与以刑法治国的结合。使得中国古代法律成为协调道德、习俗、舆论的有机整体。尤其随着汉代"独尊儒术"后礼教作用的突出，统治者治国的方式不仅仅局限于强制手段，而是更加注重是道德的弘扬、德政的感化、风俗的熏陶、舆论的诱导等等。这种综合治理的法律体系有力地制约了暴政的形成发展，而使中国古代的专制统治呈现出"开明"气象，从而使得"礼"在这一时期成为具有指导各种法典制订的"根本法"性质的法律。

《永徽律疏》又称《唐律疏议》，是唐朝立法的最高成就，是我国现存的第一部完整法典及其注释。内容分为 12 篇，共 502 条。它沿袭了北齐以来的传统，将《名例》篇 6 卷 57 条列于卷首。《唐律疏议》中说："名者五刑之罪名，例者五刑之体例。"名，是指适用刑罚的各种罪名；例，是指定罪量刑的通例。《名例》中规定了关于五刑、十恶、八议、请、减、赎、官当、免官、自首、共同犯罪、二罪俱发等方面的司法原则，以及对"乘舆车驾"等一系列专门用语的解释，体现了《唐律》的指导思想，在整部法典中处于统领全篇的重要地位。其次是《卫禁》篇，共 2 卷，33 条。"卫"即警卫，"禁"指关禁，包括关于警卫皇帝、宫殿、太庙和陵墓以及保卫关津要塞和边防的法律，以维护皇帝安全和国家主权为中心。第三篇为《职制》，共 3 卷，59 条，是关于官吏设置、选任、职责及交通驿传方面的规定，重点在于打击官吏贪赃枉法。第四篇《户婚》，共 3 卷，46 条，规定户籍、赋役、田宅、家庭和婚姻等方面的内容，旨在保证国家税收，维护以传统礼教为核心的家庭关系。第五篇《厩库》，计 1 卷，28 条，是养护公私牲畜、仓库管理等方面的规定，以保护官有资产。第六篇《擅兴》，计 1 卷，24 条，是有关军队征调、指挥、供给及工程营造等方面的规定。第七篇《贼盗》，共 4 卷，54 条，主要规定有关严重危害社会治安的犯罪。其中"贼"是指谋反、谋大逆、谋叛、恶逆、不道等"十恶"罪名以及杀、伤等严重侵犯人身的犯罪，"盗"是指侵犯公私财产的犯罪。第八篇为《斗讼》，共 4 卷，60 条，包括斗殴和诉讼两方面内容，因其都有相互争竞的意味，故合而论之，包括惩治斗殴、越诉、诬告等犯罪。第九篇《诈伪》，计 1 卷，27 条，包括关于惩治各种欺诈和伪造行为的法规。第十篇为《杂律》，凡是其他各篇所不能包括的犯罪行为，都在该篇加以规定，其内容涵盖范围很广，如私铸钱、赌博、和奸、强奸、失火、买卖、借贷、市场交易、毁坏公私财物以及违令、不应得为等形形色色的犯罪，共 2 卷，62 条，其条文数量在各篇中居首位。第十一篇为《捕亡》，计 1 卷，18 条，其中主要规定追捕罪犯及各种逃人的有关职责和犯罪。最后是《断狱》，有 2 卷，34 条，包括审讯、判决、执行和监狱管理中的各种规定，涉及非法刑讯、死囚奏报、疑罪处理等各项诉讼制度。[11]它是秦汉魏晋以来数百年间封建立法、司法经验的集中总结，也是自夏商以来数千年法律文化的结晶。唐律集中体现了中国古代法律文化的优秀成果。它承袭和发展了以往礼法并用的统治方法，使得法律统治"一准乎礼"，真正实现了礼与法的统一。如唐太宗所说："失礼之禁，著在刑书。"将传统伦理道德的精神力量与政制法律的统治力量融会贯通，法的强制力强化了礼的教化功能，礼的约束力增强了法的威慑作用，两者相辅相成，有效地维护了唐王朝的统治。具体来说，"一准乎礼"在《唐律疏议》中表现为：

其一，唐律总的精神在于贯彻三纲。如《户婚》篇中规定"诸居父母丧生子及兄弟别籍、异财者，徒一年"；[12] "诸夫丧服除而欲守志，非女之祖父母、父母而强嫁之者徒一年，期亲嫁者减二等。各离之，女追归前家。娶者不坐"[13]。《职制》篇中规定："闻父母……之丧，匿不举哀者，流二千里；丧制未终，释服从吉，若忘丧作乐，徒三年，杂戏徒一年；即遇乐而听，及参预吉席者，各杖一百"[14]；"祖父母父母老疾无侍……及冒哀求仕者，徒一年"；"祖父母父母犯死罪被囚禁而作乐，徒一年半"[15]。

其二，唐律中许多法律条文直接渊源于礼的规范。如《户婚》中的"立嫡违法者，徒一年"[16]以及"诸妻无七出义绝之状而出之者，徒一年半；虽犯七出，有三不去而出之者，杖一百，追还合"[17]等规定。

其三，唐律借助具体详明的疏议，引用儒家经典充分阐发了礼教的"义理"。例如，在《唐律疏议·名例》中有对十恶入律的解释："五刑之中，十恶尤切，亏损名教，毁裂冠冕，特标篇首，以为明诫"。对于"十恶"之"大不敬"，《唐律疏议》议曰："谓盗大祀神御之物、乘舆服御物；盗及伪造御宝；合和御药，误不如本方及封题误；若造御膳，误犯食禁；御幸舟船，误不牢固；指斥乘舆，情理切害及对捍制使，而无人臣之礼"，"礼者，敬之本；敬者，礼之舆。故礼运云：礼者君之柄，所以

【《唐律疏议》】中国古代具有代表性的封建法典，在中国古代法制发展的历史长河中起着承前启后的作用。共 12 篇，502 条。此后又对律文逐条逐句进行注释，并附在律文之后，合称《永徽律疏》，后人又称之为《唐律疏议》。是中国历史上保存至今最具影响力的封建法典。

别嫌明微，考制度，别仁义。责其所犯既大，皆无肃敬之心，故曰'大不敬'。"而在解释"恶逆"罪列入"十恶"之缘由时议曰："父母之恩，昊天罔极。嗣续妣祖，承奉不轻。枭镜其心，爱敬同尽，五服至亲，自相屠戮，穷恶尽逆，绝弃人理，故曰'恶逆'。"

后世宋、明、清诸律虽然都根据当时的实际情况有所损益，但其基本精神、主要框架和一些主要制度都未能超出唐律的范围。对此，在《四库全书总目》上有概括而准确的说明："论者谓唐律一准乎礼，以为出入得古今之平，故宋世多采用之。元时断狱，亦每引为据。明洪武初，命儒臣四人同刑官进讲唐律，后命刘惟谦等详定明律，其篇目一准于唐"，至于清律，则有"唐律篇目今所沿用者"，有"唐律合而今分者"，有"名稍异而实合者"。

此外，唐律对东南亚地区也影响广泛，《高丽史·刑法志》记载："高丽一代之制，大抵皆仿乎唐。至于刑法，亦采唐律，参酌时宜而用之，曰狱官令二条，名例十二条，卫禁四条，职制十四条，户婚四条，厩库三条，擅兴三条，盗贼六条，斗讼七条，诈伪二条，杂律二条，捕亡八条，断狱四条，总七十一条，删繁取简，行之一时，亦不可谓无据。"在日本，清人黄遵宪《日本国志·刑法志》记载："孝德朝依仿唐制，始设刑部省，省中分二司，曰赃赎司，曰囚狱司，于是始有刑律。律分十二，一曰名例，二曰卫禁，三曰职制，四曰户婚，五曰厩库，六曰擅兴，七曰贼盗，八曰斗讼，九曰诈伪，十曰杂律，十一曰捕亡，十二曰断

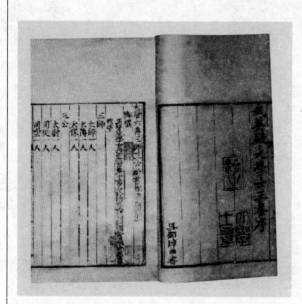

【《唐六典》】是唐朝一部行政性质的法典。记载了唐朝各级官府的组织、规模、编制、职权等内容。成书于开元二十六年（738年），是现存最早的一部会典。共三十卷，近三十万字。

狱。亦用五刑，别有八虐、六议等条，大概同唐律。其时遣唐学生颇有习律者，归以教人，而法制颇详明矣。"可见，大化革新后的日本受唐朝的影响，开始有了刑律。此后二十余年，天智天皇七年（唐高宗乾封二年）制定了《近江令》，文武天皇大宝元年（武则天大足元年）编制了《大宝律令》，后者被称为日本历史上划时代的法典，是以唐朝律令为楷模而略加省并编成的。在越南，据越南人潘辉注《历朝宪章类志·刑律志》说："按李、陈刑法，其条贯纤悉，不可复详。当初校定律格，想亦遵用唐、宋之制。"故潘辉注说它是"参用隋唐，断治有画一之条，有上下之准，历代遵行，用为成宪"。

《宋刑统》全称《宋建隆详定刑统》，是中国历史上第一部刊印颁行的法典。相对于唐律，它在内容上所作的修改有以下几点：

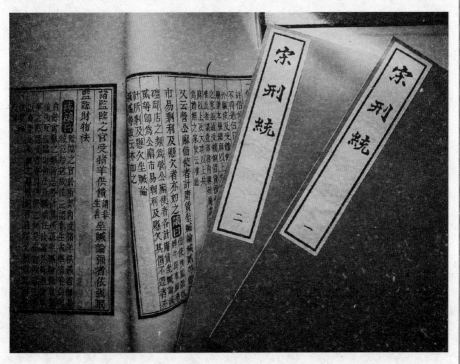

【《宋刑统》】宋太祖建隆四年编成《宋建隆详定刑统》，简称《宋刑统》。它是我国历史上第一部刊版印行的封建法典。受到唐律的影响，其条文基本是《唐律疏议》的翻版。收集自唐末至宋初150年间的敕、令、格、式中的刑事规范209条附于律文之后。共12篇、502条，在每篇下设有门，合计213门。

其一，变更了刑罚制度。《宋刑统》虽然沿用唐代的五刑制度，但除死刑外，对每一种刑都增设了臀杖或脊杖作为附加刑。它以臣等起请的方式规定：笞十、二十决臀杖七，笞三十、四十决臀杖八，笞五十决臀杖十；杖六十决臀杖十三，杖七十决臀杖十五，杖八十决臀杖十七，杖九十决臀杖十八，杖一百决臀杖二十；徒一年决脊杖十三，徒一年半决脊杖十五，徒二年决脊杖十七，徒二年半决脊杖十八，徒三年决脊杖二十；流二千里决脊杖十七、配役一年，流二千五百里决脊杖十八、配役一年，流三千里决脊杖二十、配役一年，加役流决脊杖二十、配役三年。徒刑先役后决，流刑先杖后役，是其执行程序上的不同之处。

其二，增设了新的条目。如《宋刑统》卷 12 增加了"户绝资产"条。此条采自唐之《丧葬令》。该令规定："诸身丧户绝者，所有部曲、客女、奴婢、店宅、资财，并令近亲转易货卖，将营葬事及量营功德之外，余财并与女，无女均入以次近亲，无亲戚者官为检校。若亡人在日，自有遗嘱处分，证验分明者，不用此令。"《宋刑统》则删去"部曲、客女、奴婢"字样，这说明此时部曲等已不能出卖，反映出部曲、客女、奴婢身份地位有所提高。

其三，删去一些不必要或过时的文字。如《唐律疏议》每篇之首都有一段历史渊源的叙述，《宋刑统》则概行删去。又如卫禁律"宫门等冒名守卫"条，删去"若朱雀等门"。朱雀门是唐代皇城的宫门，故删去。此外，还由于避讳改动了一些文字，如为了避宋翼祖赵敬之讳，改"大不敬"为"大不恭"等。[18]

《至正条格》是留存至今的唯一一部元代法典，它于 2003 年在韩国庆州被发现。《至正条格》在法律形式上以条格、断例为主。条格是由皇帝亲自裁定或由中书省等中央机关颁发给下属官府的政令，主要是有关民事、行政、财政等方面的法规。断例则并非是传统意义上的律，而是判决例（判例法）与法规（成文法）的混合体。也正因如此，"断例"并无总则性质的"名例"，而以《唐律》的第二篇即"卫禁"开篇，其余则为"职制"、"户婚"、"学规"、"食货"、"大恶"、"奸非"、"盗贼"、"诈伪"、"斗殴"、"捕亡"、"杀伤"、"杂犯"、"恤刑"、"平反"等。蒙古族进入中原以后，曾利用金国的《泰和律》断案决讼。元朝建立后，即下诏禁用金律，并着手制定法律，先后颁布了《至元新格》、《风宪宏纲》、《大元通制》、《至正条格》等法令。元代法律的基本内容依循唐律，形式上则沿用宋朝的编敕，但不叫敕而叫条格，因此元代法规律多是条格汇编，律令判例混为一体。

从内容上看，《至正条格》所反映出的元代法律的一大特点是对不同民族区别对待。《通制条格》卷三《户令·收继婶母》中记载："大德八年五月，中书省枢密院呈：蒙古军驱王火你赤病故，其妻张秀儿守服六年，有本使菊米粮子将秀儿强要配与火你赤亲侄王保儿为妻。礼部议得：王火你赤妻张秀儿服制已满，其侄王保儿欲行收继，虽系蒙古军驱，终是有姓汉人，侄收婶母，浊乱大伦，拟合禁止。省准。" 可见，当时的法律是按照当事人所属民族来适用的。在本案中，收继婚只适用于本来存在该习俗的民族中，对于其他民族，则禁止适用，如果违犯，则要受到法律的惩处。之所以出现这样的法律条文，是因为元朝实行"因俗而治"的法律原则，将其统治地区的人民按照民族分为四类，即蒙古人、色目人、汉人、南人，按照所属民族的不同而适用不同的法律。

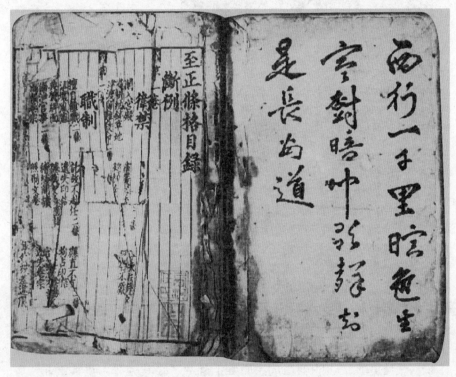

【《至正条格》】至正十年(1350年)冬，欧阳玄"奉敕撰定国律，撰写格序"。从至正十年一直到十八年，历经近十年才编修成册。其中包括制诏150条、条格1700条、断例1509条。

典籍篇 家国一体，礼法结合的法律典籍

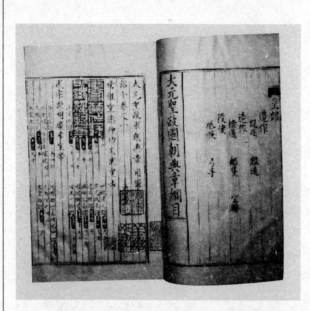

【《元典章》】全名《大元圣政国朝典章》，是一部至治二年（1322年）以前元朝法令文书的分类汇编。共分诏令、圣政、朝纲、台纲、吏部、户部、礼部、兵部、刑部、工部十大卷，各大类之下又有门、目，目下列举条格事例，全书共有81门、467目、2391条。

《大明律》从草创到颁行经过了四个时期：鉴于元末法制"条格繁冗"、"其害不胜"的教训，朱元璋曾说："夫法度者，朝廷所以治天下也"。因此早在吴元年（公元1367年）就命左相国李善长等草创律令，编律285条，令145条，到吴元年十二月"甲寅，律令成，命颁行之"。这是最早拟定颁行的明代法律（《大明律》）。律文按唐律取舍编订，依《元典章》体例按六部顺序编定。

其中"吏律十八，户律六十三，礼律十四，兵律三十二，刑律一百五十，工律八"。它的编写体例为以后的《大明律》奠定了基础。到洪武六年（公元1368年）冬又详定《大明律》，次年二月书成，其"篇目一准之于唐……合六百有六条，分为三十卷"。仿唐律12篇体例，名例律置于最后，内容繁于唐律。经朱元璋"亲加裁酌"后颁布。以后又因条例"增损不一"和洪武年（公元1380年）废中书省、宰相，于洪武二十二年"更定大明律"。以《名例》一篇冠首，其下按六部改为吏、户、礼、兵、刑、工六律，共30卷460条。隋唐以降（元代例外）沿袭八百年的法典结构至此一变。但基本条款仍同唐律，只是明律"轻其轻罪，重其重罪"。[19]明朝在刑法原则上确立"轻其轻罪，重其重罪"有其深刻的历史原因。一方面，宋明理学使儒家的纲常礼教对人们行为的法外约束力已经愈来愈大，这种背景下，对有关伦常礼教的犯罪减轻处罚，能集中刑法的打击目标，缓和社会的反抗情绪。另一方面，随着君权的加强和社会矛盾的日益加剧，贼盗大案直接冲击着封建专制统治的基础，加大对此类犯罪的打击力度，也是"重典治国"的体现。

所谓"重其所重"指的是明律对唐律规定的重罪量刑上加重了处罚。如对谋反、大逆、谋叛、劫囚、强盗等直接危及专制统治的重大犯罪量刑重于唐律。特别对"盗贼"、"乱臣贼子"不仅据律加诛，且大量法外用刑，可谓枉诛滥罚。具体讲，对谋反大逆者，唐律只处以斩刑，连坐处绞

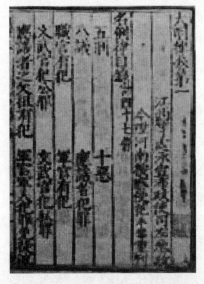

【《大明律》】明太祖朱元璋在建国初年开始编修，于洪武三十年完成并颁行天下的法律，共计7篇30卷460条。《大明律》在结构上与唐宋法典有所不同，变成七个部分，第一部分叫做"名例律"，其余的六个部分是按照中央六部体例即吏、户、礼、兵、刑、工六部编撰的。

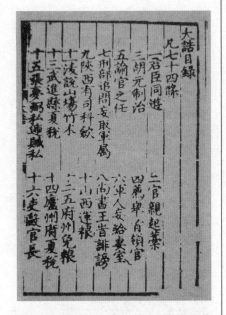

【《明大诰》】明太祖朱元璋亲自指导编纂的一部严刑惩治吏民的特别刑法。体现了朱元璋以猛治国，刑用重典，明主治吏不治民的思想，其中大多数条文是针对贪官污吏而定。

只限父与子（16岁以上），其他可以收取为奴；明律则以凌迟处死，连坐处绞扩大到祖父、父、子、孙及伯叔父等。可见，明代明显加重了对政治犯的犯罪处罚。"轻其所轻"，是指明律对原来处罚相对较轻的犯罪进一步减轻处罚。如对"事关典礼及风俗教化"一类非直接侵犯君主政权等方面的犯罪即是，唐律将"凡属父母在，子孙别籍异财者"列为不孝，判徒刑三年，而明律仅杖八十。这就明显体现出明律为突出"重其所重"，而对

【《明会典》】明代官修的一部行政法内容的法典。以六部官制为纲，分述各行政机构的职掌和事例。首卷为宗人府，其下依吏、户、礼、兵、刑、工六部及都察院、八科与各寺、府、监、司等为序，计吏部12卷，户部29卷，礼部75卷，兵部41卷，刑部22卷，工部28卷，都察院3卷，通政使司、六科、大理寺、太常寺、詹事府、光禄寺、太仆寺、鸿胪寺、国子监、翰林院、尚宝司、钦天监、太医院、上林苑监、僧禄司各1卷。除文职衙门226卷外，还有武职衙门两卷，列叙五军都督府和各卫等。

某些危害不大的"轻罪"实行从轻处罚。

此外，明太祖朱元璋还亲自指导编纂了一部严刑惩治吏民的特别刑法——《明大诰》。《明大诰》共4编236条，其中"大诰"74条，"大诰续编"87条，"大诰三编"43条，"大诰武臣"32条；先后颁布于洪武十八年到洪武二十年间。在四编"大诰"中，一方面摘录了洪武年间的刑事案例，特别是洪武十七年至十九年朱元璋对臣民法外用刑的案例，同时结合案件颁布了一些新的重刑法令，用以"警省冥顽"、"严密法网"。另一方面，记录了明太祖对吏、民的大量"训导"，表达了朱元璋重典治国的思想和主张。这种以诏令形式颁发的，由案例、法令、训导三方面内容组成的法规文献，在中国法律史上可谓独树一帜。朱元璋非常看重他亲手所定的《大诰》，在颁行时宣言："一切官民诸色人等，户户有此一本，若犯笞、杖、徒、流罪名，每减一等；无者各加一等"。朱元璋在洪武三十年五月下诏："今后法司只依律与大诰议罪"。并令各级学校讲授大诰，科举考大诰，乡民集会宣讲大诰等。但因《大诰》远比明律苛刻，太祖一死，不久便被后人弃置不用，所谓"言从于当面，而行违于身后"，至明中叶时已很难见到《大诰》了。

《大清律例》是中国封建社会最后一部法典。清统治者取得全国政权之初，暂用《大明律》，令问刑衙门"准依明律"治罪。以后"详译明律，参以国制（入关前旧律），增损裁量，期于平允"。清顺治三年(1646年)制成《大清律集解附例》，次年颁行全国。这是清入关后正式颁布并通行全国的第一部成文法典，除个别条款有所增加和删改外，这部大清律典在体例与内容上基本是明律再版。顺治皇帝在序中重申"详译明律，参与国制"的指导思想。其后的历任皇帝对法律的修定始终没有离开"详译明律、参与国制"的立法指导思想。此后，康熙时又增总注，律末附比引律条 36 条。雍正朝也对大清律进行了一系列的校正、增损和更定。

雍正元年，重修律例，雍正三年（公元 1725 年）完成新的《大清律集解》，"刊布内外"。这是清代一次重要立法，从律文到注均有增损，但体例及律条仍"沿明之旧"，分 7 篇 30 门，将 460 条减为 436 条，从此清律律文结构基本定型。乾隆即位，命群臣对大清律逐条考证、补充，重新编辑和详校定例，并由乾隆皇帝亲自逐条改正，不仅删减了律文，而且增删了条例。如删去总注，补入《过失杀伤收赎》一图等。至乾隆五年(1740 年)完成，定名《大清律例》，刊布全国。至此，以明律为蓝本，历经顺治、康熙、雍正、乾隆各朝，经过近百年的多次修定，中国历史上最后一部封建法典《大清律例》最终定型。它集历代封建法典之

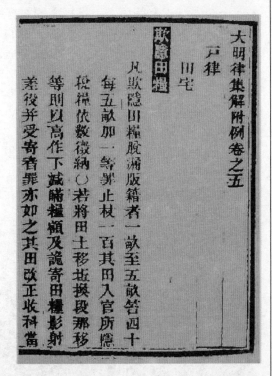

【《大明律集解附例》】明孝宗弘治年间，刑部删定《问刑条例》，使之具有正式法律效力。经嘉靖，万历多次修订，条文不断增加，还将律、例合编，律为正文，例为附注，称为《大明律集解附例》，从而开启了律例合编的先例。

大成，比以往的律典更为严密周详。乾隆以后的历代皇帝严格恪守"祖宗成法"，再没有对律典进行过重大修改，只是不断增编条例，直至清末变法修律时制定部门法为止。

《大清律例》共 7 篇 47 卷 30 门 436 条，附例 1049 条，篇目仍是名例律、吏律、户律、礼律、兵律、刑律、工律等七篇。卷一，为全部律文的详细目录。卷二，是各种图表，附有六赃图、五刑图、狱具图、丧服图等。卷三，为具体服制的规定。卷四、卷五，为名例律，规定了刑事惩罚总的原则和通例，以及"十恶"、"八议"、"五刑"等颇具特色的制度，附有条例。卷六至卷三十九为吏、户、礼、兵、刑、工各律的具体规定，附有条例。内容的编排均为：先是罪名，再是罪行，三是罚责。卷四十至卷四十七为总类，将相应的罪行按刑罚种类的轻重次序进行分类编排，如笞二十，就将所有应笞二十的罪行，按照吏、户、礼、兵、刑、工各律的排列集中在一起。以此类推，一目了然，这种以刑罚为目的编纂形式，是对历代国家法律编撰形式的一种突破和创新。

然而，统治者认为律令有定而"情伪无穷"，所以十分注重条例的增修。顺治三年（公元 1646 年）颁布《大清律集解附例》时，于律文外将所有条例详加酌定，制成《刑部现行则例》，附于后。使满族法制传统，通过条例编修融入法典之中。史载："凡律不尽者著于例"。康、雍时例已有 800 余条，为律文一倍，乾隆时将定期修例制度化，曾有定制实行条例"五年一小修，十年一大修"的原则，乾隆一朝修例八九次。修订"条例"成为清代经常性的立法工作。随着例的法律效力不断提高，例的数量也不断增多。乾隆五年颁布《大清律例》时，附例 1049 条，嘉庆时附例 1573 条，至同治时多达 1892 条。例越修越多，必然带来诸多矛盾。一方面，在实际司法活动中，清代审判官员重视律文的基本

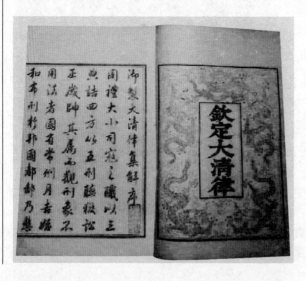

精神,但在司法操作上更重视条例的指导作用,故条例不但对律文起到重要的补充作用,而且对司法判决也起到重要的示范作用。另一方面,清朝之例有前后抵触,律外加重的情况,加之"因例破律",对法制统一适用有所侵害。[20]香港被割让给英国之后,该律例一直被沿用,直至1971年。

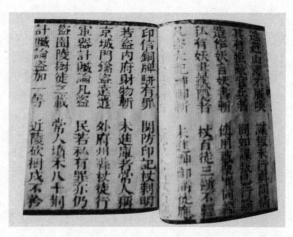

【《钦定大清律》】

(四)"礼法重构"时期——《大清新刑律》至《中华民国临时约法》

近代鸦片战争的爆发和西方列强的入侵打乱了中国封建社会的发展进程,与此伴随的西方法律文化的东渐,也使中国传统的法律制度再也无力承受近现代法制文明的冲击,法制的变革成为不可遏制的历史潮流。正是在近代中国社会的历史转型和文化变迁过程中,在西方法律文化的强烈冲击和空前挑战下,中国传统的礼法关系走上了艰难而曲折的转型之路。光绪三十二年(1906年)修订法律大臣沈家本、伍廷芳等人制订了中国历史上第一本单行诉讼法规——《刑事民事诉讼法》,该法是中国历史上第一部近代意义上的诉讼法草案,分总则、刑事规则、民事规则、刑事民事通用规则、中外交涉事件处理规则五章。在该法律草案中首次引进了西方的陪审制度和律师制度。虽然该律未及颁行即遭夭折,但由于其中体现了法律与礼教分离的精神,这部法典无可避免地成为以张之洞为首的礼教派和以沈家本、伍廷芳、杨度为代表的法理派激烈辩驳的焦点。而对《刑事民事诉讼法》的驳议直接引发了清末法律改革中长期的"礼法之争"局面。双方争论的焦点集中在《大清新刑律》是否应确定 "无夫奸"、"子孙违反教令"为罪以及"干名犯义"、"存留养亲"是否应编入刑律、子孙卑幼对尊长可否行使正当防卫权等问题上。双方博弈的结果是新律吸收了资产阶级的法律形式，引进了资产阶级的法律原则、制度，删减了传统法律中体现礼教的内容，如《大清新刑律》删去了《五服图》，主张尊卑、良贱、男女在法律上平等，实行"罪刑法定主义"。另一方面，在礼教派坚持下，最大限度地使传统礼教在新律中得以体现，如律后附《暂行章程》5 条。由此，中国传统法律在中西融合的轨道上迈出了重要的一步。

纵观围绕《大清新刑律》展开的礼法之争我们不难发现，双方争论的本质问题是法律和道德的关系问题。劳乃宣说："夫法律与道德教化诚非一事，然实相为表里，必谓法律与道德教化毫不相关，实谬妄之论。"沈家本则反驳说："孔子曰'齐之以礼'，又曰'齐之以刑'，自是两事，不能完全等同。'齐礼'中有许多设施，非空颁文告遂能收效也。后世教育之不讲，而惟刑是务，岂圣人之意哉？"道德和法律究竟应该是怎样的关系，究竟是"相为表里"还是"自是两事"？实际上，法律与道德既不可能完全"相为表里"更不可能"自是两事"，一部离开了道德，不尊重当时当地习俗的法律最终只能是纸上谈兵，由于无法获得民众最大的认同和信仰而失去生命力。正如美国著名法学家伯尔曼所说："法律

【《大清新刑律》】中国历史上制定的第一部新式刑法典，在沈家本的主持下，由日本法学家冈田朝太郎等人起草，共两编 53 章 411 条，并附有《暂行章程》5 条，于 1908 年完成。这部法典采用资产阶级的刑法体例、刑罚制度和刑法原则。具体来说，在刑法体例方面，分总则、分则两编。在刑罚制度方面分主刑、从刑两种，主刑包括死刑、无期徒刑、有期徒刑、拘役、罚金；从刑包括褫夺公权和没收。在刑法原则方面，采用了资产阶级的"罪刑法定主义"。

必须被信仰，否则形同虚设。"[21]而离开了法律的道德则会由于缺少国家的认同和强制力的保证而难以维系。实际上，即使是在沈家本眼中把道德和法律截然分开的西方法律，它所尊崇的公平、正义、平等、权利恰恰是西方人所最看重的道德追求；那么，为什么中国人不能把我们一直追求的礼教、忠孝、仁义、义务等道德追求体现于我们的法典之中呢？这就好像打扑克牌、体育比赛一样，不同地域，不同历史时期的规则都不会完全相同，对此我们无法用好坏来判断，这正是不同的游戏富有生命力的重要因素之一。人类社会的游戏规则也是如此，当规则变得陈旧不能够适应新的形势要求的时候就要不断地对其进行修缮和革新，但是如果规则完全脱离当时当地的政治、经济、文化基础，如果它不能够赢得最广大民众的信仰与支持，那它注定要失败。

太平天国的建立对清朝封建统治是一个沉重的打击。1853年太平天国定都天京之时颁布的纲领性文件《天朝田亩制度》，是对封建地主土地所有制的彻底否定。

《天朝田亩制度》规定："凡天下田地，按其产量的多寡，分为九等，凡分田照人口，不论男妇。算其家口多寡，人多则分多，人寡则分寡。杂以九等，如一家六人，分三人好田，分三人丑田，好丑各一半"。其目的是要达到天下"无处不均匀，无人不饱暖"的理想国。虽然，《天朝田亩制度》反映的平均思想是一种并不先进的小农思想，但由于它具有强烈的反封建性，所以客观上为中国萌芽中的资本主义扫清了道路，解除了束缚，并为其发育成长创造了必不可少的客观条件。《资政新篇》的颁布则可以说是

【《天朝田亩制度》书影】《天朝田亩制度》是太平天国定都天京后，于1853年颁布的一个以解决土地问题为中心的全面的农民革命斗争和社会改革方案，是太平天国的革命纲领。它提出了"凡天下田，天下人同耕"的原则，提出了"有田同耕、有饭同食，有衣同穿，有钱同使，无处不均匀，无人不饱暖"的政治理想，从而根本否定了封建土地所有制。

其必然结果，它是先进的中国人最早提出的在中国发展资本主义的方案，具有鲜明的资本主义性质。它明确介绍并提出了学习西方先进的政治制度和先进的科学技术，例如："英吉利，……于今称为最强之邦，由法善也。""花旗邦即米利坚，……邦长五年一任，限以俸禄，任满则养尊处优，各省再举。有事各省总目公议，……以多人举者为贤能也。以多议者为公也。""佛兰西邦，……各邦技艺，多始于此。别邦虽精，而佛邦不在其下。"并指出："俄罗斯邦……百余年前，……屡为英、佛、瑞、罗、日耳曼等国所迫，故遣其长子伪装凡民，到佛兰西邦学习邦法，火船技艺，数年回邦，……大兴政教，百余年来，声威日著，今亦为北方冠冕之邦也。"从中可以看出当时先进的中国人向西方寻找真理和探索救国救民道路的迫切愿望，因而《资政新篇》符合当时中国社会发展的方向，具有进步性。

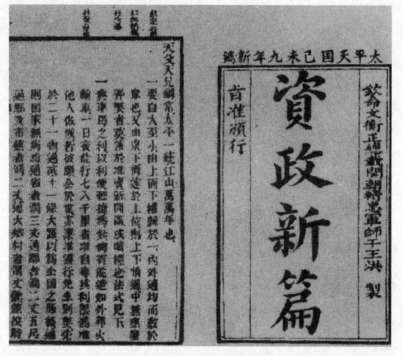

【《资政新篇》】中国近代史上最早提出从经济基础到上层建筑发展资本主义的完整纲领，它从政治、法律、经济几方面系统地提出了建立资本主义制度的主张，符合当时资本主义经济发展的历史趋势，具有重要的历史价值。

辛亥革命胜利后，以孙中山为首，建都于南京的中华民国临时政府，于 1912 年 3 月 8 日由临时参议院通过，3 月 11 日公布实施了《中华民国临时约法》。《临时约法》是中国历史上第一部资产阶级民主宪法，具有反对封建专制制度的进步意义。《临时约法》分总纲、人民、参议院、临时大总统、副总

统、国务员、法院、附则等 7 章 56 条。它仿照西方资产阶级"三权分立"的原则，规定全国的立法权属于参议院；政府实行责任内阁制；法官有独立审判的权力。它规定中华民国主权属于国民全体，国民有人身、财产、言论、通信、居住和信教等自由，有请愿、选举、被选举的权利。在国家机构体制上，规定实行内阁制，内阁总理由议会的多数党产生，总理对总统要办的事项，如不同意，可以驳回，总统颁布命令须由内阁总理副署才能生效。

【临时约法】《中华民国临时约法》是中华民国南京临时政府于 1912 年 3 月 11 日公布的一部重要的宪法文件，共 7 章 56 条。它是中国历史上最初的资产阶级宪法性文件。其制定与颁布的历史意义在于，它肯定了辛亥革命的成果，彻底否定了中国数千年来的封建君主专制制度，肯定了资产阶级民主共和制度和资产阶级民主自由原则，在全国人民面前树立起"民主""共和"的形象。它所反映的资产阶级的愿望和意志在当时条件下是符合中国社会发展趋势的，也在一定程度上反映了广大人民的民主要求。

从中我们不难看出，《临时约法》否定了集大权于一身的封建君主专制制度，并体现发展资本主义经济的要求。它是辛亥革命胜利的重要成果，是一个具有历史性的进步。《临时约法》在 1914 年 5 月 1 日因袁世凯《中华民国约法》（俗称"袁记约法"）的公布而被取代，但在 1916 年 6 月 29 日为大总统黎元洪所恢复。1917 年 7 月 1 日被复辟帝制的张勋破坏，随后的段祺瑞政府拒绝恢复，9 月 10 日以广东为基地建立的中华民国军政府展开护法运动，所护者即为《中华民国临时约法》。1922 年 4 月被控制北京政府的曹锟、吴佩孚以"法统重光"的号召，再度恢复。1923 年 10 月 10 日被人称"贿选宪法"的《中华民国宪法》的施行所取代。1925 年 4 月 24 日段祺瑞政府发布命令，称"法统已成陈迹"，《临时约法》再次被废除。

事实上在整个近代，随着西方势力对中国政治、经济、文化各方面的渗透，中国的法律典籍逐渐出现了一种全盘西化的倾向，我们不但在形式上有了宪法、各种部门法，还在内容上将国民权利、天赋人权、三权分立模仿得惟妙惟肖，但是从那时起直到今天，我们也不敢说我们就真的领会到了这些价值的精髓。一代人有一代人的历史责任，如果说近代许多法律思想家的使命是用批判的武器开辟中国法律近代化之路的话，我们今人对传统法的使命则应该是发掘和建设性的，这是我们这一代人的历史使命。[22]

（五）其他——令、诏、式、榜文等

除前述历朝历代的律典以及作为其精神指导的各种典籍外，在中国

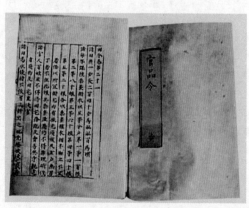

历史上还有很多法律形式，它们或者因为仅存在于一定的历史时期，或者因为并不是最主要的法律形式等原因没有受到人们更多的关注。但是，它们确实与作为中国古代法律主体的律典一起构筑了中华法系的宏伟篇章，接下来我们就对这些非主流的令、诏、式、榜文等法律文件作一个简

要介绍。

令，是关于国家基本制度的规定，是与律典并重的国家一大法律渊源。《晋书·刑法志》说："（修律）蠲其苛秽，存其清约，事从中典，归于益时。其余未宜尽除者，若军事、田农、酤酒，未得皆从人心，权设其法，太平当除，故不入律，悉以为令；施行制度，以此设教。违令则入律。"秦汉之时，已经有关于令典的记载，据《晋书·刑法志》，当时有《郡令》45篇，《尚书官令》、《军中令》共180余篇，还有《邮驿令》。而晋令则有40卷，2306条，33篇之多，分别是：《户令》、《学令》、《贡士令》、《官品令》、《吏员令》、《俸廪令》、《服制令》、《祠令》、《户调令》、《佃令》、《复除令》、《关市令》、《捕亡令》、《狱官令》、《鞭杖令》、《医药疾病令》、《丧葬令》、《杂令》、《门下散骑中书令》、《尚书令》、《三台秘书令》、《王公侯令》、《军吏员令》、《选吏令》、《选将令》、《选杂士令》、《宫卫令》、《赎令》、《军战令》、《军水战令》、《军法令》、《杂法令》。隋唐时期颁行《开皇令》，共30卷，30篇：《官品令》、《诸省台职员令》、《诸寺职员令》、《诸卫职员令》、《东宫职员令》、《行台诸监职员令》、《诸州郡县镇戍职员令》、《命妇品员令》、《祠令》、《户令》、《学令》、《选举令》、《封爵俸廪令》、《考课令》、《宫卫军防令》、《衣服令》、《卤簿令》、《仪制令》、《公式令》、《田令》、《赋役令》、《仓库厩牧令》、《关市令》、《假宁令》、《狱官令》、《丧葬令》和《杂令》。

上述令典由于各种原因已经无从考证，目前我们可以看到的是宋代仁宗天圣七年（公元1029年），由吕夷简等人主持删修颁行的《天圣令》令典。这是唯一存世的宋代令典。《天圣令》共30卷，21篇：

【《天圣令》】原书为30卷，现存抄本为后10卷，明乌丝栏白棉纸抄本。半页10行，行19至20字，小字双行注，版框宽14.3厘米，高20.5厘米。白口，白尾，四周单栏（末有23页为黑尾，四周双栏）。首页右下方钤"范氏天一阁藏书"朱文方印（朱墨极淡）。未编页码，纸捻装订。全册共112页（末页无文字），约三万五千余字。

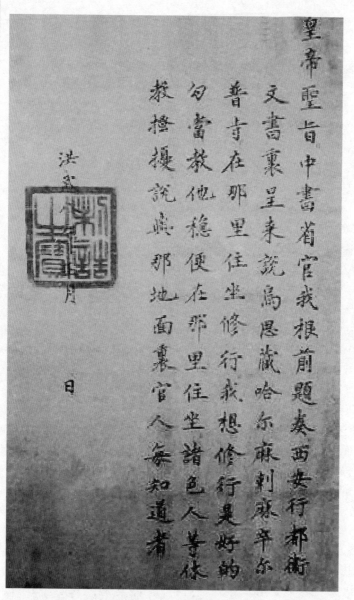

皇帝聖旨中書省官我根前題奏西安行都衛

文書裏呈来就為恩藏哈尒麻刺麻辛尒

普寺在那里住坐修行我想修行是好的

勾當教他穏便在那里住坐諸色人等休

教撏捷説與那地面裏官人每知道者

洪武□年□月

□日

【皇帝诏书】诏书是皇帝布告天下臣民的文书。在周代，君臣上下都可以用诏字。秦统一六国，建立君主专制的封建国家后，诏书便成为皇帝布告臣民的专用文书。汉承秦制，唐、宋废止不用，元代又恢复使用。至清代，皇帝嗣位、宣布遗言、国家进行重大改革也都用诏书。

《官品令》、《户令》、《祠令》、《选举令》、《考课令》、《军防令》、《衣服令》、《仪制令》、《卤簿令》、《公式令》、《田令》、《赋役令》、《仓库令》、《厩牧令》、《关市令》、《捕亡令》、《医疾令》、《狱官令》、《营缮令》、《丧葬令》、《杂令》，估计有1500条左右。现存《天圣令》残本，包括《田令》、《赋役令》等10卷，令文289条，附录唐令222条。我们知道，法典有一个最大的优点是稳定，但同时也产生了一个最大的缺点就是滞后。如果一朝法律体系的设计不能解决伴随着时代发展而产生的层出不穷的新问题，那它将最终成为具文。为了解决这个问题，在中国古代除了有律典、令典这样一些国家基本法典以外，还有诏令、格、式、编敕等各种法律形式。

先秦时代，已出现了以君主命令形式发布的法律。当时君主对军队和臣民发布的命令称为誓、诰。例如，"有扈氏不服，启伐之，大战於甘。将战，作甘誓，乃召六卿申之。启曰：嗟！六事之人，予誓告女：有扈氏威侮五行，怠弃三正，天用剿绝其命。今予维恭行天之罚。左不攻于左，右不攻于右，汝不共命。御非其马之政，汝不共命。用命，赏于祖；不用命，戮于社，予则帑僇汝。遂灭有扈氏。天下咸朝。"[23]秦始皇于公元前221年一统天下后，自以为功绩胜过三皇五帝，于是定名号为皇帝，自称为

【金书铁券】俗称"免死牌"。是一种特殊的皇帝诏书。该图是明朝英宗皇帝在天顺二年（公元1458年）颁赐给战功显赫的武将李文的。其中有镌刻文字"食禄一千石，免其一次死罪"。

"朕"，命为制，令为诏。秦亡后，汉朝继起，基本上承袭了秦朝的制度。此后，从秦汉到明清，历朝都以君主命令的形式，就国家政治经济生活的重大问题、决策及国家的有关法律制度，发布了大量的诏令。

"格"作为一种法律形式是北魏末年出现的。《魏书·出帝纪》载，太昌元年五月丁未诏曰："可令执事之官四品以上，集于都省，取诸条格，议定一途，其不可施用者，当局停记。新定之格，勿与旧制相连，务在约通，无致冗滞。""格"是从魏晋的"科"发展而来的，是魏晋以来法律形式的一大变化。《唐六典》卷六注说："后魏以格代科，于麟趾殿删定，名为《麟趾格》。"《麟趾格》撰成于东魏孝静帝兴和三年(公元541年)，同年颁于天下。由于当时在麟趾殿讨论制定，故称为《麟趾格》，内容有15篇之多，但没有存留至今。北齐初年又重新颁行，作为定罪量刑的依据，一度成为"通制"。但从北齐中后期起，格又重新复归为律令的

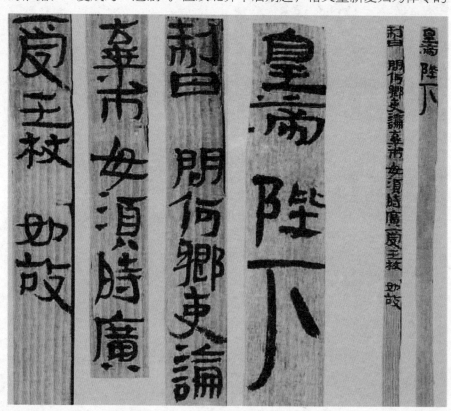

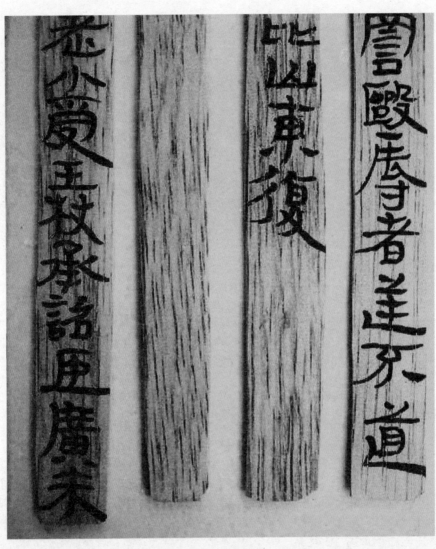

【武威王杖诏令册】1959 年和 1981 年，在磨嘴子出土"王杖十简"和"王杖诏书令"册简 26 枚。简中记载了汉宣帝的一段话："高皇帝以来，至本始二年(公元前 72 年)，朕甚哀怜耆老，高年赐王杖，上有鸟，使百姓望见之，比于节，吏民有敢骂詈、殴辱者，逆不道。"还规定授王杖的老人，可以随便出入官府，可以在天子道上行走，在市场上做买卖可以不收税，触犯刑律如不是首犯可以不起诉。充分显示了对老年人的优待与尊重。竹简中提到的所谓"王杖"，是一种长九尺、顶端雕有鸠形的手杖，它由官府授给 70 岁以上的老人，以示养老之意。

【《开元新格》】历史上几乎每个朝代，都要把前朝和本朝的诏汇集起来，加以整理，去掉前后重复、抵触以及无关紧要的内容，而将有保留价值的规定分门别类地编在一起，叫做格。唐代自贞观以后，勤于编格。据《唐会要》卷三九《定律令》载：开元三年正月，又敕删定格式令，上之，名为开元格，六卷。……至七年三月十九日，修令格，仍旧名曰开元后格。……十九年，侍中裴光庭、中书令萧嵩又以格后制敕行用之后，与格文相违，于事非便，奏令所司删撰格后长行敕六卷，颁于天下。二十五年九月一日，复删辑旧格式律令，中书（令）李林甫、侍中牛仙客、中丞王敬从，前左武卫胄曹参军崔冕、卫州司户参军直中书陈承信、酸枣县尉直刑部俞元杞等，共加删辑旧格式律令及敕，……总成律十二卷，律疏三十卷，令三十卷，式二十卷，开元新格十卷。

补充单行法。据《隋书·刑法志》载："秦王高归彦谋反，须有约罪，律无正条，于是遂有别条权格，与律并行。"此时的格，应该已具备了特别法性质。隋朝的法律形式与唐代相同，当时制定的《开皇格》，其性质应该即是单行法规。[24] 至玄宗朝，先后编《开元前格》、《开元后格》、《开元新格》各 10 卷。

在中国古代法制中，办事细则和公文程式也是一种专门的法律形式，称为"式"。式的出现很早，云梦出土的秦简中就有《封诊式》。《封诊式》是关于审判原则以及对案件进行调查、勘验、审讯和查封的规定及文书程式。

在唐代，"式以轨物程式"[25]，唐代有《武德式》14 卷，《贞观式》33 卷，《永徽式》14 卷，《垂拱式》20 卷，《删垂拱式》20 卷，《开元式》

20卷，但都已佚失。宋代"使彼效之之谓式"，在编纂时，"表奏、帐籍、关牒、符檄之类凡五卷，有体制楷模者，皆为式"[26]。实际上都是指办事细则和公文程式的具体规定。当时式与律（或敕）、令、格等其他几种法律形式并称，具有重要的地位。明清时期，式不再作为一种独立的法律形式存在。

除上述几种法典形式之外，明初还有一种特别刑事法规——榜文。榜文一般是皇帝的谕旨或经皇帝批准的官府告示、法令、案例。明初经常悬挂于各级衙门及申明亭中。明太祖和明成祖都颁布了大量榜文，对老人、里甲理断民讼和管理其他乡村事务的方方面面，如里老制度的组织设置、职责、人员选任和理讼的范围、原则、程序、刑罚及对违背榜文行为的惩处等作了详尽的规定，其效力高于明律。榜文中多有苛求的罪名及法外酷刑，也是"刑乱国用重典"原则的产物。《教民榜文》为明太祖朱元璋钦定，於洪武三十年（公元1397年）四月颁行。明成祖死后，榜文和大诰即被一道废除。

【云梦睡虎地秦简】《封诊式》是发现于湖北云梦睡虎地秦墓竹简中的一类法律文件，它们最晚被埋入坟墓陪葬的年限为秦始皇三十年（公元前217年）。基本内容是通过举例来说明具体应该遵循的有关制度，以供各级官吏在类似情况下照"式"实施。

1 《尚书．无逸》
2 马小红：《中国古代法律思想史》，中国人民大学出版社2007年版，第90页。
3 《礼记．冠义》。
4 《礼记．曲礼上》。
5 同上。
6 同上。
7 马小红：《礼与法：法的历史连接》，北京大学出版社2004年版，第100页。

8　《左传·昭公六年》

9　《九朝律考.汉律考序》，商务印书馆 1925 年版。

10　马小红：《礼与法：法的历史连接》，北京大学出版社 2004 年版，第 78 页。

11　杨一凡：《新编中国法制史》，社会科学文献出版社 2005 年版，第 98 页。

12　刘俊文：《唐律疏议集解》，中华书局 1996 年版，第 939 页。

13　刘俊文：《唐律疏议集解》，中华书局 1996 年版，第 1043 页。

14　刘俊文：《唐律疏议集解》，中华书局 1996 年版，第 799 页。

15　刘俊文：《唐律疏议集解》，中华书局 1996 年版，第 799 页。

16　刘俊文：《唐律疏议集解》，中华书局 1996 年版，第 943 页。

17　刘俊文：《唐律疏议集解》，中华书局 1996 年版，第 1055 页。

18　蒲坚：《中国法制史学习指导书》，中央广播电视大学出版社 2002 年版，第 90 页。

19　马小红：《中国法律思想史》，中国人民大学出版社 2007 年版，第 101 页。

20　马小红：《中国法律思想史》，中国人民大学出版社 2007 年版，第 98 页。

21　[美]伯尔曼：《法律与宗教》，梁治平译，三联书店 1991 年版，第 42 页。

22　参见马小红：《"以刑为主"还是"以礼为主"》，载《法制日报》2007 年 12 月 2 日第 14 版。

23　《史记·夏本纪》。

24　参见杨一凡：《新编法制史》，社会科学文献出版社 2005 年版，第 100 页。

25　《唐六典·卷六》。

26　《宋史·刑法志》。

二、家国一体，礼法合一

——乡规民约与家法族规

中国古代官僚政治的基石是"家"，但是真正将实体意义上的"家"作为制度最小组成单位却只存在于中国最基层的乡村制度中。有学者这样评论："中国家庭是自成一体的小天地，是个微型的邦国。社会单位是家庭而不是个人，家庭才是当地政治生活中负责的成分，村子里的中国人直到最近主要还是按家族制组织起来，村子里通常由一群家庭和家族单位组成。"[1]在传统中国社会里，国家的正式力量主要集中于城市，以城市为根基的皇权——官僚体系通过散布于不同地方的行政性城市对广大民众进行统治；而处于"郊野"之地的广大乡村地区，国家主要是借助以族权为基础的家族力量间接施行统治。

（一）族规

宗族，是一种沿男系或女系血统直接从家庭发展延续而来的组织。可以说，宗族就是有组织的家族。而家族制度是基于血缘关系建立的亲属伦理制度，主要体现在家族成员基于血缘而产生的人伦结构和家族系谱观念之中；宗族制度的核心就是建立在这种家族血缘关系之上的社会组织，表现为族田、祠堂、族谱、族长等制度载体。宗族组织在中国古

【丰宁张氏家谱】丰宁张氏家谱，全称"丰宁张门历代宗亲家传根簿"。家谱记载本家族衍流分支及传继人口，标注着家族千里迁徙、落根异土的情况。家谱为布质，长1.5米，宽1.2米，人物着清代官服，色彩鲜艳，为壁挂祭祀之用。

代对封建社会的经济基础起到了直接的稳固作用。中国是一个大陆国家，以农业为生。农业最重要的资源——土地是没有办法移动的，所以靠土地生存的先民们就被固定在了土地上，生活在祖祖辈辈生活的地方。由于经济上的原因，一家几代人都要生活在一起。人口越来越多，而土地所生产的资源是相对有限的。从制度经济学的角度看，中国古代家族制度的产生正是顺应了让有限的资源能够比较合理地在众多的人口中分配这样一个要求。它使得绝对意义上短缺的资源，通过以身份为依据的等级间的分配在上层等级那里变得相对富裕，而下层等级又无所怨言。这无疑是世界上最复杂的、最精妙，而且可以说是相对和谐的制度之一了。中国古代各家各派的学说尤其是儒家的学说大部分都是论证这种制度合理，或者是这种社会制度的理论说明。前文所介绍的各种国家层面的社会法律制度实际上都是以这种家族制度为核心展开的：君臣关系可以按照父子关系来理解，朋友关系可以按照兄弟关系来理解。在这种生产力水平低下的小农经济背景下，单个家庭一般生计维艰，很难经受天灾人祸的打击，因而自然就有团体互助的愿望。宗族有共同的血缘关系，又是聚居，组织起来方便，因此它适合了民众的以父子关系为基础的中国家庭。需要、互助、互济成了宗族成员的基本义务。宗族一般都有族产、义田，用于"周恤鳏寡孤独废疾贫乏"的族人，"其婚嫁之失时也，则有财以助之；其寒也，则为之衣；其疾也，则为之药；其死也，则为之殓与理"[2]。对于宗族的重要作用，历代统治者都有深刻的认识："为国之计，莫急于保民。保民之要，在于存恤主户……主户苟众则邦本自固。"[3]封建统治者正是利用宗族来稳定农业自然经济的社会基础。因此，在中国封建社会漫长的历史时期，宗族不仅是一个其成员通过宗族相互连结的集团，而且有着非常巨大的凝聚力并得到国家法律的认可。

今天，我们从制度经济学角度来看，这种做法似乎可以用"囚徒困境"理论来进行解释。这个理论是说，两个抢银行的人，抢了银行以后，他们被作为嫌疑犯抓了起来，但又没有什么证据。警察把这两个人放在不同的房间里，分别审讯，威逼利诱，说如果你招了，对方不招，你就会被从轻发落，对方会被加重刑罚。相反，如果对方招了，你不招，对方被从轻发落，你被加重刑罚，结果是两个人都招了，都按正当量刑被关进了监狱。实际上有一种更好的方法，就是两个人都不招。如果警察没有任何证据的话，这两个人都会被无罪释放。两个人都招了，实际上这就是一种不合作的做法。不合作的结果就是两个人都被判了刑。两个人都不招是一种合作的做法，其结果是两个人都可以无罪释放。这个理论说明任何人之间都有两种关系：合作，两个人都获益；不合作，两个人的效用或财富就会受到损害。在人类社会当中，人们之间在经过了多次博弈之后，会最终意识到采取合作的策略或者采取不合作的策略就会导致财富的差别。所以，人们建立了各种制度，制度存在的理由就在于人们需要合作，制度的差别就在于安排人们合作的方式不同。这是从制度经济学的角度揭示了人类通过制度的安排使利益的冲突由不和谐到和谐的过程。中国的古人们正是在本土资源的基础上，有意无意地建立了自己的利益和谐制度——家族制度。众所周知，在中国最不会互相争利而又最懂得为对方着想的一对关系就是父子关系，因为他们的利益关系在家的范围内是一致的。在这对关系中，子对父负有"孝"的义务，也就是要奉养；而父对子负有"慈"的义务，也就是要关心、爱护。这样一来，双方无疑都会从心理到行动实现最大限度的合作，从而成功地解决了"囚徒困境"的问题。更为重要的是，这样一套制度依靠道德信念维持，其运作成本很低而效率极高，传统社会的家族制度安排正是这样一种充分节约成本的利益整合方式。在这里，礼法结合这一基本立法思想再一次展现了它作为中国古代和谐之道的巨大生命力。

就族规的内容而言，大体上可

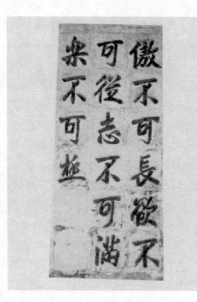

【党家村家训】主要内容：勤俭治家之本，和顺富家之因。读书成家之本，循理保家之根。志欲光前，惟以读书为先务；心存裕后，莫如勤俭作家风。动莫若敬，居莫若俭，德莫若让，事莫若咨，傲不可长，欲不可纵，志不可满，乐不可极。无益之书勿读，无益之话勿说，无益之事勿为，无益之人勿亲。在少壮之时，要知老年人的心酸，当旁观之境，要知局内人的景况，处富贵之地，要知贫贱人的苦恼，居安乐之场，要知患难人的痛痒。言有教，动有法，昼有为，宵有得，息有养，瞬有存，心欲小，志欲大，智欲固，行欲方，能欲多，事欲鲜。

以划分为宗族的族规家法、森林保护规约、宗族族产和坟墓禁约、议事合同、会社规约、禁赌公约、兴办学校和教育公约，以及和息文约等[4]。由于家族在广大基层乡村即是生活的基本单位，又是行政的基层组织，所以族规家法自然就成为乡规民约中最具典型意义的法律性文件，它主要存在于家谱当中，而家训是其中重要的一个内容。

应当承认传统家训中确实有一些封建性的糟粕，但就其主导思想来看，多是教育子孙和家人为官要清廉、为人要正直、谦恭、诚实、守信，旨在约束和规范家人的言行，使家庭有良好的家风，从而实现儒家提倡的"齐家、治国、平天下"的社会理想，因而在塑造家族人文心理、维护社会稳定方面起着积极的作用。以下我们以《毛氏家训》为例，探究一二：

毛氏家训八条
（见毛氏三修族谱卷六）

教悌乃百行之原。凡子逆父、弟犯兄，必有先见之端，亲房自能觉察。如有此种子弟，亲房会同房长，登门晓谕。倘仍不化，传祠惩治其分居。卑幼忤漫尊长者，亦一体究治。

夫各有妇，妇各有夫。如有贩卖异性生妻，从中渔利及掠为己有者，传祠惩治，族内若有夫故，妻顾守节者，兄弟不许逼嫁，亦不许转房。其或从戎多载未有确实凶信，毋得擅行改嫁。

女婴不许溺送，幼媳不许磨凌。如有悍妇丧心，轻视女婴幼媳，责在家长，处治不贷。

士农工商各居一业。如有毫无执业，游惰好闲，衣食不给，势必流为盗贼，甚或放飘诱众，酿成巨祸。此种子弟无迹者，房长带祠惩治；有迹者，捆解，父兄毋得袒护。

近来教匪、会匪邻县邻族往往多有。族中无知者，倘如教匪会匪，察知其实，重行惩治。

宰牛相会、聚赌抽头、吃食洋烟等事，不独有违宪禁，实为败坏风俗、废弛执业之由，招惹歹人之薮，族中有此，一经发觉，分别究治。

【毛氏族谱】

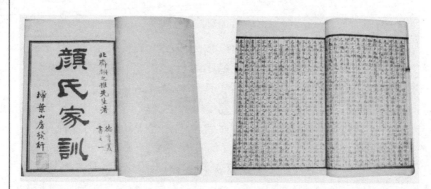

【颜氏家训】颜之推撰，南北朝时期记述个人经历、思想、学识以告诫子孙的著作。以儒家思想为本，内容涉及修身、养性、治家、为学、处世等诸多方面。

　　遇事聚众行凶坐拼，强牵强掘，碎毁什物，甚至投塘溺水，放火焚巢等事，无论与同姓异姓相争，传祠究治，以剪横蛮。

　　房族之内，无论何事肇衅，致启争端，由房族首拨人排解。论理不服，舍理论情不服，再论亲亲之谊，毋得越族成讼，恃刁者，共同禀究。

　　从毛氏家族《家训》我们可以看到，家族里的"家训"秉承了中华民族的传统美德，特别是儒家"礼教"思想的精华在这里面体现得尤为突出。因而，我们可以说：在中国古代，家族这一基层社区社会整合的基本手段是礼治，而不是法治，它奠定了中国农村基层社会整合以德治为主的基础。

（二）乡规

　　家族血缘关系与区域地缘关系的融合便形成了乡里制度。这一过程费孝通先生是如此描述的："乡土社会中无法避免的是'细胞分裂'的过程，一个人口在繁殖中的血缘社群，繁殖到一定程度，他们不能在一定地域上集居了，那是因为这社群所需的土地面积，因人口繁殖，也得不断扩大。扩大到一个程度，住的地和工作的地距离太远，阻碍着效率时，这社群不能不在区位上分裂。"[5]《文献通考》记载："昔黄帝始经土设井，以塞争端。立步制亩，以防不足。使八家为井，井开四道而分八宅，凿井于中。……是以情性可得而亲，生产可得而均；均则欺凌之路塞，亲则斗讼之心饵。"西周时期，乡里制度实行"六乡六遂制"，所谓六乡是指"五家为比，使之相保；五比为间，使之相爱；四间为族，使之相葬；五族为党，使之相救；五党为州，使之相绸；五州为乡，使之相宾"。所谓六遂是指"五家为邻，五邻为里，四里为都，五都为鄙，五鄙为县，五县为遂"。[6]乡遂制所体现的"相保、相爱、相葬、相救、相绸、相宾"，较井田制之"情性可得而亲，生产可得而均"更具体、更精致。秦汉时期的"乡亭制"，以"十里一亭，十亭一乡"，乡置三老，有秩、啬夫、游徼，三老掌教化，啬夫职听讼与税收，游徼循禁盗贼。

隋唐之际，实行"乡里制"，百户一里，五里为乡，乡置乡正，主民间辞讼争议，里置里正，主"按

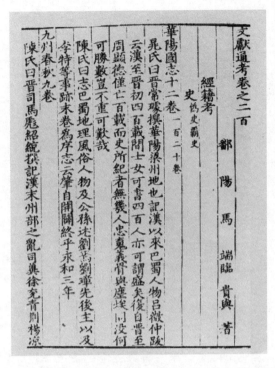

【文献通考】是一部记载上古到宋宁宗时的典章制度沿革的文化通史。全书包括二十四门，三百四十八卷。其中田赋、钱币、户口、职役、征榷、市籴、土贡、国用、选举、学校、职官、郊社、宗庙、王礼、乐、兵、刑、舆地、四裔，凡十九门。

比人口，课植农桑，检查非违，催驱赋役"[7]。王安石变法以后实行"保甲制"，"保"的主要任务是防奸警盗，"甲"为乡村敛放青苗及收纳租税单位。元代改"乡"为"都"，改"里"为"图"，实行"都图制"，明代依旧宋元之制，多用"都图"之称。保甲制经过几朝的发展，对原有的乡里制度有一定的瓦解作用，所谓"是故保甲之法，人知足以弹盗贼也，而不知比间族党之籍定，则民自不敢以为非；乡约之法，人知足以息争讼也，而不知孝顺忠敬之教行，则民自相率以为善；由是社仓兴焉，其所以厚民生者为益用；由是社学兴焉，其所以正民德者为有素。可见四者之法，实相须也"。满清参照宋明之制，在乡村实行牌甲、里甲

【《汉三老讳字忌日记》】共计 217 字，刻石年月未载。碑文所记载的父母名讳忌日，一在建武十七年辛丑，一在建武二十八年壬子，历代以建武纪年的帝王有：东汉光武帝刘秀，西晋惠帝司马衷，东晋远帝司马睿，十六国后赵石虎，十六国西燕慕容忠，南朝齐明帝萧，其中唯汉光武帝之建武有三十二年，且十七年岁次正值辛丑、壬子，故此碑的书刻年代应在东汉初建武末年或永平年间（公元前 52 年至前 75 年），是现存东汉名碑最早者之一，况江南汉碑极稀，此碑堪称"浙中第一名碑"。

之制，其他如保甲等制度仍然行之不辍。保甲制是一种严密的地缘性社会控制制度，自其产生后的千余年间，一直为历代统治者所采用，虽然它在国家正式权威对乡村的渗透与地方非正式权威的扩张中使得国家权力得以膨胀，但总体上看，地方事务尤其是户婚田土一类的民事纠纷的解决仍是以家族为主。

"夷汉村规碑文"的主要内容摘要：

一、不许盗砍大小松树拔（剥）明，如有盗砍者查出罚银三两。

二、不许合村老幼挖柴（疙瘩），如有查出罚银三两充公。

三、村中遇大小事要报明乡老，倘有抗拗不遵，罚银三两三钱。

【三老印】古代掌教化的乡官。战国魏有三老，秦置乡三老，汉增置县三老，东汉以后又有郡三老，并间置国三老。《汉书·高帝纪上》云："举民年五十以上，有修行，能帅众为善，置以为三老，乡一人；择乡三老一人为县三老。"

【义馆序碑文】闻之学校废则士少成材,学校兴而俗且亲逊,学校之有裨益於世也,岂浅鲜哉。本村自清同治五年(公元 1866 年)建设义塾,有张公纯相刘公树仁管理出入,延师教习蒙童,及后业童太少,附入私馆,每年将学生均推外,其馆金不敷者即将义塾项补足,施行已经十余载,村中颇有三五入庠之士,而无鼓励之由。因公议义塾馆师以少沙铺诸生岁科考列前茅者,教读每年送馆款叁拾伍称,其富蒙宜照旧捐金,贫蒙随力奉送,不得相较,於管理者,棋年将馆款及粮款开费外,再有积蓄作资,勉励其上进者。管理薪水之资,每年于所收租谷,每谷十称,称出七称,宜善为照不可,少有私心。倘能照此而行,将见学校隆而士习,正士习正而风俗醇,岂不懿与。余不敏因张刘二公请叙勒石是以不避谫劣而为之序

增广生李彦　敬序

光绪三年(1877)岁在丁丑孟春月吉旦立

　　四、不许放火烧山,如有不遵罚银三两三钱充公。

　　五、不容践踏秧苗五谷,如有践踏赔偿抵补。

　　六、不许盗羊、狗、鸡、鸭,如有盗者罚银三两三钱充公。

　　七、所有外村帮(搬)入村中住唑(座)者,要问明乡老,若不问明责罚房主三十三两充公。

　　八、不容秋收不清不得纵放牲畜入田践踏,至于盗背柴者罚银一两充公,如有牲畜践踏五谷,见者必须赶出,损坏畜主不许多言,至于见到者报明与银五钱。若有盗笋头小菜者罚银一两三钱充分。

【夷汉村规碑文】

道光十五(公元 1835 年)年六月二十六日合村同立。

"引水叙"碑文摘要如下:

一、沟水用水平三股均分，龙潭一股；村中一股；龙树一股。不得私阻自利，或水势微计日轮注。

二、沟丁谷四季收发，议定照人口派，在客单人轮收。

三、沟道上下十丈禁止斩伐树木，违者罚银修沟。

四、沟中不得灌足、截水围塘，上下左右禁洗衣服以及宰牲，违者有罚。

五、挑水俱要到井，不容中路接水，并过园浇莱，违者有罚，报者将桶与之。

六、井中或有投水者，伊家即自淘井，勿使污秽。

嘉庆四年(公元 1799 年)二月十二日　　合村士庶同立。

【"引水叙"碑文】

【输山碑】石台县珂田乡境内的"池徽大路"古徽道旁，道光八年（公元1828年）源头里村李氏族人所立的"输山碑"，碑曰："募修岭路，挨路上下之山，必先禁止开种，庶免沙土泻流壅塞。斯为尽善乐助，有功兹幸。"对保护道路两侧的土壤有明确的规定。"输山碑"还对保护道路两侧土壤的范围也有"众山主矢志好善，自岭头至岭脚，凡崎岖之处，不论公私，永远抛荒；平坦处、挨路，上输三丈，下输二丈，永禁开挖。爰勒芳名，永垂不朽云"的规定。

（三）家法

由于"礼"这一基本理念的相同，家规族法与国家立法的治理方式并无本质区别：国法是宏观的国家法律法规，而族规则是具体的，是国法在某一乡村地域范围内的具体表现，是国法的具体化，或者说是国法的必要补充和延伸。通过家规族法"礼"的观念被灌输到每一个人的意识当中，成为根深蒂固的一种文化基因。这个基因来源于农业社会所产生的"家"，强化于由"家"转变而来的"国"，又反过来在作为载体与源头的"家"或者是"国"的体系遭到破坏时发挥强大的自我修复的作用。这样一来，天理、人情和国法各有疆域而又贯通一气，事实、规则

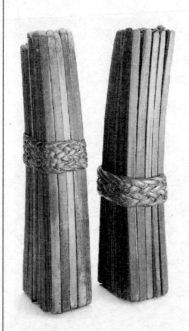

【家法】这一对家法是客家民族的文物，供奉于神案上。五十把为一束，一束向内弯，一束向外弯，表示对内对外都团结，是一件深具教育意义的文物。

和信仰彼此有别却又打成一片，形成特定中国古代社会地域人群的法律、生活与人文空间的整合。体现礼法合治的乡规民约，在大山阻隔、宗族顽固的乡村社会中，更具有规范团体成员言论、行为、生产、生活和思想的作用[8]。既然遵循"礼"的要求，那么反对"不教而杀"自然是家规族法的基木精神，所以调解是古代宗族解决民间纠纷最普遍的一种方式。在这种调解方式中，宗族首领是调解的主体，调节所依据的原则、规范都是"礼"、"习俗""良知""天理""人情"等。当家族成员之间发生纠纷时，一般先由族长进行说服教育，然后再以事情本身的是非曲直进行调处。由于民间调处具有形式多样、适应性强，既没有繁琐程序，也没有差役勒索的特点，因而受到民众的欢迎，至宋代就已经普遍化了。

但是，并不是说以"德"、"礼"为主，就没有强制性手段，事实上，家族对于违"礼"行为的惩治是十分严厉的。小到叱责、警告，大到出族、拘禁，甚至还可以处死。家法族规与封建国家制定的刑事法律相配合，使违反封建刑律者不仅要受到国家制定法的制裁，还要受到家法族规的惩罚。而对于宗族调解的调解结果及处罚决定，官府一般予以认可。

如《唐律疏议》中规定："刑罚不可驰于国，笞捶不得废于家。"《大清会典事例》则明确指出："……族长及宗族内头面人物对于劝道风化户婚田土竞争之事有调处的权力。"正因"国法"与"家法"在意识形态、价值观上的高度一致性，所以封建官府甚至支持家族组织利用家法族规处理一部分轻微刑事案件，如嘉靖时《休宁刘氏族谱》记载："（族人）或有不肖，变易祭规，盗卖田地，集众具告府县俯鉴微情，赐扶家法"。再如台湾《淡新档案》记载："（官府批示）郑庆陛即国栋果属不法，叠害族亲，尔等既为族、房长，尽可以家法处治奚庸存案"。同档还记载有官府批示："邀同族长处明，治以家法可也"。可见，家法族规这种民间自治规范，在中国古代实际上已成为封建法律体系的一个组成部分。庞德曾指出："我们最好记住，如果法律作为社会控制的一种方式，

【孟府大堂】在封建社会里，宗祠是家族申饬家法、宣读圣旨、颁布家谱、族规的场所，是封建宗法制度的缩影。

【常氏宗祠】

具有强力的全部力量，那么它也具有依赖强力的一切弱点。而且从 17 世纪到上次世界大战时期国际法的成就说明，某种很像法律的东西，虽没有任何强大的支持，也能够存在并证明是有效的。"[9]他所提及的"某种很像法律的东西"具体到中国法律传统中，正是我们所指的以礼、义为基本精神的家法、族规。

【孟氏家谱】《孟氏家谱》说：行辈"所以分尊卑，定表字，别长幼。" 孟氏族谱要求族人要严格遵照字辈起名，否则不能入谱，只作"外孟"处理。可见家谱在确定家族内部上下尊卑关系，进而维护家庭生活秩序方面的重要作用。

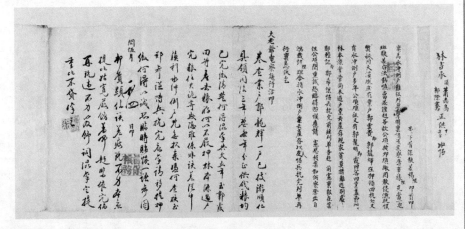

【淡新档案】淡新档案是清乾隆四十一年（公元 1776 年）至光绪二十一年（公元 1895 年）淡水厅、台北府及新竹县的行政与司法档案，日据台湾时期由新竹地方法院承接，转送覆审法院（即高等法院），再转赠台北帝国大学（台湾大学前身）文政学部，供学术研究之用。战后移交台湾大学法学院，并由著名的中国法制史专家戴炎辉教授命名及主持整理工作。戴氏将档案内之文件分为行政、民事及刑事三门，门下并分类、款、案、件，全档共计 1163 案，19152 件。其中有不少地方家族案例。

1 [美]费正清:《美国与中国》,商务印书馆 1987 年版,第 17-20 页。

2 《京兆归氏世谱·归氏义田记》。

3 《宋文鉴》。

4 参见卞利:《明清徽州乡(村)规民约论纲》,载《中国农史》2004 年第 4 期。

5 费孝通:《乡土中国》,北京大学出版社 2005 年版,第 102 页。

6 (清)孙诒让:《周礼正义》卷 19,《地官·大司徒》。

7 《文献通考·职役考》。

8 参见卞利:《明清徽州乡(村)规民约论纲》,载《中国农史》2004 年第 4 期。

9 [美]庞德:《法律的社会控制》,中国政法大学出版社 2003 年版,第 18 页。

三、以经注律，学以致用

——律学著作与官箴书

"刑起于兵"让我们知道刑法的产生与战争密不可分，氏族社会后期，随着氏族战争日渐频繁，刑作为经常性的威慑、处罚和镇压的暴力手段应运而生，所谓"大刑用甲兵"即为此意。但是自刑法产生、国家建立以后，随着各种社会关系的日趋复杂，法的作用也逐渐由单纯的惩罚演变为调整，由镇压工具变为治国之柄。随着法律所担当角色和作用的改变，律学便应运而生。它不但扩充了法的内容，解决了成文法、习惯法的理论性、抽象性与具体案件的多样性、复杂性之间的矛盾，而且从价值层面指导着法典的制定与法律的运用，为中国古代法制的发展提供了持久稳定的动力，为中华法系的形成和整个东（南）亚古代社会的发展演进提供了具有中国特色的法学理论支持。从先秦到明清，古代律学一脉相承，而又各具特色，其斐然的成就、独特的法学视角和学术文化系统对于我们今天的法学研究乃至于国家法治的最终实现都有着特殊价值和重大的现实意义。

（一）先秦——《法律答问》

中国律学的研究历史最早可追溯至先秦，目前可看到的最早的有关

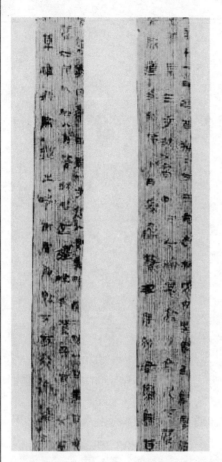

【睡虎地秦简】1975 年在湖北省云梦县睡虎地的秦墓中出土了大量的竹简，墓主人是一个叫"喜"的地方法律官员，大约相当于现在的县长法律秘书。这些竹简中除少部分是"喜"的自传外，大部分记载的是秦国从战国晚期到秦始皇时陆续制订和颁布于世的大量律法，对我们研究秦代法律具有重要意义。

律学的著作是 1957 年 12 月，中国文物考古工作者在湖北云梦县睡虎地 11 号墓出土的秦代《法律答问》。《法律答问》存在于 210 支竹简之上，这是秦官方对秦律主体部分有关条款的解释和说明，共 187 条。其中许多地方引用了秦刑律的原文，如"害盗别缴而盗，加罪之"，"誉敌以恐众心者，戮"等。虽然秦王朝为了维护其政权，在思想和文化上实现统一而对几乎所有的学术研究活动均予以取缔和镇压，甚至采取"焚书坑儒"这样极端的手段，但政府却异常重视法制，实行了"以法为教，以吏为师"的国策，从而为律学的诞生与发展提供了有力的国家支持。《法律答问》就是其中的代表，它是以问答形式对秦律某些条文的精神实质和名词术语所作的解释。秦简整理小组认为这种解释"在当时具有法律效力"。例如，《法律答问》中记载："把其假（携带所借官有物品）以亡（逃亡），得及自出，当为盗不当？自出，以亡论；其得，坐赃为盗。盗罪轻于亡，以亡论。"即携带借用的官府财物逃走，如能自首就以逃亡罪处罚，如果被捕获就以赃数定其盗窃罪。如因赃数较少，按盗窃罪处罚比逃亡罪轻，就按逃亡罪处理。这里的"自出"，应当是中国刑法学对自首较早的论述，这个问题即便在今天也还是一个理论与实践当中的棘手问题。

（二）两汉——《道德经》、《春秋繁露》

汉初，由于经历了秦朝的残酷剥削与八年战争的破坏，人口惊人地减少。战国时期的万户大邑只存留不过两三千人口。汉初统治者清楚地认识到，继续奉行秦王朝的法家思想，只会导致新政权的垮台。于是西汉初期的统治者，从刘邦到吕后、惠帝、文帝、景帝，都主张以黄老思想为指导，实行轻徭薄赋、约法省禁、奖励耕织、与民休息的政策，以缓和阶级矛盾，保证社会稳定发展。作为先秦道家的一个分支，黄老学派在政治上主张统治者清静无为，与民休息；在法律上主张约法省禁，轻刑轻罚。《道德经》第三章"不尚贤"就明确地阐述了这种无为而治的辩证思想："不尚贤，使民不争；不贵难得之货，使民不为盗；不见可欲，使民心不乱。是以圣人之治，虚其心，实其腹；弱其志，强其骨。常使民无知无欲。使夫知不敢弗为而已，则无不治。"

在这一思想的指导下，汉代法制方面表现出在整体缩小犯罪范围的同时扩大侵害人身及财产犯罪的趋势。汉高祖初入关时，"约法三章"：杀人者死，伤人及盗抵罪。也就是说，只有杀人、伤人和盗窃被视为犯罪。汉惠帝四年"除挟书律"，高后元年"除三族罪、妖言令"，汉文帝元年"除收孥相坐律令"，二年"除诽谤律"，五年"除钱律"，十三年"除肉刑及田租税律"、"除戍卒令"，等等。此后，汉律参照秦律增定了斗杀、

【《道德经》】又名《老子》，分为上下两册，共五千字。其成书年代多有争论，根据 1993 年出土的郭店楚简"老子"年代推算，至少应在战国中前期。书中充满了大量朴素辩证法观点，其中"无为而治"的思想尤其受到汉代统治者的青睐。

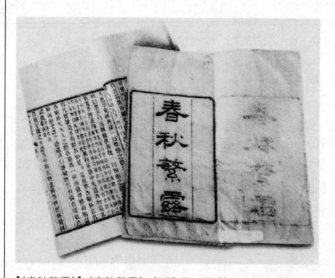

戏杀、狂易杀人、杀子孙、使人杀人、亡士卒多、杀奴婢、奸部民妻、擅兴徭役、河决等旨在保护劳动者人身的罪名，以及劫略、恐猲、持质、诈取、诈官、禀假贫人、禀贫人不实等旨在保护劳动者财产的罪名。对这些罪的处罚不论官爵高低，往往都相当严厉："南利侯宝，坐杀人夺爵。"[1] "兹侯明，元朔三年坐杀人自杀。原洛侯敢、征和三年，坐杀人

【《春秋繁露》】《春秋繁露》有 17 卷，82 篇。由于书中篇名和《汉书·艺文志》及本传所载不尽相同，后人疑其不尽出自董仲舒一人之手。《春秋繁露》系后人辑录董仲舒遗文而成书，书名为辑录者所加，隋唐以后才有此书名出现。我国现存最早的《春秋繁露》版本，是南宋嘉定四年（公元 1211 年）江右计台刻本，现藏于北京图书馆。注本很多，最详尽的是苏舆的《春秋繁露义证》。

弃市。宜城康侯福、太初元年坐杀弟弃市。"[2] "乐侯义坐使人杀人，髡为城旦。阳兴侯昌坐朝私留他县，使庶子杀人，弃市。富侯龙，元康元年坐使奴杀人，下狱庾死。"[3] 上述举措清除了一些在汉代法律中存在着的从秦律继承来的苛法，同时保护了人民的人身财产安全，使得汉初的人口和生产力得到了很大的发展。

至汉中期，随着国家生产力的恢复，黄老的无为思想已经难以适应繁荣的社会经济，也难以钳制已经逐渐壮大的地方势力，中央政权受到威胁。此时，汉武帝即位，他认为有必要确立一种足以约束天下人、使天下人思想"归一"的理论。在时代的呼唤中，汉代的"新儒学"应运而生，同时使得两汉时期的律学研究走上了儒家化的道路，突出地表现为以董仲舒为代表的儒家经学大师的以经释律以及将经学方法应用于律学研究的注律实践。董仲舒的著作，据《汉书》记载有一百二十三篇，现存部分都保存在《春秋繁露》当中。董仲舒利用阴阳五行学说来解释

天的意志，用阴阳的流转，四时的配合，推论出东南西北中的方位和金木水火土五行的关系。从而进一步引申《易经》当中的阴阳学说，认为凡事都是阴阳合成的，阳属尊，阴属卑；阴不得独立行事，必须服从阳；阳在先，阴在后；阳是主，阴是附。这种理论应用于人类社会便得出了君、父、夫都属于阳而臣、子、妻则属于阴，所以君应为臣纲，父应为子纲，夫应为妻纲的"三纲五常"的道德哲学，这就是他所说"可求于天"的"王道之三纲"。三纲五常为董仲舒提倡之后，成为我国历代法典所遵循和保护的基本准则。在此之后，儒家思想先是以"春秋决狱"的方式逐渐渗透到法制当中，之后董仲舒提出："……《春秋》大一统者，天地之常经，古今之通谊也。今师异道，人异论，百家殊方，指意不同，是以上无以持一统；法制数变，下不知所守。臣愚以为诸不在六艺之科、孔子之术者，皆绝其道，勿使并进。邪僻之说灭息，然后通纪可一而法度可明，民之所从矣。"[4]从而最终实现了立法指导思想上的"独尊儒术"。

自北魏明帝时起，在廷尉中始设律博士一职，负责教授法律，培养司法官员，成为我国最早设置的专门从事法律教育的官员。公元 227 年，卫觊上奏魏明帝："九章之律，自古所传，断定刑罪，其意微妙。百里长吏，皆宜知律。刑法者，国家之所贵重，而私议之所轻贱。狱吏者，百姓之所悬命，而选用者之所卑下。王政之弊，未必不由此也。请置律博士，转相教授，事遂施行。"[5]律博士的设置，使律学研究在一定程度

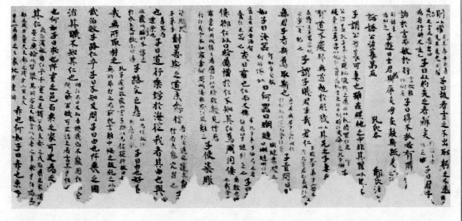

【郑玄注论语】郑玄，东汉末年的经学大师，他对儒家经典的注释，长期被封建统治者作为官方教材，收入九经、十三经注疏中，对于儒家文化乃至整个中国文化的流传做出了相当重要的贡献。

【郑玄注礼记】郑玄《礼记注》是一部全部笺释《礼记》的专著，其注多存异文，择善而从；校勘经文，非常详密；又《注》文博综兼采，力求简明精确，以至于《注》文往往少于经文。《礼记注》的版本可考者主要有敦煌卷子本、石经本、刻本三大类，其中刻本以《四部丛刊》木最为常见。⁶

上摆脱了偶然自发的状态和单纯的学者热情而具有了相应的制度保障，对促进这一时期律学的发展与繁荣起到了重要的作用。这一官制一直延续到宋，至元代才被废除。值得一提的是，这一时期随着律学家地位的提高，政府允许律学家们直接参与立法，并认可他们对成文法典做出的注解。据《晋书·刑法志》载，太和初年，魏明帝下诏要求各级司法官吏在审判活动中"但用郑氏章句，不得杂用余家"，这一规定使私人律学家对法律的注解在历史上首次上升为具有法律效力的官方司法文件。此外，张斐、杜预两位律学家对《晋律》所作的注本和律解经晋武帝诏颁天下，具有了与国家法典相同的法律效力，后世径称《晋律》为"张杜律"。

（三）隋唐——《龙筋凤髓判》

隋唐时期是中国古代律学发展的巅峰时期，除举世闻名的《唐律疏议》外，还涌现出了大量的律学著作。张鷟的《龙筋凤髓判》便是其中的代表。《龙筋凤髓判》是一部拟判集。全书共 4 卷 79 则判文，通篇用骈体文写就，判目真实具体，判词征引繁富，最终处理意见简括明确。书中不仅反映了张鷟深厚的法学功底，而且也反映了唐高宗到玄宗开元时期人们对一些社会问题的基本看法和认识。例如，该书《国子监》第二条载：

【龙筋凤髓判】

> 太学生刘仁范等省试落地，挝鼓申诉，冷试卯时付问头，酉时收策试。日晚付头不尽，经业更请重试，壹付法不伏。

对此，张鷟作如下批语：

> 有司试策，无晁错之甲科，主者铨量，落公孙之下第，理合逡巡敛分，退坐授铨，凯得俯仰自强，肆情挝鼓，伏称问头付晚，策目难周，铨退者即恨独迟，简就者不应偏早。诉人之口，皆有爱憎，试官之情，终无向背。傲不可长，骄不可盈，若引窥觎之门，恐开侥幸之路。豸冠奏劾，自合依从，马喙无冤，何须若诉。宜从明典，勿信游辞。

从该批语当中，我们可以看出，张鷟的判词不是简单的批驳，而是举出历史上的典型事例，真情劝导、以理服人。同时，又严格依据法律的规定来加以裁决。这种声情并茂的批语，使我们感受到唐人高超的法律语言和说理式的判决方法。

（四）宋元——《洗冤集录》、《折狱龟鉴》、《名公书判清明集》、《刑统赋》、《棠阴比事》

唐朝灭亡后，中国古代封建社会经由动荡的五代十国进入到了整体稳定与局部战争相伴随的宋辽夏金元时期，这是我国历史上一个重要的多元法制并存阶段，也是一个律学著作多产的时代，尤其是在宋代，诞生了一些列传式的律学著作，例如，《洗冤集录》、《折狱龟鉴》、《名公书判清明集》、《刑统赋》、《棠阴比事》等。

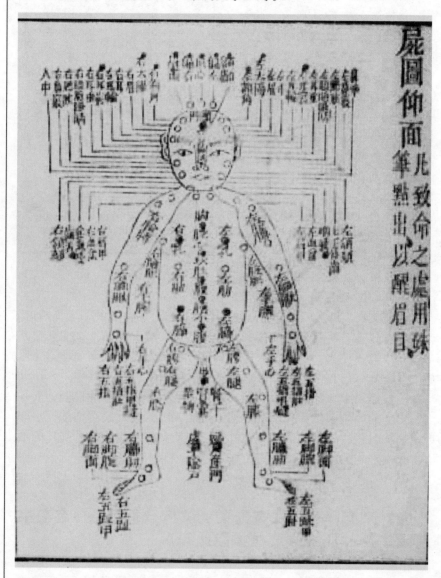

【《洗冤集录》】

《洗冤集录》是世界上最早的一部较完整的法医学专著。内容自"条令"起，至"验状说"终，共5卷、53条。从目录来看，该书的主要内容包括：宋代关于检验尸伤的法令；验尸的方法和注意事项；尸体现象；各种机械性窒息死；各种钝器损伤；锐器损伤；交通事故损伤；高温致死；中毒；病死和急死；尸体发掘等等。《洗冤集录》的宋刊本迄今尚未发现，现存最早的版本为元刻本《宋提刑洗冤集录》。此书的作者宋慈在《洗冤集录》的序言中，表明了撰写此书的意义："狱事莫重于大辟，大辟莫重于初情，初情莫重于检验。盖死生出入之权典，直枉屈伸之机栝。于是乎决法中。"又说："狱情之失，多起于发端之差，定验之误。"宋慈辑撰此书，是为了"洗冤泽物"、"起死回生"。因此，宋慈对于狱案，反复强调要"审之又审，不敢萌一毫慢易之心"。他再三告诫审案人员"不可辟臭恶"，"须是躬亲诣尸首地头"。深入现场调查，"须是多方体访，切不可凭信一二人口说"。

《折狱龟鉴》又名《决狱龟鉴》，也是宋代著名的律学著作之一，为南宋郑克所著。原书20卷，清代收入《四库全书》时，曾加以校订，重新整理，分为8卷，共276条，395例，分为释冤(上、下)、辨诬、鞫情、议罪、宥过、惩恶、察奸、核奸、擿奸、察慝、证慝、钩慝、察盗、迹盗、谲盗、察贼、迹贼、谲贼、严明、矜谨等20类。前6类是全书的正篇，其余有关奸、慝、盗、贼的12类属于副篇，分论惩恶的各个方面；最后两类带有结论性质。编者通过对各个案例的分析和评论，就历史上有关决疑断狱和司法检验的各种经验教训，做了言简意赅的介绍，并提出"明慎用刑"，

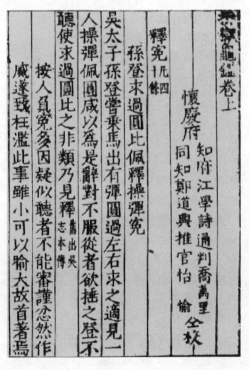

【《折狱龟鉴》】

【《棠阴比事》】

从"矜恕"出发，按照人情事理分析和推究案情，严防枉滥，反对"深文峻法，务为苛刻"的刑法思想。[7]

《棠阴比事》是继五代时的《疑狱集》，与南宋郑克编撰的《折狱龟鉴》之后，又一部案例汇编。作者是宋人桂万荣，由于相关史籍均无记载，现已无从可考。书名"棠阴"即"棠荫"，系取自《诗经·召南·甘棠》。因为甘棠常在古代社前种植，所以称为社木。传说召伯曾在社前的甘棠树阴之下听讼断案，公正无私，人们为了表达对他的爱戴，便唱这首《甘棠》，用来寄托对召伯的怀念。该书编撰了 144 个案例，包括"向相访贼"、"钱推求奴"，"曹摅明妇"、"裴均释夫"、"程颢诘翁"、"丙吉验子"、"李崇还泰"、"黄霸叱姒"等，从各方面总结和说明历代决疑断狱和司法检验的经验，意在促使各级官吏减轻人民讼累，避免冤假错案，因而曾受到宋理宗的褒奖，从而使该书再三重刊，广为传播。

《名公书判清明集》汇编了南宋时期朱熹、真德秀、吴毅夫、陈子华、徐清叟、王伯大、蔡抗、赵汝腾等28人担任官吏期间所作的一些判词。本书现仅存"户婚"一门，包括立继、户绝、归宗、分析、检校、孤幼、女承分、遗嘱、别宅子、

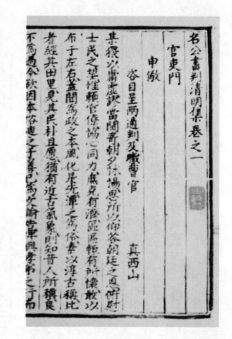

【《名公书判清明集》】

义子、取赎、争业、违法交易、伪冒交易、坟墓、屋宇、库本、争财、婚嫁、离、接脚夫、雇赁（目录作雇妾）等 22 类，计 117 条，绝大部分属于民事案件的判词。这些判词突出阐明了一些封建正统法律规范，如立继必须听命于家长；立继不得立异姓子；"衣冠"的后裔不得卖与"非类"之人的农民；儿子不准对继母起诉；读书人娶妓女为妻是"名教罪人"；男方死后，未过门的女方不准悔亲；妇女一再改嫁叫做"失节"等。这些判词集中反映了当时的法律和司法官吏极力维护封建宗法秩序与伦理道德，借以巩固和加强封建统治的指导

【《刑统赋》】

思想，也反映了当时的理学教条对法律和司法审判的渗透。8

《刑统赋》可以说是《宋刑统》的通俗读本，作者是北宋律学博士傅霖。由于宋太祖建隆四年颁行的《宋刑统》不便于阅读和记忆，于是傅霖便将全部律文的要旨，用韵文体裁改写为律学读本，并自行作注，解说韵文含义。

（五）明清——《读律佩觿》、《唐明律合编》、《沈寄簃先生遗书》

明清时期，由于封建专制集权统治的极端化，我国古代律学呈现出僵化的趋势，以政府为主导的律学研究逐渐失去了生命力。但与此同时，由于经学与考据之风的盛行，整理、考订、辑校前朝法律典籍和律学著作的活动，成了清朝前期律学的一大贡献和特色。这一时期，私人律学在隋唐宋元的基础上有所发展，在总结与思考中不断进步，出现了像王明德、吴坛、沈之奇、薛允升、沈家本这样的律学大家。一批堪称经典的律学著作，如《读律佩觿》、《唐明律合编》、《沈寄簃先生遗书》等，都诞生于这一时期，可以说清朝是中国传统律学继魏、晋、汉、唐以后

【《读律佩觽》】

发展中的又一个也是最后一个高峰。

《读律佩觽》是清朝王明德的著作。"觽"是一种骨制的锥，可用以解结。"读律佩觽"即是说读律时将它带在身边可以解决疑难的意思。全书分8卷。首卷冠以"读律八法"。然后是"八字广义"，即历代律书中常用的以、准、皆、各、其、及、即、若8个词的含义和用法。作者认为这8个字是"律母"，必须将这8个字的意义融汇贯通，才能真正读懂律文。卷2和卷3就律典主要用语进行阐解，作者称这些用语为"律眼"，即读律、用律时应该全力着眼的部分。卷4对一篇关于如何读律的古赋——《金科一诚赋》逐句加以解说辨疑，告诉读者要着重分析具体事实，注意例外情况，不能死扣条文。然后又对清律有关刑名，按照律典加以阐明。 卷5、6、7就律文中有关"以……论"、"准……论"、"罪止……"、"不准折赎"等法律术语进行详细阐释。卷8附载《洗冤录》和《洗冤录补》。[9]

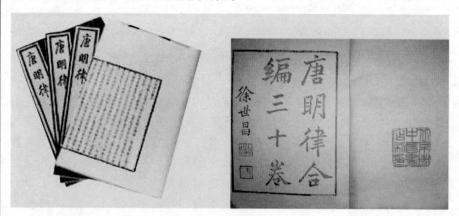

【《唐明律合编》】

《唐明律合编》为清代薛允升所编，共30卷，是一部对唐律和明律进行比较研究的著作。在本书的例言中，编者说：唐律“集众律之大成，又经诸名流裁酌损益，审慎周详而后成书，绝无偏倚踳驳之弊”，其于律义的表述，“事理炳然，若网在纲，若农之有畔”。作者认为，明代修订法律时，名为遵循唐律，实际上就实际内容与精神实质来说已与唐律大相径庭，具体来说“事关典礼及风俗教化等事，唐律均较明律为重；贼、盗及有关帑项、钱粮等事，明律则又较唐律为重”。从《唐明律合编》全书看，贯穿了推崇唐律批评明律的思想。其严谨的学术精神、深厚的学术功底为后人所惊叹。

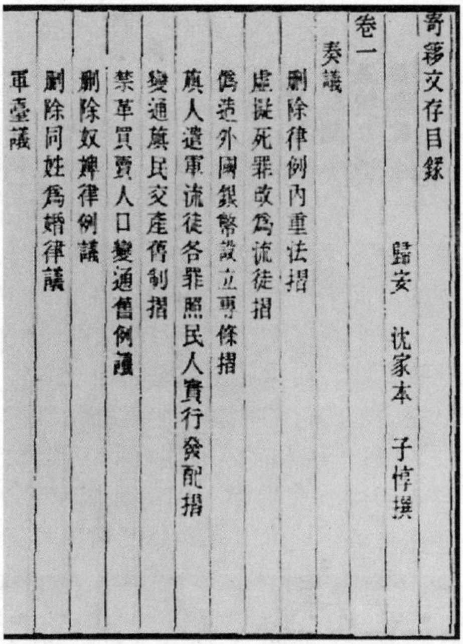
寄簃文存目錄　歸安　沈家本　子惇撰
卷一
奏議
刪除律例內重法摺
虛擬死罪改爲流徒摺
偽造外國銀幣設立專條摺
旗人遣軍流徒各罪照民人實行發配摺
變通旗民交產舊制摺
禁革買賣人口變通舊例議
刪除奴婢律例議
刪除同姓爲婚律議
軍臺議

【沈寄簃先生文存】

《沈寄簃先生遗书》为清末律学家沈家本所著。辛亥革命后刊行，分甲、乙两编。甲编是法学著作，共22种，86卷。乙编主要内容有说文引经异同，日南读书记，诸史琐言，日南随笔，枕碧楼偶存稿等13种，104卷。此外，还有未刻书目秋谳须知，律例偶笺，律例杂说，读律校勘记，奏谳汇存，驳稿汇存，雪堂公牍，压线编，刺字集，文字狱，刑案汇览3编，以及其他共16种，132卷。其中甲编的《历代刑法考》最为著名，包括总考、分考、赦考、律令、律目考、汉律摭遗等，收集了丰富的史料，综合了前人的研究成果，对于上自传说中的虞、夏，下至明、清各代的中国古代律令、律目、刑制、刑官、赦制进行了系统的考证，阐述了历代法制的沿革与得失，并对其中有些部分如汉律作了重点剖析。《沈寄簃先生遗书》内容极其广博，具有较高的学术价值，是研究中国法制史和法律思想史的重要参考资料。[10]

（六）官箴书

在中国古代，除了律学家和他们的律学著作以外，行政兼理司法的制度使得大量的官吏成为律学研究的又一个主体。当然，由于所处的地位不同，行政官员们不但能像律学家那样从纯粹律学的角度著书立说，留下许多律学传世之作，而且能够从为官之道的角度，从价值观、人生观的层面来进行分析，指导日常的行政与司法工作，这其实是礼法结合的又一个真实的例证。因为在古人眼中，"为仁者宜在高位"，断案也好，施政也好，在本质上都是将自己的仁德表率、布施于广大民众，都是将已经失范的行为重新按照道德伦理的要求进行归位。正如《礼记·中庸》中记载："其人存，则其政举；其人亡，则其政息。"因此我们可以说，司法与行政在中国古代都是儒家思想的自然延伸，本质上二者并无不同。而这些从价值观的角度指导为官断案的著作便是官箴书。

【官箴碑】清道光四年（公元 1824 年）由颜伯焘跋文张聪贤铭文的"官箴碑"："吏不畏吾严而畏吾廉，民不服吾能而服吾公，公则民不敢慢，廉则吏不敢欺，公生明，廉生威。"此碑为明代恭定年公在山东做巡抚时首刻，明孝宗时贞庵主人任泰安州牧曾勒石自警。清颜伯焘任该郡郡守时，偶于科房破壁中见此碑，心有所会，遂移置衙署侧之西轩作为座右铭。

官箴，就是做官的箴言。"官箴"一词最早出现在《左传·襄公四年》："昔周辛甲之为大史也，命百官，官箴王阙"。在云梦秦简中我们就真实地看到了官箴书《为吏之道》。就内容来说，由于儒家的政治主张是"内圣外王"之道，所以特别重视官吏的自我修养。在各种官箴书中诸如："自牧"、"自讼"、"自约"、"自慎"、"自戒"、"自刻"、"自治"、"自抑"、"自屈"、"自咎"、"自克"、"自绳"等词汇被不断创造和使用。例如：在王希圣所作《县署克偏箴》就写道："性有所偏，急须克治。克治之目有十焉：弛缓克之以敏；急躁克之以宽；烦苛克之以静；骄矜克之以温；多言克之以默；好货克之以廉；轻佻克之以庄；乖戾克之以慎；遗失克

【五种遗规之从政遗规】《五种遗规》，清陈宏谋辑。清代社会教育和蒙童教育教材，清末中学堂修身科教材。辑者有感于世上多有弊端，遂于公务之余，采录前人关于养性、修身、治家、为官、处世、教育等方面的著述事迹，分门别类辑为遗规五种：《养正遗规》、《教女遗规》、《训俗遗规》、《从政遗规》和《在官法戒录》，总称《五种遗规》。

之以勤；不可自恕，不可苟安，庶几古人弦韦之义。书以自勉，非敢警世云。" 梁启超在《新民说·论公德》也说："近世《官箴》，最脍炙人口者三字，曰清、慎、勤。"清正、谨慎、勤勉，似乎就是中国古代官箴的主题，而这对于同是司法官的古代官吏而言，显然是必不可少的基本素质。保存在西安碑林博物馆的"官箴碑"就有这样几句话："吏不畏吾严而畏吾廉，民不服吾能而服吾公；公则民不敢慢，廉则吏不敢欺，公生明，廉生威。"当然，除了从人生观、价值观的角度阐述问题，官箴书中也不乏大量的关于决狱断案的内容。

1 《广陵厉王传》。

2 文帝四年采纳贾谊上疏，大臣有罪皆自杀，不受刑。见《文献通考》。

3 《王子侯表》。

4 《汉书·董仲舒传》。

5 同上。

6 王锷:《郑玄<礼记注>的学术特点及其版本》，载《图书情报》2002 年第 3 期。

7 《中国大百科全书·法学卷》，中国大百科全书出版社 1984 年版，第 201 页。

8 《中国大百科全书·法学卷》，中国大百科全书出版社 1984 年版，第 210 页。

9 《中国大百科全书·法学卷》，中国大百科全书出版社 1984 年版，第 211 页。

10 《中国大百科全书·法学卷》，中国大百科全书出版社 1984 年版，第 215 页。

法律体系篇

「礼乐政刑，综合为治」的法律体系

如果我们与祖先对话，"法律体系"方面也许是最难沟通的。祖先们法律规范的划分标准对生活于今天的我们来说已经陌生，而祖先也一定会迷茫于我们"民法"、"经济法"、"行政法"等等这些现代即使对大众而言也耳熟能详的"法言法语"。百余年前，我们在外界武力的迫使下"拿来"了"部门法"，改造旧制，试图取消当时列强在中国的"治外法权"，试图与世界的潮流与发展接轨。以致百年后的我们一说到"法律体系"，就会想到不同的法的部门，如行政法、民法、刑法、婚姻法、劳动法、经济法、刑事诉讼法、民事诉讼法等等，然而，这样的认识和表述"法律体系"在中国不过只有百余年的时间，以往的法律体系并非如是，而有关法律体系的文字语言表达也非如此。

【山东周公庙中的"制礼作乐"坊】明嘉靖三年（公元 1524 年）刻立，与"经天纬地"坊相对。制礼作乐的周公作《周礼》，影响贯穿了整个中国古代社会。即使今日，人们也常常将"有礼"、"无礼"作为评判一个人的标准。

中国古代是一个农耕社会，如果与现代社会相比的话，这个社会的经济活动相对平静，物质生活相对贫乏，社会发展相对稳定，人们的生活相对简单而安逸宁静。农耕社会是以农为本的"综合"型社会，社会的分工并不精细，人们亦官亦农、亦工亦农、亦学亦农、亦商亦农，社会的经济中心在"农"，政治文化的核心在"官"。如此社会环境中的"法"当然不同于今天。从中央到地方，中国古代一般将"政事"分为六类，"吏"（官吏的选拔、任用、考核、奖惩）、"户"（土地、赋税、收支计划）、"礼"（祭祀、教育、往来礼节）、兵（武官选拔、任用、军队）、刑（刑罚、罪名、裁断）、工（土木、建筑规制）。中央由吏、户、礼、兵、刑、工"六部"掌管有关政令，地方县衙则有吏、户、礼、兵、刑、工"六房"协助长官执行中央有关政令并从事具体的工作。"六部"的分类源自成书于战国至汉时期的《周礼》"六官"：即天（吏部）、地（户部）、春（礼部）、夏（兵部）、秋（刑部）、冬（工部）。《周礼》本是"制礼作乐"的周公制定，但周公所作的《周礼》已佚，我们现在所见到的《周礼》可以说既是战国至汉人对周制的追记和想像，也是对现实和未来制度的规划。六官之政令构成了中国古代法律的主要内容，"六部"则是政令的掌管和运行机构。

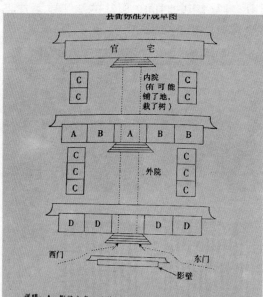

【古代县衙规制图】A区为衙门会堂，用作门庭及进入县官居所的走廊，升堂问案时作为大堂。B区为衙署，较大的衙门中建两排衙署，县官办公及会客之处。C区为"六房"，具体执行一县的吏、户、礼、兵、刑、工事务。D区为衙役使用的房屋，也用于关押候审的人。正门为"八"字形，俗话说"八字门朝南开，有理无钱莫进来"。

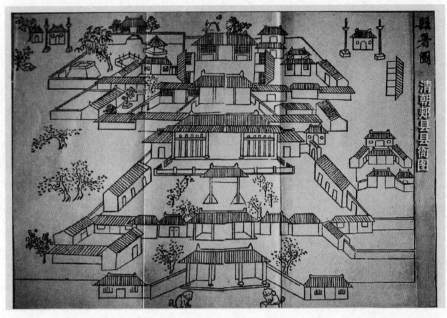

【清朝郏县县衙图】

　　在这样一个稳定的以"安居乐业"为追求目标的综合型社会中，"经验"对变化甚微的社会生活至关重要，王朝统治的基础靠历史的经验，家族的壮大靠祖辈经验的积累，个人的发展也须从前人的经验中汲取经验教训，即无论对国家、对家族、对个人，"祖宗"都至关重要，所以，在中国古代社会"祖先之法"常常被奉为圭臬，所谓"前事不忘，后事之师"。对王朝来说，帝王祖先，尤其是有兴邦立国之伟业的祖先所订立的制度甚至是祖先的"故事"都会成为后世必须尊奉的法度。这种对祖先的崇拜和对祖先之法的尊奉通过帝王按制举行的祭祀来表现。中国五千年的历史，帝王对祖先的祭祀不绝于史。"祖宗之法不可变"，成为守成帝王的为政信条，因此"祖宗之法"往往是王朝的基本法律。从遗留在中国古老大地上的遗迹、建筑，我们就可以读出祖宗之法对帝王的约束。

【明清太庙】帝王祭祀祖先的宗庙称太庙，按周礼规定，太庙位于宫门前左（东）侧。明清太庙位于天安门东侧。占地近 14 万平方米。始建于明永乐十八年（公元 1420 年），嘉靖二十四年（公元 1545 年）重建，明、清多次重修。明清两代每逢新皇帝登基，或有亲政、大婚、上尊号、徽号、万寿、册立、凯旋、献俘，奉安梓官，每年四孟（四季的第一个月份）及岁暮大袷等等，均需告祭太庙。

【曾国藩故居中的"八本堂"祖训】曾国藩对族人和后人的训诫，即修身做人做事的原则："读书以训诂为本，作诗文以声调为本，示亲以得欢心为本，养心以少恼怒为本，立身以不妄语为本，治家以不晏起为本，居官以不要钱为本，行军以不扰民为本。"

祖宗之法不只关乎王室国法，祖宗崇拜是国人的普遍情结，宗祠在聚族而居的中国古代社会的乡村中十分普遍，祠堂是供奉已故祖先牌位并祭祀祖先的庄严之处，除祭祀外，宣讲家规，约束本族子弟，执行家法，也每每在祠堂中举行。直到现在民间还有农月六月初六晒族谱的风俗，有兴家壮族之功德者，在同姓的宗祠中将受到后世子孙的隆重祭祀，而其所立的家规族法，更为后人视为"祖训"而遵守，祖先所立的禁碑更是不得违反，否则便会受到家法族规的严惩。

　　其次，在"祖先之法"的基础上形成的中国古代法律体系，与现代法律体系迥然不同，其最大的特点是"综合性"。我们从古代的经书、政书、官箴书、案牍、律典、蒙书、族谱家训中，都可以看到"法"的内容。

　　就中央王朝颁行的法律规范来说，往往以"官署"为划分的标准，许多法律的条文都含纳在官吏职能的规定中。比如我们今天所说的行政

【曲阜祭祀孔子族谱图】此为绘制于清朝中晚期，同时画有孔子及其儿子、孙子画像的孔氏族谱图。图中准确详细记录了孔子 44 代衍圣公及 60 大户分支，而且单支、双支分开。这张族谱图主要是孔氏后人在孔子诞辰纪念日、民族重大节日等时候用来悬挂祭祀的。

【中国古代的经书、家训等】我们从古代的经书、政书、官箴书、案牍、律典、蒙书、族谱家训中，都可以看到"法"的内容。律是王朝颁布的统一的法律，经书是律的精神的体现，此外在家训、官箴等典籍中我们也可以看到中国古代法律的精神和不同层次的规范。

法的一些内容大部划归到吏部、御史台的职能规定及"吏律"中；刑法的一些规范大部划归到了刑部、大理寺的职能规定与"刑律"中；民法、经济法的一些规范大部划归到了户部的职能规定与"户律"中；等等。这是中国古代社会"官"所处的政治核心地位所决定的。

与现代的法律体系相比，中国古代法律体系具有这样的一些特点：
第一，以礼为主，多层次。

中国古代法律体现着礼的和谐精神和宗旨，这一点众所周知。就法律体系而言，礼的规范作用同样不可忽视。在古代法律体系中，礼同样占据着主导地位。许多我们现在称之为"法"的内容在古人的语言中往往被称为"礼"。国家颁行的诏令、律、律疏、典中有着大量的"礼"的节文、规范。比如各王朝的"衣服令"，详细规定了不同身份的人在不同的场合所应着的衣服的质地、纹样和配饰，不同品级的官员上朝、办公服饰也有不同。龙凤纹样为至尊的皇帝所独有，其他人不得服用。元初中书省上奏，街市中有人卖仿造皇帝穿的龙纹布料，只是将龙爪改为四只而已。于是，元武宗下诏沿用汉人服饰制度，规定即使蒙古人也不许穿龙凤纹衣服。

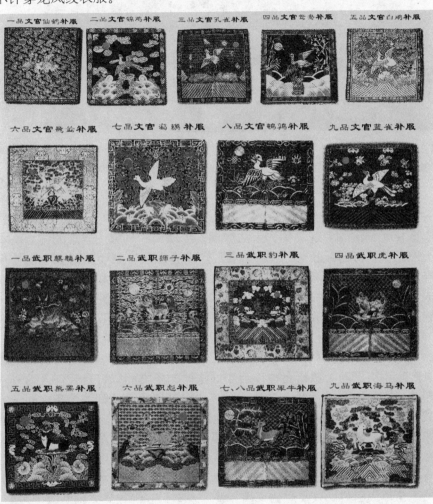

【清朝文武官员不同品阶官服上的补子】不同的纹饰显示的是不同的身份和等级。职官一至九品服饰各有不同，一般百姓"惟许服暗花纻丝丝绸绫罗毛毳"，帽子上也不许有金玉装饰，鞋靴不得装饰花样。武帝说明制定衣服令的原因是"僭礼费财，朕所不取。"

197

【孔府家法——大搓板】对破坏祖训家规者，罚跪搓板，"跪搓板"也是中国古代家族中普遍存在的家法。

　　中国古代对财产、家庭的"争讼"也基本依据"礼"来裁决。比如，依据礼而制定的乡规民约和家法族规。乡规民约与家法族规的订立基本上遵循着"符合礼教"、"注重教化"、"符合国法"三项原则[2]。家法族规与乡规民约虽然以教化为主，但有时对违反家法族规和乡规民约的家庭成员的惩罚手段也极为残酷，在征得大多数族人的同意后，在祠堂中，族长甚至可以将家族成员处以沉潭、活埋、驱逐等刑罚。

　　第二，中国古代"法官"在执行法律时十分注重社会效果。

　　中国古代审判裁断以"天理、国法、人情"为依据。当三者在实践中产生不协调时，裁断者往往会变通法律的条文而以符合天理人情——即法律的最终要旨为要。这就要求"法官"不能只理解法律条文而"守文定罪"，而是要求"法官"深切地体会法律的精神，以判决体现出法律的目的——维护社会的和睦而不是激化社会矛盾。对社会效益的注重在立法上的表现是集表彰与惩罚为一体。在这种体系中对犯罪的预防占有重要的地位。中国古代的旌表制度是世界上独一无二的。上自朝廷大员下至草民百姓，只要道德卓著，堪称表率，王朝就会按制度给予表彰。表彰的形式多种多样，有时由官府赐予匾额，修建居所，皇帝敕建牌坊，朝廷给予物质的奖励（如免除家庭的赋税、给付子孙的教育费用）等。

　　每一个牌坊都述说一个古代社会所标榜的道德楷模的故事。有为国

【皖南歙县棠樾旌表牌坊群】棠樾是安徽省歙县一个古老的村落，村中大姓为"鲍"氏，祖先是晋咸和年间（公元 326 年——335 年）的新安太守鲍弘。千百年来鲍氏以孝悌传家，受到历朝历代王朝的旌表，在一方享有盛名。棠樾牌坊群是明清朝廷为表彰鲍氏的忠孝节义而建，其中明代 3 座，清代 2 座。鲍氏家族的发展现实了"礼"确实是中国古人心目中的"大法"，其不因王朝的改换而改换。

尽忠者，有为夫守节者，有教子有方者、累世获取功名者等。在这种氛围中成长起来的人，忠孝节义的价值观怎么能不根深蒂固？

坐落在山东桓台县新城镇，此牌坊建于 1619 年明万历四十七年（公元 1619 年），是为明代王象乾及其父、祖父、曾祖父所立，因其四世为官，并都官至太子太保、兵部尚书。此坊是朝廷表彰和纪念王象乾家族对王朝贡献的标志建筑，并用以激励后人报效国家。石匾额"四世宫保"四字传为明书法家董其昌书。坊面阔 9.2 米，进深 3.33 米，高 15 米。

旌表制度使"修身"、"立德"成为全民的追求，也使中国人视荣誉重于生命，而对道德的追求成为社会预防犯罪的最好堤防，正可谓"法之不可犯，不若礼之不可逾"。其实，早在 16 世纪法国启蒙思想家伏尔泰就注意到了这一点，他说："在别的国家法律用以治罪，而在中国，其作用更大，用以褒奖善行。"[3]

【山东桓台四世宫保坊】

【伏尔泰坐像】伏尔泰（1694 年——1778 年）是法国著名的启蒙思想家，在其巨著《风俗论》中伏尔泰指出人类从愚昧走向文明的艰苦历程。伏尔泰通过来华的西方传教士了解中国，并认为中国的政治、法律、文化、伦理、道德等均优于西方封建国家。虽然其中不免有溢美之辞，但是其代表了当时许多启蒙思想家对中国的认识。

中国古人提倡"忍让息讼",也不是如我们现代人所理解的那样是一种轻视法律的表现。其实在中国古代,礼就是法的有机组成部分,重视礼教,就是重视法律。礼法的和谐维护了社会的和谐,这正是中国古代法律的成功所在。

第三,官僚机构完备。

中国古代有关官吏组织机构的设置管理、官吏的选拔、官吏政绩的考核、官吏的升迁贬黜等方面的法律规定十分严密,而执行这些法律的"吏治"机构也十分发达。有学者称"官僚法"完备发达是中国古代社会的一大特征,此言不虚。我们从中国古代的政书和会典中可以看到中国古代完备的官僚机构的设置。

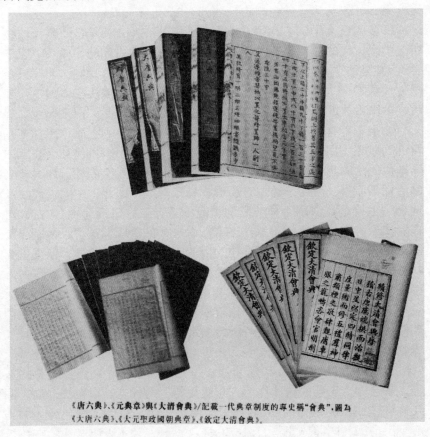

《唐六典》、《元典章》与《大清会典》/记载一代典章制度的专史称"会典",图为《大唐六典》、《大元型政国朝典章》、《钦定大清会典》。

【记载中国官僚机构设置及职能的典籍】

中国古代社会之所以如此重视官吏的管理，与中国古代社会经济、政治、文化环境密切相关，也与官员在全社会中举足轻重的作用有关。中国古代的经济是以农耕为主的小农经济，小农经济的特点是自由分散，在小农经济的基础上建立起统一的王朝实非易事，只有"大一统"的文化和强有力的"中央集权"，国家才具有凝聚力。在这种文化背景下，官员的政治理念和文化素质就至关重要。在地方，官员是朝廷与百姓连接的枢纽，为一方父母。王朝的教化、法律，地方的赋税贡品、习俗全靠一方官员贯彻维系。在中央，官员也是各有执掌。此外，古代的官员不仅负有官职所要求的职责，而且还负有为民楷模，和睦社会，传播文化，维护王朝统一的使命。

第四，律与刑只是中国古代法的一部分。

许多人认为中国古代的法就是"律"，而律又以罪名刑名为核心，所以中国古代的法就是刑，并以此又延伸出中国古代法律体系"以刑为主"，甚至是"有刑无法"。对此我们有不同的看法。我们认为律只是中国古代法的一个组成部分。我们前面所说的礼、官僚法在中国古代都是法，中国古代的法律体系是"以礼为主"的，而不是"以刑为主"。

如果不带有偏见，我们就会发现中国古代社会的主流思想并不是强调刑的恐吓作用，更不以为刑罚万能。相反，在中国古代社会长期占主导地位的法律思想格外注意的是刑罚的负面作用和有限性。如对社会问题治标不治本、激化矛盾、容易形成暴政等等。因此，中国古代法及法理念的主流是"恤刑"和"慎刑"而不是什么"以刑为主"。古人对刑罚的认识实在值得我们深思：在古人看来，刑罚毕竟是"以暴制暴"迫不得已而用之的手段，使用刑罚的目的固然在于惩罚犯罪，但更重要的却是保护善良并教育更多的人远离犯罪，弃恶而从善——这就是古人常说的于"法中求仁"而非"法中求罪"。由于提倡慎刑，古代立法对于死刑尤为谨慎，死刑的判决和执行权基本掌握在中央甚至皇帝的手中。即使只看律文，我们也完全可以自豪地认为中国古代的刑罚与同时代世界其他国家和地区比较是文明而先进的。在幅员辽阔的王朝统辖地区，"律"具有高度的统一性和延续性。每一个新王朝，在条件成熟的基础上，都会颁行王朝的新律作为"与民更始"的标志。自秦统一后，颁行及修订"律"的权力便归于中央，"律出一门"是为了避免统一的王朝治下出现因"同罪异罚"而造成的社会不公。为了保障"律"在执行的过程中也能高度统一，中国古代的"律疏"（律文解释）学格外发达，《唐律疏议》对制定"律疏"的原因是这样写的："今之典宪，前圣规模，章程靡失，鸿纤备举，而刑宪之司执行殊异：大理当其死坐，刑部处以流刑；一州断以徒年，一县将为杖罚。不有解释，殊途暌误。"统一解释律文是为了实现官员对律的统一理解，是为了尽量避免因为官员素质的差异而造成律执行不一的状况。律具有高度统一性，所以在两千多年的王朝统治中，统治者对律的颁行和修订常常是用心良苦，每一王朝在颁行新律时都对以往的律进行认真地总结，如《唐律疏议》所言"沿波讨源"而制律，从秦到清，律的体例、术语、条文是在延续中不断发展的。此外，刑罚的种类和适用在律文中也有着严格的规定。如今许多人认为"酷刑"是中国法律的特征，殊不知与同时代世界其他地区和国家的刑罚相比，中国古代的刑罚恰恰可以以开明而著称。中国古代于律中明确的法定刑罚在秦以前是墨、劓、刖、宫、辟五刑及其他刑罚，汉文帝废除肉刑后，逐渐向隋唐的笞、杖、徒、流、死新五刑过渡。当然，我们不否认中国古代存在着许多法外酷刑，尤其是死刑的种类繁复，虽然隋唐后律文中只规定了"绞、斩"两种，但是凌迟等惨绝人寰的酷刑在实际当中依然存在，朝廷甚至通过变通的形式将一些酷刑法律化。但是，我们还应该看到，以律规定之外的方式实施刑罚毕竟是非常的状态。

总之，中国古代的法律是一个"综合为治"的体系：礼乐教化以稳定社会，防止犯罪；家法族规约束到每一个人，修身立德，向善远罪；旌表以扬善，刑罚以惩恶。

鉴于中国古代法律体系的特征，我们决定摒弃以现代部门法体系为框架，机械地将中国古代法分割成刑法、民法、诉讼法的思路，因为那样的法律体系在中国古代并不存在。我们将以《周礼》、《唐

【五牛分尸图】史载战国法家商鞅主张重刑，变法失败后，自己被五牛分尸。

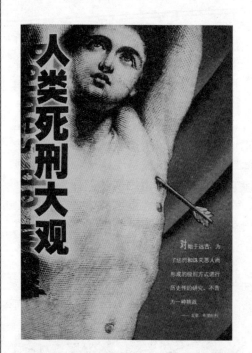

【《人类死刑大观》书影】法国学者马丁·莫内斯蒂埃作，其辑录了世界不同地区和不同时代"合法"的死刑执行图片，反思人类的酷刑和死刑目的与作用。可以说酷刑的存在是中西古代法律的共同特征。如果比较的话，受儒家慎刑思想的影响，中国古代刑罚远比世界其他国家和地区同时代的刑罚要文明。

六典》及《大清律例》等为参考，按古人的分类法，以行政官署——吏部、户部、礼部、兵部、刑部、工部为纲目，对中国古代法律体系进行解读。又因为帝王在法律体系中的地位至关重要，故首言帝王与法之关系。之所以以尚书六部为纲，是因为完成于春秋战国至汉时的《周礼》，传说经过孔子的整理。从表面上看，《周礼》是后人对西周历史的追记，其记载了西周"礼治"社会中的政权组织机构——六官，天官、地官、春官、夏官、秋官、冬官，并叙述了六官的职掌。但实际上，《周礼》的编写者更多地是通过历史来规划未来，阐述自己的理想，即实现官吏各司其职的礼治社会。这种规划与理想为中国古人所接受，《周礼》自汉代起就具有了"经"的地位，此后王朝的制度设计无不以《周礼》为蓝本，而《周礼》体现的思想也成为人们的追求。直至隋唐，国家的行政机构终于如《唐六典》所记载的那样逐渐完备。天、地、春、夏、秋、冬六官演变为吏、户、礼、兵、刑、工六部，而地方的政府机构也随之逐渐演变为吏、户、礼、兵、刑、工"六房"。至明代，律的体例也随之变为名例为首，其后为吏、户、礼、兵、刑、工六律。在以官为核心的政治文化中，行政机构的体系，也就是法律的体系。

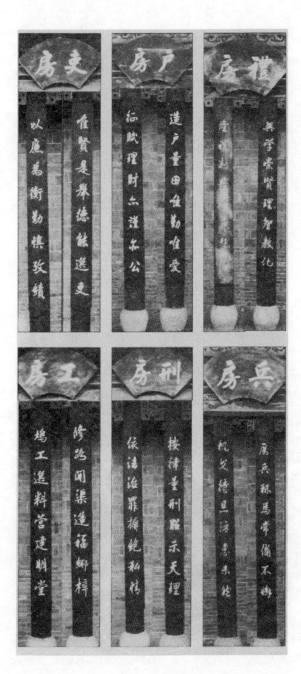

【山西榆次县衙六房楹联】从六房的楹联中可以看出六房职掌的不同和中国古代对官吏的教化无所不在。吏房：唯贤是举德能选吏，以廉为衡勤慎考绩。户房：造户量田唯勤唯爱，征赋理财亦谨亦公。礼房：兴学崇贤理智教化，隆礼制典仁义规绳。兵房：厉兵秣马常备不懈，枕戈待旦防患未然。刑房：按律量刑昭示天理，依法治罪摒绝私情。工房：修路开渠造福乡梓，鸠工选料营建明堂。

一、帝王：口含天宪

——帝王与立法

　　说起中国古代的帝王，人们一定会想起这样几个名词：圣君、明主、庸君、昏君、暴君。中国人根据什么给君主盖棺定论?依据什么评价帝王? 在五千年的历史中，大多数情况下君权究竟是掌握在圣君明主的手中，还是掌握在昏暴君主的手中? 抑或是在中庸君主的手中?

（一）帝王的"九五之尊"

　　我们不否认中国古代帝王在人间具有至高无上的地位，因为帝王的权力来自"神意"，具有神圣性，其合法性更是自不待言。在人们的观念中，帝王的权力是"天"授予的，而帝王本人也绝非凡人，他们是"天子"、"龙种"，代"天"统治人间。"天无二日，国无二主"，通天的帝王在人间的地位是至高无上的。从这种角度说，帝王的意志就是天意，就是法律，所以古代社会帝王"口含天宪"，掌握着最高的立法权是毋庸置疑的。

　　古代的许多制度，正是为了显示帝王独一无二的地位和权力的神圣性而制定。比如帝王的居所的建筑、出行的仪仗、服饰、膳食、陵寝等皆为最尊的规制，若有人僭越使用，罪在不赦。若有人敢在家私藏御用品、私穿御服、居所逾制等皆会受到法律严惩。龙凤纹为皇帝所专用，清律"服舍违式"规定："若僭用违禁龙凤纹者，官民各杖一百，徒三年。"此条律后注释称："龙凤纹乃用之以饰乘舆服御物者，官民之家违禁而擅用，则僭越甚矣。不分官民，各杖一百，徒三年。造作之工匠，杖一百。"

　　帝王所用之物称为"御物"，有着严格的管理制度，任何人不得染指。唐代私借皇帝的乘舆，无论是借者还是借出者都要被判徒刑。清律也规定，对皇帝赐予的"御物"，要恭敬接纳，不得转赠他人。帝王的玉玺，也就是常人所说的印章，更是帝王权力至尊的象征，古代有专门管理帝王印章的机构，唐代称"符宝郎"，官职从六品，掌管皇帝的八

【故宫藏乾隆皇帝龙袍、衮服】皇帝专用的袍。也合称为龙衮。因袍上绣龙形图案，故名。龙袍还泛指古代帝王穿的龙章礼服。唐高祖武德年间令臣民不得僭服黄色，黄色的袍遂为王室专用之服，自此历代沿袭为制度。龙袍上的各种龙章图案，历代有所变化。龙数一般为9条：前后身各3条，左右肩各1条，襟里藏1条，于是正背各显5条，吻合帝位"九五之尊"。衮服是皇帝在祭祀上天、祖庙时专用的衣服。在古代，若有人私制或家藏皇帝的服装，则会被定为"谋反"之罪，祸及族人。

【故宫藏明万历孝靖皇后的凤冠】

方玉玺，一曰"神宝"，象征帝王权力来自神意；二曰"受命宝"，用于祭祀，象征帝王受天之命统治国家；三曰"皇帝行宝"，用于回复王公的奏疏；四曰"皇帝之宝"，用于奖赏有功之人；五曰"皇帝信宝"，用于委任名臣；六曰"天子行宝"，用于答复周边地区和国家的书信；七曰"天子之宝"，用于安抚周边地区和藩属国；八曰"天子信宝"，是征发藩属国军队的凭信[4]。皇帝八宝为皇帝专用，若有人伪造，即使只伪造其中一宝，也死罪不赦[5]。我们现在还能看到传世的清代皇帝玉玺二十五枚，象征清统治的神圣性、合法性，并用于皇帝对日常国务的处理，说明清代的玉玺管理较唐代更为缜密。

帝王的"神圣性"，使他可以掌握臣民的生杀予夺，帝王可以通过"诏狱"、"恤狱"等途径，免除犯死罪者的死刑，也可以以"莫须有"的理由置人于死地。汉之后，有"丹书铁券"制度，其甚至赋予帝王对功臣及功臣子孙的"免死"权力。帝王的特殊地位和权力，当然非常容易导致天下"以帝王是非为是非"，并导致帝王对法律的践踏，这是古代社会冤狱丛生的重要原因。

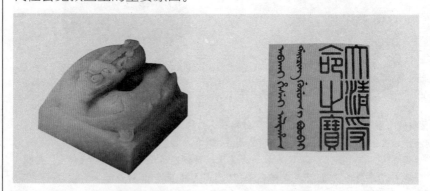

【大清受命之宝】清御用二十五宝之一，此"宝"为帝王重器，是皇权天授、王朝政权合法的象征。

（二）法律对帝王的约束

但是，我们还应该注意到，古代社会对帝王践踏法律并非是听之任之，帝王践踏法律也并非是社会的常态。赫赫王（皇）权在漫长的历史发展中，如法家所言——既无法永远地由雄才大略的帝王掌握，因为即使雄才大略也无法长生不老；也并非长久地掌握在暴君昏君手中，因为暴君也好，昏君也罢，都无法长久担当如此庞大帝国的元首，无法维系王朝的长治久安，他们的随心所欲会导致社会矛盾的激化并加速王朝崩溃，甚至自身不保。所以在大多数情况下，尤其是王朝的中期或太平之时的王（皇）权往往掌握在出身帝王之家、受过良好教育的中庸之主手中，这些人的统治主要靠祖宗的成法和王朝的定制。中国古代社会是农业社会，"经验"对社会生活有着至关重要的作用。在政治上，祖宗之法常常与天意有着相同的含义，在王朝的统治中具有无可争辩的权威性，"祖宗之法不可变"几乎是全社会的信条。历代王朝在制定法律时须"沿波讨源"，总结前人的经验。本朝开国帝王的"故事"，更是被奉为"圭臬"而加以遵守，不到万不得已决不会变革。因此就是独一无二的帝王也要受到天意和祖先之法的约束。唐代武则天是中国历史上一位不守祖制的皇帝，她先以皇后身份主管朝政，后径直将李姓天下改成武氏王朝，当了女皇。就其政绩而言，她并没有什么格外值得世人指责之处，相反在武氏的统治下，朝中不乏贤良，百姓安居乐业。武氏与宗室李氏因权力之争而引发的动荡被控制在有限的范围内。但是，武则天身为女性干预朝政并堂而皇之地登上龙椅却与当时的社会价值观大相径庭。为钳制天下，武则天重用酷吏，践踏成法，诛杀宗室及重臣之举更是为世人难容。但即使武则天这样桀骜不驯的女

【陕西乾陵前的无字碑】

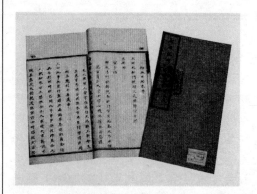

【清王朝的起居注】起居注是记载帝王言行的档册。凡皇帝每日各项政事活动，均有日讲起居注官按规定体例记录，一般每月记录两册，一年二十四册。清起居注分别用满、汉两种文字记录。起居注制度对帝王有着巨大的约束。

皇最终也还是不得不屈从祖制成法，临终前她留下遗书，去掉自己的"帝号"，称"则天大圣皇太后"，"祔乾陵"[6]，即与高宗合葬，回归了李氏媳妇的身份。至今耸立在乾陵前的"无字碑"，传说是按武则天生前交代所立，她无奈地将一生的功过交与后人评说。

武则天与无字碑的故事，一方面说明法律对一些"强势"帝王的一时屈从；另一方面也说明即使强势的帝王也无法不顾及世俗的评判，真正的"金科玉律"并不是随帝王喜怒而轻重的法条，而是恒久不变、代代相传地根植于人们心目中的"大法"。宋人范祖禹告诫皇帝："天下者，祖宗之天下，不可一日而怠；人民者，祖宗之人民，不可须臾而忘；百官者，祖宗之百官，不可私非其人；府库者，祖宗之府库，不可用非其道。常自抑畏，儆饬圣心，一言一动如祖宗临之在上，质之在旁，则可以长享天下之奉而不失矣。"[7]可见祖宗之法在人们心目中的地位。

清同治八年（公元 1869 年），慈禧太后宠幸的大太监安德海奉慈禧之命出宫置办宫中用品，一路以钦差自居，敲诈勒索，作威作福。不想，行至济南，山东巡抚丁宝桢以"宦竖私出，非制"为由，诛杀了安德海。丁宝桢所说的"制"，正是清人的祖制。鉴于明朝太监干预朝政的历史教训，清开国之初，顺治皇帝在顺治十年（公元 1653 年）就颁布了一道上谕，对太监作出了六条规定：第一，非经差遣，不许擅出皇城；第二，职司之外，不许干涉一事；第三，不许招引外人；第四，不许交接外官；第五，不许使弟侄亲戚暗相交接；第六，不许假弟侄名色置买田产，因而把持官府，扰害民人。两年后，顺治又命工部铸成一块高一百三十四厘米、宽七十厘米飞铁牌立在宫内。鉴于祖制，慈禧在闻知安德海被诛后，虽怒不可遏，但也无奈，只有不了了之。

【顺治铁牌】上面镌刻着严禁太监干政的上谕，铁牌至今犹存，其为清廷的祖训。其文为："皇帝敕曰：中官之设，虽自古不废，然任使失宜，遂贻祸乱。近如明朝王振、汪直、曹吉祥、刘瑾、魏忠贤等，专擅威权，干预朝政；开厂缉事，枉杀无辜；出镇典兵，流毒边境；甚至谋为不轨，陷害忠良，煽引党类，称功诵德，以至国事日非，覆败相寻，足为鉴戒。朕今裁定内官衙门及员数职掌，法制甚明。以后但有犯法干政，窃权纳贿，嘱托内外衙门，交接满、汉官员，越分擅奏外事，上言官吏贤否者，即行凌迟处死，定不姑贷。特立铁牌，世世遵守。顺治十二年六月二十八日。"

　　自古至今，我们评价帝王的依据是"文治武功"。"文治"指君主以教化施政，其有两个层面的内容。第一，君主是仁义道德之君，其言行堪为民众的表率。就像传说中四千多年前治水的大禹一样，其言行举动就是民众的法则。太史公司马迁赞叹道："禹为人敏给克勤，其德不违，其仁可亲，其言可信；声为律，身为度，称以出；亹亹穆穆，为纲为纪。"[8]

克勤于邦　克俭乃家
罔载任政　厥中允就
惠滴对言　九叙由立
不伐不矜　振古英廋

禹

【大禹像】

第二，君主除以身作则外，对百姓有着父母的情怀，即古训中强调的"保民若保赤子"。君主视天下人为子民。如《诗经》所言："恺敌君子，民之父母"。唐太宗时的重臣长孙无忌完成注释唐律的工作后，进表称：古代帝王对天下人的怜惜，以致达到"一夫向隅而责躬，万方有犯而罪己"的程度。即帝王治下如果有一个人不愉快，帝王就会如同没有爱护好自己的子女一样而自责；边境如果有一处有战争，帝王就如同没有治理好自家一样而不安。因此，使用刑罚，应该是帝王在万不得已情况下而采用的手段。帝王官吏在使用刑罚的时候都应该心存仁义，检讨自己为政是否有失，以致民有所犯。中国有一个成语："下车泣罪"，说的是大禹出行，路遇犯人，下车而泣。其表达的便是仁君对百姓所应有的父母情怀，即使对罪人也应抱有同情之心。

第三，设法立制，使王朝长治久安。"武功"指君主对疆土的开拓和边境的安定，其中与周边民族和国家的关系和睦与否是武功的重要标志。值得注意的是，中国古代处理与周边地区和国家关系的理念是和平相处，武力的征服是迫不得已情况下的选择。朝贡制度，典型地反映了中原王朝与周边地区和国家"等级有序"的和睦关系。首先，王朝与周边地区和国家的交往，并不注重经济利益，其政治和文化意义远远大于经济的需求。所以，王朝并不强行干预周边地区和国家的内部事务，在接受周边地区和国家的朝贡时，王朝所担负的义务远远大于所获取的利益。有些朝贡者是王朝所辖范围内的少数民族，也有如日本、朝鲜这样的藩属国。其次，朝贡者的安全受到王朝的保护，经济上与王朝互通有无甚至得到王朝无偿的赐予和帮助。朝贡者也往往自愿地接受王朝的文化熏陶，仿效王朝的制度，定期向朝廷进贡，以表示与中央的臣属和藩属关系。

【大禹下车泣罪】汉刘项《说苑·君道》记：大禹巡行诸侯之国，路上遇见一起犯罪的人，心中不忍，便下车来问其犯罪之由，因而伤心垂泣。左右的人问道："这犯罪之人，所为不顺君道，正当加以刑罚，君王何故痛惜他？"禹说："我想尧舜为君之时，能以德化人，天下的人都依着尧舜的心为心，守体安分，自不犯刑法。今我为君，不能以德化人，这百姓们各以其心为心，不顺道理，所以犯罪。是犯罪者虽是百姓，其实由我之不德以致之，故我所以伤痛者，不是痛那犯罪之人，盖痛我德衰于尧舜也。"大禹不以罪人可恶，而以不德自伤如此，则所以增修其德，而期于无刑者，无所不至矣。

【唐代步辇图】阎立本（公元 601 年～673 年）画，阎立本在唐太宗时任刑部侍郎，显庆初年，代兄做工部尚书，总章元年为右丞相。擅长书画，作画所取题材相当广泛，如宗教人物、车马、山水，尤其善画人物肖像。《步辇图》是以贞观十五年（641 年）吐蕃首领松赞干布与文成公主联姻的历史事件为题材，描绘唐太宗接见来迎娶文成公主的吐蕃使臣禄东赞的情景。

　　中庸之主的"文治"不在创制，而在"守制"，他们的"武功"也更注重在边境的安定方面。就法律与帝王的关系而言，也是如此。随意立法毁法的帝王并不多见，历史上大多数的帝王基本安守成制。法律的修订也是有程序约束的，即使帝王也不能随意立法。王朝的立法程序一般是帝王下诏，集朝臣、通识之士集议，专人（一般是朝中重臣）负责，议成后再上奏君主，直至满意，再由君主下诏颁行天下遵行。在修订法律的过程中，社会主流的价值观、以往的法律、祖先的成法、惯例以及以往法律实践过程中的经验都是重要的制定新的法律的依据。唐穆宗是一个昏庸的皇帝，但是也知道"慎刑"的重要，所以当裁断大狱时，穆宗便令一名中书舍人参加，以权衡轻重，并称为"参酌院"。主管审判的大理少卿崔杞认为，唐代自高祖、太宗以来，二百余年一直以大理寺为执法之司，现在又别设"参酌之官"，名不正而言不顺。穆宗因此而撤销参酌之官[9]。历史上，这种帝王的建议或所设定的制度被臣下驳回的例子不胜枚举，帝王最高的立法权是在制度约束下的，如果将帝王的最高立法权简单地误解为帝王随心所欲，为所欲为，我们就很难正确地阐释中华法系。

1 《统制条格·卷九·衣服》。

2 参见费成康主编:《中国的家法族规》,上海社会科学出版社 1998 年版,第 28 页。

3 [法]伏尔泰《风俗论》(上册),梁守锵译,商务印书馆 1995 年版,第 217 页。

4 《唐六典·卷八》。

5 《唐律疏议·诈伪》。

6 参见《新唐书·后妃传》。

7 《历代明臣奏仪·卷六九·法祖》,上海古籍出版社 1989 年版,第 955 页。

8 《史记·夏本纪》。

9 《新唐书·刑法志》。

二、吏部："循名责实"、"因能授官"

——官吏与法律

　　《周礼》六官，以天官冢宰为首，隋唐以来尚书省六部，则以吏部为先，"天官"、"吏部"是主管官吏的部门，由此可见"官"在中国古代的重要地位。因为，在以农业为主的古代社会，地方官员就如同地区的父母，三代的天子和秦统一后的皇帝，就是天下的大家长。官员的品德、素质实际上是社会和谐的关键。这就是为什么先秦诸子，在礼治、法治的主张上各有己见，惟在"治官"上英雄所见略同的原因。儒家强调官吏的道德操守，主张为官者须为民表率，孔子言："其身正，不令而行，其身不正，虽令不从。"[1]法家虽然认为儒家迂阔，但在对官吏的管理制约上却不敢掉以轻心，只不过是儒家更强调官吏的"德"，而法家更重视官吏的"能"。申不害说，君主对待官吏应"见功而行赏，因能而授官。"[2]韩非十分赞同这种主张，于是有了法家"明主治吏不治民"的那句名言。秦汉之后，随着社会的发展，统治经验的积累，中国古代逐渐形成了一套以德、才为标准的官吏管理制度。故而，许多学者认为与西方相比，中国古代虽然没有发达的民法，却有发达的"官僚法"。

　　中国古代各朝各代管理官吏的机构名称不尽相同，唐代有吏部和御史台。《唐六典·吏部》这样记载吏部的机构与职能：吏部尚书为吏部长官，正三品。副长官二人称侍郎，正四品。吏部掌管天下官吏的选授、考课和爵位功勋的封赏。选授是对取得了人仕资格的人进行铨选、任命。唐代官员分为九品，三品以上为"贵"，五品以上为"通贵"，所以进五品以上官，由吏部考核后报中书省，由皇帝"制授"，六品以下官，按资历和考核成绩，由吏部定拟授予。中国古代为官须有朝廷颁发的"委任状"，唐宋时期称之为"告身"，南宋始称诰命，为封赠文书，用卷轴式五色绫纸书写。凡文武官升迁改秩，追赠大臣，贬议有罪，赠封祖父妻室，都用诰命。

【吏部署】

法律体系篇 『礼乐政刑，综合为治』的法律体系

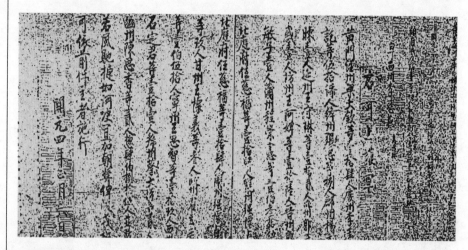

【唐代开元四年制授李慈艺为上护军告身】1912 年 3 月，日本大谷探险队在吐鲁番阿斯塔那古墓群掘得了唐开元四年制授高昌县人李慈艺为上护军的"告身"原件，这是一件极为珍贵的西域文物。但它的内容，除 20 世纪初，罗振玉、王国维曾摘录其部分文字外，学术界长期未见其真面目，而且原件至今已不知去向。所幸当时爱好者德富苏峰氏收藏有该"告身"的照片四帧。日本知名吐鲁番学专家小田义久教授前往调查，公布了此"告身"的全部照片及其来历，使得学术界得见"告身"原貌。此"告身"对研究唐开元初西域形势、朝廷对策提供了许多新信息，同时也为研究唐朝廷"告身"原件，展示出了一个珍贵标本。

　　诰命又称诰书，是皇帝封赠官员的专用文书。所谓诰是以上告下的意思。古代以大义谕众叫诰。明清时一至五品官员授以诰命，六至九品授以敕命，夫人从夫品级，故世有"诰命夫人"之说。

【清乾隆二十六年封伍郎塔卜武翼人夫及其妻那氏为淑人之诰命】

"考课"是用固定的标准每年对官员进行业绩考察，考察的结果分为九等，即上上、上中、上下、中上、中中、中下、下上、下中、下下。官品根据考课的结果而升降，业绩突出者可以破格升迁，无所作为或有恶迹者依法贬谪。考核的标准是"四善二十七最"。四善是为官者须有的道德品质：一善为"德义有闻"（有仁厚正派的口碑）；二善为"清慎明著"（为官清廉，处事谨慎明察）；三善为"公平可称"（处事公平，没有偏私）；四曰"恪勤匪懈"（勤于公事，毫不懈怠）。"二十七最"根据不同岗位对官员职守作出考核的标准。比如朝中官员，尤其是皇帝周围的亲近官员要考察其是否发挥了对一些决策拾遗补缺的作用；"选司"

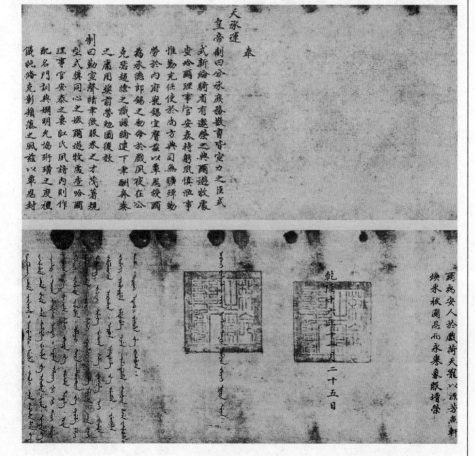

【清乾隆十六年封安泰为承德郎其妻为安人之敕命】

【诰命箱】

的官员是否为国家公正地"权衡人物，擢尽贤良"；礼官是否依据经典制定、进行"礼制仪式"等等。吏部下设四个"部"或称"司"，即"吏部"、"司封"、"司勋""考功"，长官称"郎中"，官位从五品上。吏部掌管官吏品阶及俸禄，唐代品阶有职事品（具体职掌）和散品（资历及给予俸禄的标准），皆为九品三十一阶；司封掌管爵位及每等爵位的待遇，唐代爵位分九等，一般根据与皇室的血缘关系和功劳来定：王、君王、国公、郡公、县公、县侯、县伯、县子、县男九等；司勋掌管对有功人员的奖赏，唐代功勋分为十二转，最高级别为"上柱国"。考功掌管文武官员的考课。到期应参加考核的官员将自己的业绩总结出来上交主管官吏，主管官吏在本司（即本单位）当众读议，按上上、上中、上下、中上、中中、中下、下上、下中、下下九等评定级别上报。

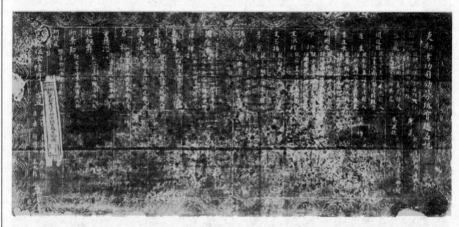

【吏部考功司效劳班官题名记】

【顺治元年摄政王多尔衮谕旨】

多尔衮告诫官员恪守职责，戒贪守法，并言若贪污受贿、违法乱纪，纵使有功也不得奖赏。

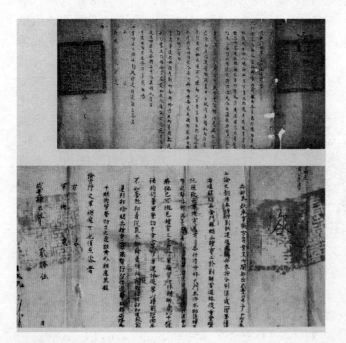

【清代咨文】

上图为乾隆二十五年考察官吏业绩之咨文，下图为咸丰四年王德奏请分别惩处剿贼延迟之
总兵参将之咨文。

唐代的官吏监察机构是御史台。御史台的长官称为御史大夫，官品为从三品。御史台的职责是纠举百官失仪违法之言行，接受皇帝下诏交办的案件，弹劾犯罪的官吏，代皇帝和朝廷巡视地方。许多文学作品中将监察御史视为钦差大臣，其实具有"分察百僚，巡按郡县，纠视刑狱，肃整朝仪"[3]大权的监察御史在唐代的官阶不过是正八品上，是名副其实的"位卑而言重"。

在古代社会中，雄才大略的帝王、德才兼备的官员是中国古代国家发展、政治稳定、经济繁荣、社会和睦的重要保证。官制完备的意义还在于高素质的官员可以弥补集权制度的缺陷——即使帝王是平庸甚至是中下之材，高素质的官员也可以通过循礼守法而使国家保持稳定和发展。如《汉书·百官志》总结的那样："周公作《周官》，分职著明，法度相持，王室虽微，犹能久存。"即西周初期周公完善了官制，官吏职责分明，以法度相持，后来天子的地位虽然衰微，但周朝却能久存。唐代玄宗时发生的"安史之乱"，虽迫使王室举朝搬迁，但王朝的统治依然继续，其原因也在于唐王室的官员对王朝的忠心使王朝的恢复成为可能。

【名御史牌坊】藏于广东清远博物馆，该牌坊建于清嘉庆八年（1803年），是为表彰郭仪长等而建。"郭仪长，字震元，号豫堂。清城下廓后街人。清乾隆四十八年举人，初任刑部主事，员外郎、郎中等职。嘉庆年间出任江西道监察御史，兼江南道监察御史和浙江道监察御史。

中国古代有关官吏方面的法远远不是"吏部"职能和"吏律"所能涵盖，负责选举的礼部、负责监察的御史台等有关部门的规章和法令，都有专门为官员而设的法，中国古代的"官僚法"充分体现出了中国古代法的综合性特征。

夏商西周，是以血缘关系为纽带的宗法制社会，人们的社会地位和政治地位依据与天子关系的远近而定，与天子的血缘关系越近者，地位越尊贵。比如，天子的嫡长子继承天子之位，兄弟和其他儿子封为诸侯；诸侯接受天子分封的土地成为国君，其嫡长子为国君的继承人，其他儿子则封为大夫；大夫有自己的采邑，其嫡长子继承大夫的爵位和采邑，其他儿子则为士；士食国家的俸禄，士的嫡长子的继承士的爵位和俸禄，其他儿子成为自食其力的平民。

【清末吏部文选司求贤科同僚照片】

　　与宗法制相辅相成的选官制度是世卿世禄制，即根据出身而确定官位。所以，是贵族世袭制的。春秋战国以后，随着社会的发展，宗法制和世卿世禄制被打破，在官吏的选拔和任免方面开始"选贤任能"，秦国商鞅为了富国强兵，奖励耕战。努力耕作及作战勇敢者可以免除奴隶的身份，可以获得军功爵，享受以往贵族食国家俸禄的权利。秦汉后世卿世禄的贵族制逐渐为选贤任能的官僚制所取代。一套官吏的官品、俸禄、选举、任免、考核、晋升、致仕(退休)、

【清朝北京贡院远眺】贡院是会试的考场，各地举人来此应试，就像是地方向皇帝贡奉名产，故称贡院。我国的科举制度，从隋朝起，兴盛于唐，一直到清光绪三十二年（1906年），历经一千余年。

223

黜退、监察、惩罚等法令也随着官僚制的确立而逐渐完善。

中国古代"官僚法"核心在于体现"循名责实"及根据德、才、劳而授职的"公平"精神，当然这种精神在现实中未必能够得以完全实现，但其毕竟在一定程度上约束了官吏并清洁了官场，这种制度凝聚着古人的智慧和精神追求。中国古代为官不易是众所周知的事。首先，为国求贤的科举制度给了布衣平民的入仕机会。

但是入仕的基本条件并不宽松，熟读经史，关心时势是由"士"而"仕"的必备前提，"十年寒窗苦"是入仕者的最基本代价。

【清朝北京贡院考棚】清朝北京贡院旧址位于今建国门内一带，建于明永乐十三年（公元1415年），原系元代礼部衙门的旧址，光绪三十一年（公元1905年）停止科举考试。民国后，贡院所在地渐为民居。现如今，古考场的踪迹已荡然无存，仅留下了"贡院街"这个地名。会试每隔三年举行一次，通常在三月，叫"春闱"。会试共考三场，每场考3天。考取的参加皇帝主持的殿试，殿试中了便成进士，前三名即为状元、榜眼、探花。各地乡试在8月举行，叫"秋闱"。

【河南开封明礼院】又称南衙。初建于五代梁开平元年（公元 907 年）四月，至今已有千余年历史。古代这里是举子进行科举解试和临时性讲学、集会的场所。

【孔府戒贪图】绘于曲阜孔府内宅门的内壁彩画，此兽名"贪"，这幅壁画的名字叫"戒贪图"，俗称"贪吃太阳"。"贪"是传说中的贪婪之兽。壁画上"贪"四周的彩云中，全是被其占有的宝物，已经应有尽有，但它并不满足，仍然目不转睛地对着太阳张着血盆大口，妄图将太阳吞入腹中，结果落了个葬身大海的可悲下场。孔府内宅门内壁上的"戒贪图"绘于何年，已无从考证，但其用意却非常显明，那就是借贪的丑恶形象，作为警钟，告诫族人切不可贪得纵欲。"贪"的形象还常常出现在地方官署的影屏上，以此告诫为官者戒贪。

　　不要轻视这十年寒窗的修炼，这种教育使入仕者在为官之前确立了为官的理念，这种理念的基础是儒家经典。这种为官者的理念在流传至今的官箴书、官署门前的对联、立于各地的官箴碑、戒贪碑和祠堂的祖训中有着生动的反映。

　　此外，自秦开始直至明清，任免县令以上官员的权力统一于中央。全国统一的任官制度，不仅使官僚阶层成为社会的精英，得以主导一地区的行政，"为民父母"或"造福一方"，而且有利于文化的传播，也有利于使中央王朝所辖地区的法律一统成为可能。这就是即使我们在远离朝廷的边远的少数民族地区，也常常可以寻找到古代法律存留遗迹的原因。许多少数民族的习惯法显然受到中央王朝的影响并有着明显的汉化痕迹。在广西、湖南、广东、云南、贵州等地的瑶族中流传甚广的《过山榜》（或《评皇券牒》）便是典型的例子。[4]

孙中山先生的"五权宪法"理论充分地肯定了中国古人创设的"官僚法"。孙中山认为西方的三权分立学说，虽然在西方资产阶级革命时起到了巨大的作用，但是随着国际形势的发展，这种理论已经开始出现弊端，不能适应现实。以美国为例，三权虽相互制约，但又各不相同，政客买

【孟庙中的戒贪碑】

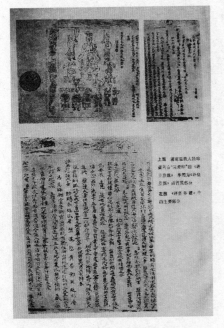

上图 湖南瑶族人民珍藏的古"马蹄印"的《评皇券牒》本图为《评皇券牒》前部黑色部分。左图《评皇券牒》中的朱红主要部分

【湖南瑶族盖有"马蹄印"的过山榜】

通选民，将一些愚昧无能的人选成议员，组织国会。国会既是立法机关，又是监察机关，他们往往利用监察权，挟制行政，形成"议院专制"。另一方面，政府的官员由总统委任，随总统的进退而进退，一朝天子一朝臣，有才能和经验的国家行政官员常常因总统的替代而不得进用，无能甚至腐败的人也常常可以因为总统的赏识而身居要职，由此而形成政治的散漫和腐败。孙中山认为，三权分立的缺陷是因为选拔官吏的考试权和监督官吏的监察

权不独立所造成的，而中国古代的官吏选拔（科举铨选）制度与监察制度可以弥补三权分立的不足。他提出 "五权宪法"的理论，即在立法权、行政权、司法权独立的基础上，再加上考试权与监察权的独立。孙中山格外强调，考试权与监察权的独立是中国所独有的，五权宪法集合中外之精华，适合中国民俗国情。

中国古代的官僚法，正如孙中山所总结的那样，只要我们认真对待，就不难发现其中值得借鉴的优秀传统。

【刻有 "五权宪法"银质民俗佩饰钱】佩饰钱一般用于佩戴、装饰之用。它多佩挂于小孩的胸前，祈求平安吉祥；或佩挂于腰胯间，以示风雅，消灾避邪。该钱重 15 克，直径 5.8 厘米，背面雕有 "五权宪法"四个字，文字周围还刻有简洁的花卉图饰。"五权宪法"，是孙中山 1906 年在日本东京《民报》创刊一周年纪念会上提出来的。他主张国家权力应为 "民权"（亦称 "政权"或 "四权"）和 "治权"（亦称 "政府权"或 "五权"），提出把选举、罢免、创制、复决四权交给人民，把立法、司法、行政、考试、监察五权交给政府，实行权能分立、互相制约的制度。这枚钱反映了民国时期五权宪法思想的广泛影响。

1　《论语·子路》。

2　《韩非子·外储说左上》。

3　《唐六典·卷十三·御史台》。

4　参见《过山榜》编辑组:《瑶族<过山榜>选编》,湖南人民出版社1984年版。

法律体系篇 「礼乐政刑,综合为治」的法律体系

三、户部：民以食为天

——法律与国计民生

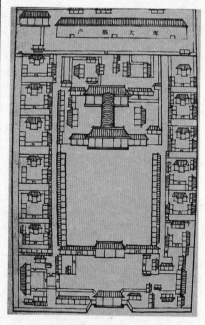

【清代户部衙门及大库平面图】

户部的职掌与国计民生最为密切，其是社会和谐的经济保障。《唐六典·户部》记户部"掌天下户口井田之政令"。

户部的职掌与国计民生最为密切，其是社会和谐的经济保障。《唐六典·户部》记户部"掌天下户口井田之政令。凡徭赋职贡之方，经费赒给之算，藏货赢储之准，悉以咨之"。长官为尚书，正三品；副长官称侍郎，二人，正四品下。户部下设四司即户部司、度支司、金部司、仓部司。

户部司主管全国户口的增减和农田政令。中国古代的户籍制度十分完善，因为户籍是国力的体现，也是国家分配田地和征发徭役、收缴赋税的基本依据。秦代有"傅律","傅"字的意思就是在名籍上登记。"傅律"规定男子到了十七岁就要到官府登记。如果"诈小"，到了年龄而不去官府登记，要依法进行经济处罚，知情不报的邻里也要受到牵连。隋朝初年曾下令州县地方官吏检查户口，一是将一些为了逃避徭役赋税而寄名隐藏于豪强之家的"户"析出，使他们成为王朝而不是豪强属下的"齐民"。二是核对户籍簿上记载的每一个人的体貌，以检验其是否诳报年龄。这次户口大检查史称"大索貌阅"，即大搜索并按人核对户口的记载。在检查中，如果查出有人在年纪上"诈老诈小"，户口不实，连负责"大索貌阅"的保长、里正都要被发配远方。一般来说，一个新王朝建立，首要的一件事就是丈量天下土地并统计天下人口，在历史文献中几乎可以找到任何一个王朝的户口统计数字。如隋大业初有 470 余万户，最盛时有 900 万户。经过隋末的战争，唐高祖晚年户口不满 300 万，但到中唐时，"天下之户"已经到了 800 多万，人口也达到近 5000 万[1]。为了更好地管理天下的劳力，王朝往往以法律的形式规定"成丁"的年龄，成丁后可以从国家官府分得土地，但是也相应地要承担向国家交粮纳税、

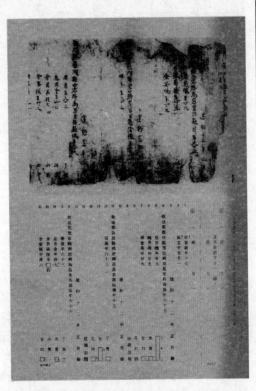

【敦煌唐代的户籍簿残卷】唐法令规定："诸户籍三年一造，起正月上旬，县司责手实、计帐，赴州依式勘造，乡为别卷，总写三通。"敦煌出土的户籍残卷使我们得以见到唐代户籍的实物。唐代户籍由两部分组成。一是户内人口情况，记录户主及家人（包括仆人）的姓名、性别、年龄、身体状况及身份。二是分田的状况，记录应受田的亩数以及已受田、未受田，所有田地的位置和四至。

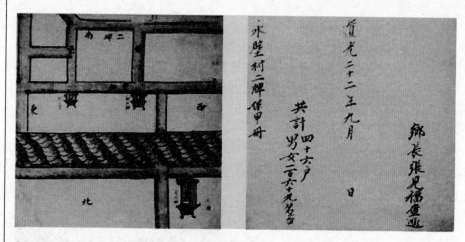

【清朝获鹿县永壁村保甲册】明清时的户籍制度规定：州县城乡编制保甲册，16 至 60 岁男曰丁，女及老少曰口，丁口系于户，十户为一牌，十牌为一甲，十甲为一保，分设牌长、甲长、保长，负责户口迁移登耗，查报治安情况。牌、甲、保长责权分明，互为担保。乾隆二十二年（公元 1757 年）规定，牌长、甲长三年一更换，保长一年一更换。

服徭役的义务。比如唐令规定"男子始生为黄，四岁为小，十六为中，二十为丁，六十为老。"[2]我们在反映唐代户口状况的敦煌文书户籍部中常常可以看到"小男"、"中男"、"成丁"、"老男"的字样。明初也编制过黄册，即详细登记各地居民的家口、产业情况。每年政府审定一次，人口的增减、产业的变迁都要及时呈报官府登入黄册备案。

唐令还规定，男子成丁后开始负担国家的赋税徭役，老年则免。户籍同时还是确定一个人身份等级的法律文件。唐代户籍分为士、农、工、商四种，"凡习学文武者为士，肆力耕桑者为农，工作贸易者为工，屠沽与贩者为商"[3]中国古代重农抑商，规定工商之户不得参加科举入仕，而士也不得从事工商与民争利。清律分户为军籍、民籍、匠籍（奴仆）三种，如果私自改变户籍的性质，要受到杖刑。

历史的经验使统治者认识到，天下安定与否在于农民是否有自己的土地可以耕种。历代农民起义无不是土地兼并，农民变为流民而致。孔子"天下物不患寡而患不均"是中国古代统治者为政的箴言。历代王朝只要尚有能力调节土地，就会进行土地的分配。秦始皇统一后，下令农民到官府自行申报所耕种的无主荒地，国家予以承认。汉初无为而治，国家保护农民的土地，并将战乱中荒芜的土地，按功奖赏给有功劳的人。唐代的均田制集历代土地平均分配制度之大成，唐令规定成丁男子和十八岁以上的中男，国家分给永业田二十亩，可以传给子孙；口分田八十亩。老男（六十岁以上）、废疾人（痴哑、侏儒、腰脊折、一肢废）、笃疾人（癫狂、两肢废、两目盲）分给口分四十亩，寡妻妾口分三十亩。除丁男和十八岁以上中男外，户主也各分永业田二十亩，口分田三十亩。有足够的土地实行均田的地方称为"宽乡"，在宽乡占地过限不为罪。土地不足的地方称为"狭乡"，狭乡根据土地情况减半分配。狭乡的人可以迁往宽乡。但不可以兼并其他人名下的土地。唐律规定："占田过限者，一亩笞十，十亩加一等，过杖六十，止。二十亩加一等，罪止徒一年。"[4]明太祖朱元璋时全国普遍丈量土地，并根据丈量的情况编制了"鱼鳞册"，之所以称为"鱼鳞"，是因为其不但详细记载了各户的土地情况，比如每户的土地亩数和方圆四至，而且绘制成图，状如鱼鳞。

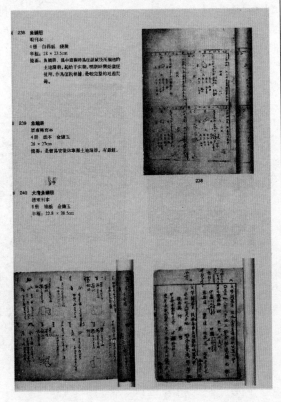

【明清鱼鳞册】鱼鳞图册是古代为征派赋役和保护土地所有权而编制的土地登记簿册。册中将田地山塘挨次排列、丘段连缀地绘制在一起，标明所有人、四至，因其形似鱼鳞而被称为"鱼鳞图册"。鱼鳞册最早出现在宋朝农业经济较为发达的两浙、福建等地。明清逐渐形成普及而完备的制度。

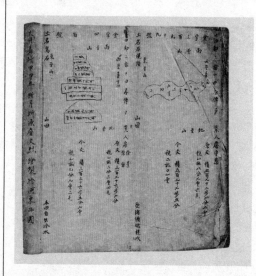

【明代鱼鳞册】

国家对户口制度的不断完善，既减缓了土地兼并的过程，使农民可以长久的拥有自己的土地，过着自给自足、交粮纳税的安居乐业生活；也便于朝廷掌握徭役赋税，充盈国家的仓库，增强国力。

户部职责是社会安定的基础。户部要与礼部及地方相配合，为"教化"及社会安定提供经济上的支持。比如为旌表制度提供物质支持。各州县按制度申报到尚书省的孝子孙顺、义夫节妇，户部要按制度蠲免同籍的徭役赋税，同时按制度"表其门闾"，即修建牌坊、门庭等[5]。

又称丝纶世美牌坊，位于广东大埔茶阳镇大埔中学校门口，建于明朝万历三十八年（公元 1610 年），距今 390 余年，为纪念当时父子进士——江西按察副使饶相和与中书舍人饶与龄所建。

抚恤弱势群体也是户部的重要职责。中国法律的公正体现在对"以众暴寡，以强凌弱"的遏制上。《周礼·大司徒》述地官大司徒之职，其中有："以保息六养万民：一曰慈幼，二曰养老，三曰振穷，四曰恤贫，五曰宽疾，六曰安富。"清经学家孙诒让引《论语》以为"慈幼"，即十四以下不从征；引《管子》以为古代庶民养老："年七十以上，一子无征，三月有馈肉；八十

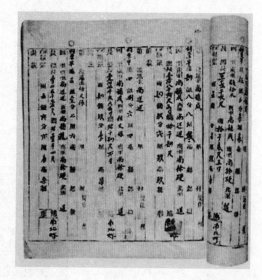

【清代鱼鳞册】

【"父子进士"牌坊】

【汉代错金银鸠杖】

以上，二子无征，月有馈肉；九十以上，尽家无征，日有酒肉，死，上共（供）棺椁。"振穷、恤贫即救济贫穷无力生产以自给的人；"宽疾"即由国家收养聋、哑、瘸、肢体残缺及侏儒。唐令规定："诸鳏寡孤独贫穷老疾，不能自存者，令近亲收养。若无近亲，付乡里安恤。如在路有疾患，不能自胜致者，当界官司收付村坊安养，仍加医疗，并堪问所有，具注贯属，患损之日，移送前所。"⁶即社会上一些因为鳏寡孤独贫穷老疾而无法生存的人，官府要作出安排，让他们的近亲收养他们。如果他们没有亲戚，则由乡里安排抚恤。如果有人在路途中患上疾病，无法自己前往目的地者，所在地的官府要将其安排到村里安养，并给予医疗。这种抚恤弱者的法律一直延续到清代。清律规定，官府每月应给鳏寡孤独者粮米三斗，每年给棉布一匹。如果官府应收养而没有收养，负责的官吏要受到杖六十之刑；官吏克扣贫弱者朝廷安抚粮米布匹，以监守自盗论罪。

体恤弱者的法律，还表现于完备的养老与敬老制度中。春秋时期，大夫七十岁致仕（即退休），但是如果有人因为国家需要而无法退休的话，国君应该赐给他几和杖（杖首为鸠形，又称鸠杖，用于辅助其行走。"几"则用于居处跪坐时倚靠。），并派专门的使女服侍他出行以示尊敬。汉代继承了从周就传承下来的敬老美德并将其普及到普通百姓。《后汉书·礼仪志》记载："仲秋之月，县道皆案户比民。年始七十者，授之以王杖，餔之糜粥。八十、九十，礼有加赐，王杖九尺，端以鸠鸟为饰。"即在每年的仲秋之时，地方官按照户口，授给年届七十的老人"王杖"，

【清·白玉鸠杖局部】

并给肉粥。八十、九十，加倍抚恤，授予九尺长的王杖，并以鸠鸟为杖首，名为鸠杖，以示崇敬。民间便将鸠杖视为朝廷授予七十岁以上老人的一种特权凭证。

　　老人持有鸠杖，进官府衙门无须下跪，路人见持鸠杖的老人必须让道，儿女要是虐待有鸠杖的老人，将被官府治罪。1959 年和 1981 年，甘肃磨嘴子出土"王杖十简"和"王杖诏书令"册简 26 枚，被许多专家称为汉代的"养老法律"，其以实物证实了文献记载的养老制度和法令在西汉时就已经存在了。简中明确规定，对年七十以上的老人，全社会都要给予尊重。还规定持王杖的老人，可以出入官府，可以在天子道上行走，在市场上做买卖可以不交税，触犯一般的刑律如不是首犯可以不起诉。简中记汉宣帝说："高皇帝以来，至本始二年，朕甚哀怜耆老，高年赐王杖，上有鸟，使百姓望见之，比于节，吏民有敢骂詈、殴辱者，逆不道。"简文中还列举了一些具体案例，说明赐老年者王杖的优抚制度在全国确实被认真执行过。唐代规定一般的百姓若年龄到了八十，官府派侍丁一人照顾，九十给二人，百岁给三人，先从子孙中选取，免其徭役赋税；无子孙者从近亲中选取[7]。

　　中国古代的婚姻，最大特征是将婚姻视为家族的事情，"合二姓之好，上以事宗庙，而下以继后世也"[8]。即男女婚姻的目的在于孝敬祖先，延续香火。因为如此，所以在婚姻中，男女双方当事人的意志并不重要，甚至被忽视，而家长的意见则是决定性的。从礼俗上说，婚姻的成立需要经过"六礼"程序：男方家长请媒人送给女方家长礼品求婚，称为"纳彩"；媒人到女方家送上男方的礼品，若女方家长同意，则问女子的姓名和生辰八字，并在祖庙或宗祠祖先的牌位前占卜男女双方的姓名和生

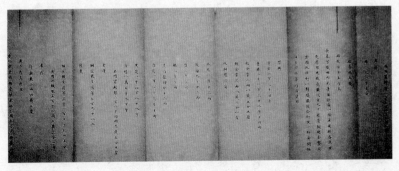

【后宫支出簿】

辰八字，看是相合还是相冲，称"问名"；若卜得吉兆，姓名八字相合便商定婚事，称"纳吉"；男方家长准备聘礼并派人将聘礼送到女方家，称"纳币"或"纳征"；至女方家商定婚期，称"请期"；新郎奉父母之命到女方迎接新娘，称"亲迎"。六礼之后，要有拜见公婆的仪式，此时尚不算完婚，还有一道重要的程序是"庙见"，即新娘祭拜祖宗，只有庙见后，女子才算"夫"家的人。如果没有庙见，新娘发生意外死亡，是不能葬入夫家的坟地中的。婚姻的目的决定了父母在婚姻中的地位，所以"父母之命，媒妁之言"是中国古代婚姻合法性的主要依据，即使法律规定了成婚的年纪限制，但是对双方家长认可的"指腹为婚"及幼童许嫁并不深究。从法律上来讲，中国古代如其他国家和地区同时代的法律一样，维护男尊女卑，赋予男子一些特权。男尊女卑是古代社会的普遍特征，我们应该注意到的是，中国古代的法律为了维护家族的和睦，也制定了种种限制男方过度使用特权的法律。如清律规定，在订婚时，男女双方要如实地告知对方身体年龄（是否有残疾、老幼等）、在宗室中的地位（嫡出庶出等），签订婚书或私约。此后，如果反悔，家长要受到杖刑[9]。组成家庭后，妻的地位受到法律的保护，唐代禁止"有妻更娶"及"以妻为妾，以妾为妻"，有此者判徒刑。清律更是规定一般的百姓只有在四十岁无子的情况下，方许纳妾。

度支司掌管计划并核算全国每年的收入和支出，"计其所出，而支其所用"。并利用水、陆交通调拨物资，均天下物产。《唐六典·户部》"度支郎中员外郎"条记，水陆转运的物资、时间皆有一定的规定，称为"程"。比如陆行用马，每日行七十里路程；驴五十里；车三十里。

金部司掌管国家库藏的出纳以及度量衡的标准和金宝财货。凡税收中的钱和布帛皆入金部库中收藏。各地开矿、铸钱和对外贸易的政令也由金部掌管。

仓部司掌管国家仓储的出纳。全国税收的粮食入于仓部司，除一般的粮仓外，国家还设义仓，用于荒年时救急；设常平仓，用于调节市场物价。

从户部度支、金部、仓部的职掌中，可以看到中国古代社会的经济是力求统一和稳定的。尤其唐宋以后，城市的商业功能日益发达，法令也相应地完善起来。比如宋代对外贸易比唐代更为发达，广州、泉州、杭州、扬州等城市称为对外贸易的重要口岸，中国从印度支那半岛、南洋群岛、阿拉伯半岛的"蕃商"手中进口香、药、犀牛角、象牙、珊瑚、翡翠等，出口各种丝织品和瓷器。

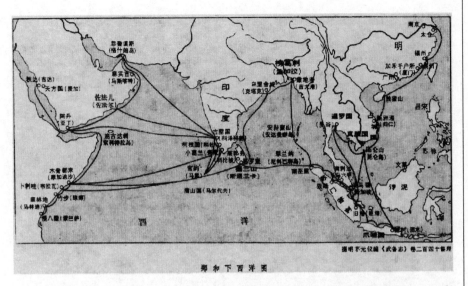

郑和下西洋图

【郑和下西洋图】明永乐三年（公元1405年）郑和率领明朝由二百四十多艘海船、二万七千四百名船员组成的庞大船队远航，到达三十多个西太平洋和印度洋的国家和地区。

清律规定："凡泛海客商，泊船到岸，即将货物尽实报官抽分。若停塌沿港土商牙侩之家不报者，杖一百；虽供报而不尽者，罪亦如之，货物并入官。停藏之人同罪。告获者，官给赏银二十两。"[10]商业的发达，促成了城市手工业者组织"行"的形成。"行"是半官方半民间的组织，其按不同行业而组成，官府通过"行"对手工业者或市肆中的商人进行控制和勒索。而行中的成员也可以通过行向官府反映自己的要求。

宋代还出现了纸币，自纸币出现后，各王朝都采取严厉的措施禁止伪造假币，明代发行的纸币上明文：凡有伪造，处以极刑。

批盘行规——光绪二十五年（1899）广东佛山建筑装饰陶瓷行新订行规

【清光绪二十五年陶艺花盘行规】

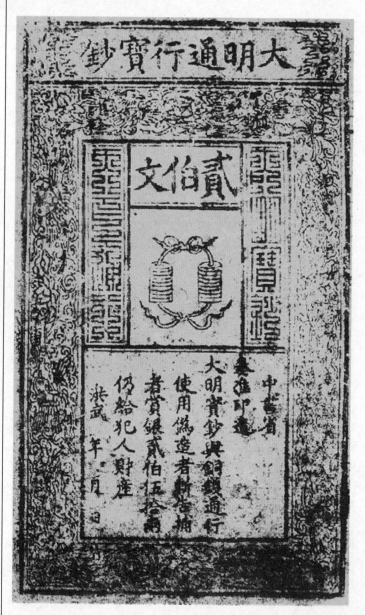

【大明通行宝钞】明朝纸币，明初由中书省掌管钱币的印制发行，朱元璋废省后，改由户部掌管。纸币上印有明代禁止私自造币的禁令："中书省（户部）奏准印造。大明宝钞与铜钱通行使用。伪造者斩，告捕者赏银二百五十两，仍给犯人财产。洪武 年 月 日"

【清明上河图】宋代清明上河图反映了当时社会商业的繁荣。

1　参见《唐六典·户部》。

2　《唐令拾遗·户令》。

3　《唐六典·户部》。

4　《唐律疏议·户婚律》。

5　《唐六典·户部》。

6　《唐令拾遗·户令》。

7　参见《唐六典·户部》。

8　《礼记·昏义》。

9　《大清律例·户律》。

10　《大清律例·户律》。

四、礼部："礼禁于未然之前"

——法律与教化

　　"礼"是中国文化的核心。中外学界对此结论都不会持有异议。古人以"中国有礼义之大"[1]而自豪。近、现代学者更是将"礼"作为中国传统文化的根本。[2]外国学者只要言及中国的历史，便会谈到"礼"，并见仁见智，褒贬不一。[3]因为有了"礼"，中国传统文化才形成和谐、圆通的体系。政治、法律、经济、宗教、科技等等，甚至人们的日常生活都是这个体系的组成部分。用今人的方法，将政治、经济、法律、宗教、科技等一一从这个体系中剥离出来，就会轻而易举地"发现"，这些领域在中国的古代是那么不完善，带有"缺陷"。但若将这些带有"缺陷"的各部分组合起来考察，便会发现一个以"礼"为核心的和谐的文化体系。

　　礼重教化，自孔子"有教无类"，礼下庶人始，教育成为中国社会的特色。

　　六十年前一位著名的法律史学者杨鸿烈作《中国法律思想史》时，卓有见树地指出：研究各国的法制史"应该先寻觅到几个总枢纽，然后才能触类旁通，左右逢源，这所谓总枢纽即是贯通一个法系的根本思想。我中国自前清鸦片战争，英法联军两役以后，欧美帝国主义领事裁判权确立，中国大部分的法典从光绪末年起也都模仿大陆法系的形式和内容，

【山东邹城峰山古杏坛】《庄子·杂篇·渔父第三十一》说："孔子游乎缁帷之林，休坐乎杏坛之上。弟子读书，孔子弦歌鼓琴。"后世以"杏坛"指"孔子讲学的地方"，现在也多指教书的地方。"礼"通过教育而深入人心，礼的价值观成为民众心目中至高无上的"大法"。汉以来，独尊儒术，天下以孔子的是非为是非。

但在人民方面除通都大邑的人民和知识阶级稍微能够了解而外，一般林林总总的民众仍抱持几千年来所沿袭的中国旧有的法律思想，所以要想彻底了解所谓世界五大法系之一的中国法系的内容，最先的急务即在要懂得贯通整个'中华法系'的思想。"[4]杨鸿烈所说的中国法制史的"总枢纽"、"贯通整个'中华法系'的思想"可以用"礼"来概括。由于礼在中国古代社会中的地位和作用，近现代的一些学者将礼誉为中国古代的宪法。从礼在中国古代社会中所起到的某些作用来说，礼与宪法具有类似之处。我们先看法国启蒙学者卢梭给"宪法"下的定义："在这三种法律之外[5]还要加上一个第四种，而且是一切之中最重要的一种；这种法律既不是铭刻在大理石上，也不是铭刻在铜表上，而是铭刻在公民们的内心里；它形成了国家的真正宪法，它每天都在获得新的力量；当其他的法律衰老或消亡的时候，它可以复活那些法律或代替那些法律，它可以保持一个民族的创制精神，而且可以不知不觉地以习惯的力量代替权威的力量。"[6]我们再看中国古人对"礼"的认识：《论语·颜渊》记孔子言："颜渊问仁，子曰：'克己复礼为仁。一曰克己复礼，天下归仁焉。为仁由已，而由人乎哉？'颜渊问：'请问其目'。子曰：'非礼勿视，非礼勿听，非礼勿言，非礼勿动。'"[7]《左传·昭公二十五年》引子产言："夫礼，天之经也，地之义也，民之行也。"时隔近二千余年后的清代名臣张廷玉等在修《明史》时言："要其用之效庙朝廷，下至闾里州党者，未尝无可观也。惟能修明讲贯，以实意行乎其间，则格上下、感鬼神，教化之成即在是矣。安见后世之礼，必不可上追三代哉！"[8]自孔子说"克己复礼"到张庭玉说朝廷闾里礼无所不在，可以看出"礼"在中国古人

【国子监】坐落在北京市东城区安定门内的国子监街，与孔庙和雍和宫相邻。国子监街两侧槐荫夹道，大街东西两端和国子监大门两侧牌楼彩绘，是北京仅存的建有四座牌坊的古建街。北京国子监始建于元朝大德十年（公元 1306 年），是我国元、明、清三代国家管理教育的最高行政机关和国家设立的最高学府。国子监整体建筑坐北朝南，中轴线上分布着集贤门（大门）、太学门（二门）、琉璃牌坊、辟雍、彝伦堂、敬一亭。

【曲阜孔庙大成殿】

【桐城文庙】

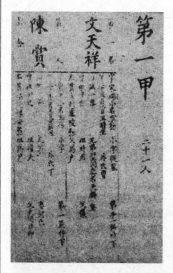

【文天祥高中一甲第一名榜】

的心目中是自然演化、人类发展的根本"大法"。这个"大法"是永恒存在的，其靠人们内心的自觉而实践。在数千年社会的发展中，无论是治世、还是乱世，都是人们心目中追求的理想。凭借着礼的精神，人们可以"兴灭国，继绝世，举逸民"[9]。可以在国家危难、制度凋敝的情况下拨乱反正，延续文明的发展。近人梁启超总结道："'礼云礼云，贵绝恶于未萌，而起敬于微眇。使民日徙善远罪而不自知也'。[10]孔子以为礼的作用可以养成人类自动自治的良习惯，实属改良社会的根本办法，他主张礼治的主要精神在此。"[11]

【明万历四年顾宪成应天府乡试试卷】

顾宪成（1550 年－1612 年），明代名士，东林党人。万历进士，官至吏部文选司郎中。万历二十二年（公元 1594 年）革职还乡，与弟允成和高攀龙等在东林书院讲学，讽议朝政，抨击时弊，朝野应合，东林之名由是大著。

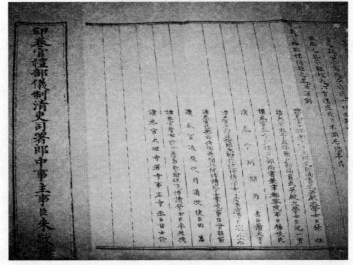

【赵秉忠状元卷】

赵秉忠（1573年-1626年），明青州府益都县（今山东青州市）人。他自幼好学，24岁中举人，25岁中状元，30岁任会试同考官，39岁升庶子，典试江南，后任侍读学士、礼部侍郎，并晋礼部尚书。因触犯魏忠贤被削职还乡，于天启六年（公元1626年）愤懑而死。崇祯初年朝廷为他平反，复原官，加太子太保。这份状元卷系赵秉忠万历二十六年（公元1598年）考中状元的殿试卷。正文之前有顶天朱批"第一甲第一名"六个大字。正文后有9位读卷官职务、姓名，并有"礼部之印"、"弥封关防"印记。

【北京国子监前下马碑】

礼可以分为"礼义"与"礼制"两大部分。礼义是礼制的灵魂和主导，其体现着礼的价值追求；礼制是礼仪的制度化、条文化，其是礼义的表现形式。从法的角度来说，礼制规定了人们应该怎样做，不应该怎样做。而礼义则告诉人们立"制"的原理是什么，比如礼制以不孝为罪，礼义所倡导的"亲亲"则告诉人们，"孝"是人类与生俱来的、万古不易的善良品性。不孝，违背了人本应有的美德，是不祥的行为，所以应该受到制裁。因此，衡量制度的善恶，包括法制的善恶标准是"礼义"。法必须体现礼义所倡导的精神，失去了礼义，法就失去了价值，违背了礼义，法就成为不祥之物。礼在中国古代受到全社会无以复加的尊崇，制礼作乐的周公在中国人心目中的地位并不逊于神灵。而主张礼教的孔子更是被国人奉为"至圣先师"。至今尚存的遍布全国各地的"文庙"是古人祭奠孔子的地方，也是中国古代文人读经习礼之处。

安徽省桐城文庙为明清以来当地祭孔的礼制性建筑群，雄居县城中心，面临广场，正对繁华街区和平路，名人故居集中的老街三面环拥，如众星拱月。

礼教，首先是通过国家的教育将儒学定为一尊，是否精通儒家经典，领会儒家力倡礼义的宗旨，成为普通百姓入仕的前提条件。自唐始，儒家的经典成为国家科举考试的科目。欲取得为官的资格，必须经过"礼部试"，科举及第后方能做官。

科举制度实际上将儒学定为国学。三代"学在官府"，国家设"师氏"，以德教国子（贵族之子）。孔子主张"有教无类"，打破了教育的壁垒，以"六艺"（礼、乐、射、御、书、数）教授弟子，奉行法治，欲学为官者"以吏为师"。汉立太学，以儒家经典教授学生，唐代有国子监，又称太学，长官称为祭酒，从三品。掌管国家的教育并按制祭祀孔子，其既是官学的管理机构，又是国家的最高学府。国子监是国家文化教育重地，皇帝常亲临讲学，即使高官至此也须下马步行。

各州县设经学博士，以五经教授学生，其是官办"州学"与"县学"的主体。此外，中国古代宋以后"书院"发达，书院起源于私塾教育，其原本也是为科举考试而兴起，教授的内容与官学一致，在后来的发展中，形成了民办官助、官办民助、官办、私办几种方式，无论何种方式，书院教育也基本以科举"应试"为主，即以儒学经典为主要教授内容。书院教育普及了儒学。即使在偏僻地区的贫寒之家的子弟，也可以通过书院的学习，参加科举。

岳麓书院是中国最古老的书院之一，北宋开宝九年（公元976年）创办，历经宋、元、明、清各个朝代，晚清（公元1903年）改为湖南高等学堂，后又改为湖南高等师范学校，1926年定名为湖南大学，历史已逾千年。

除正规的教育和科举考试，礼教还通过"旌表"制度，使全社会普遍重视道德，珍视声誉，这种共识迫使统治集团的成员也必须格外注重个人的修养。由此我们可以说，礼教也是统治者自律的土壤。许多人认为中国古代的帝王，天下独尊，没有任何力量可以约束帝王的言行，事实并非如此。在朝中，帝王的言行受礼制的约束，服饰、饮食，甚至举止若不合礼，都会受到朝臣，尤其是谏官的规谏和评论。礼教培养了中国古人"顺民"的品行，但礼教所宣扬的道德伦理同样也是统治者自身的束缚。"口含天宪"的皇帝可以朝令夕改，无视制度的约束，但却无法任意变动人们的道德价值观念。贵族官僚可

【岳麓书院】

以凭借势力践踏法制，却难以挣脱伦理道德的网罗。礼教还给了平民百姓以"议政"的权利，时常将为政者置于十分尴尬的境地：平民百姓可以依据礼教来抨击昏暴的君主，讥讽无能的官吏，揭露统治者的堕落。东汉以"举孝廉"为名，为士宦子弟开辟入仕的途径。民间对这些依靠父辈血缘入仕的官吏不以为然，便用歌谣来讥讽衣冠士族的无能："举秀才，不知书；察孝廉，父别居；寒素清白浊如泥，高第良将怯如鸡。"[12]五代是天下大乱的时代，时人崇武轻文，恃力而争霸天下。但礼教的观念在人们心中并未泯灭，相反，世人对缺礼少教者的讥讽更为尖锐。后唐昭武军节度使安叔千"状貌堂堂，而不通文字，所为鄙陋，人谓之'没字碑'"[13]。人们还称前蜀王王建为"贼王八"[14]，称南平王高季兴为"高癫子"[15]等等，这些都表达了时人对礼教不兴状况的忧虑与激愤。这种议政传统在现代社会中也具有扬清激浊的作用，比如 1921 年广西兴安县百姓为知县吕德慎立"兴安知县吕德良之纪念碑"，碑上刻有八个大字"浮加税赋，冒功累民"，这个"纪念碑"实际上是对知县不顾民生，邀功请赏行为的一种鞭挞，当地人称为"贪官碑"。云南路南县也有这样一块"臭碑"，高 1.71 米，宽 0.73 米；碑正中竖刻"路南县贪官许良安遗臭碑"，碑文记述了 1943 年 5 月底，许良安任路南县长后，贪污受贿大肆敛财，贪污额约占当时路南县财政收入的一半。并以种种借口欺诈民众，镇压爱国进步人士，由此激起了全县民众的愤慨，团结一心反抗许良安的暴行。许良安迫于社会各界的压力，只有乘夜化装逃出了路南县城，不知去向。全县民众在愤慨之余，立下"遗臭碑"，让后世为官者警觉和借鉴。碑文还附有许良安贪污勒索的主要金钱数目。[16]

礼教除了鞭挞，更为重要的作用则是"旌善"。青史留名、树碑立传是中国古人莫大的荣耀，也是社会的最嘉奖励。礼教用鼓励的手段使人们从被动守法变为主动循礼。因此中国古代也常为政绩卓著的官员及道德堪为表率的平民立功德碑。其显示了中国古代法律融惩罚与旌表为一体的特点。

《清史稿·于成龙传》记于成龙为罗城（今广西境内）县令时，行礼教，所辖境内无人触犯刑律，而且家族邻里几无讼事。县衙的官吏无事可做，只好在衙前摆起了水果摊。乾隆赐匾："天下第一廉吏"。布衣百姓也可以善行而名入青史，成为乡里，乃至一方或国家赞誉的榜样。南朝时，有一个典型的礼义良民，名叫郭原平。郭原平家贫如洗，以做木工赡养父母。在外劳作时，郭原平对雇主的款待总是婉言谢绝，原因

【云南路南县"臭碑"】

就在于不忍一人独食"肴味"。他将饭菜折变成工钱，放工后买些父母喜欢的东西以尽人子之孝。父亲病重，郭原平衣不解带，终日侍奉于父亲的身边。父亲死后，郭原平因悲痛而昏厥，数日方醒。此后，他不食鱼、肉，以示不忘父逝之悲。皇帝驾崩，这位"布衣平民""号哭至恸"，有人不解地问："谁非王民，何独如此？"郭氏泣而答道："我家受过皇帝的旌表，如此大恩，不能报答，故而悲伤。"郭原平在市集上卖东西从不欺诈，只收工本。久而久之，邑中人传为美谈。许多人特意高价购买他的物品，于是买者欲贵买，卖者坚持贱卖，"君子国"中的争相让利买卖在此竟成为现实[17]。郭原平这位从事平凡劳动的平凡百姓，一生没有建功，没有立业，始终是"治于人"的"劳力者"。但是他能孝敬父母，能睦四邻，能敬帝王，能急国难，因而被树立成民之楷模，受邻里敬重而名留青史。《二十五史》"孝子传"、"列女传"、"忠义传"记载了许许多多如郭原平一样的平民。因此，我们至今在中国古老的大地上可以看到数不胜数的旌表牌坊和碑。

【孟府中"母教一人"碑】为战国著名思想家、教育家孟子的母亲而立。表彰她对孟子的教育，以为天下母亲的楷模。

在古代社会里，孝子、列女的社会地位并不逊于达官贵人，皇帝亲自旌表，免其徭役；朝廷为之树碑立传，甚至建亭筑台，荣耀无以复加。翻开《中国古今地名大辞典》，以"孝"、"义"作为地名之处比比皆是。如"孝敬村：在直隶赵县境。《隋书·李德饶传》：德饶性至孝，及丁忧，哀恸呕血数升。后甘露降于庭，树有鸠巢其庐。纳言杨达巡省河北，至其庐吊慰之。因改所居村名孝敬村，里为和顺里。"[18]遍布于中华大地上的"孝子峰"、"孝义里"、"孝水"、"孝妇河"等等，显示了礼仪之邦的风采。每一处地名的背后都一定流传着一则生动的历史故事或传说。"上有所好，下必兴焉。"在朝廷的大力提倡下，孝、节、义成为人们的理想与寄托，越到古代社会后期，孝子、烈女、义士越是层出不穷。明代时，由于各地上报的孝子、烈女、义士人数过众，以致朝廷难以筹措旌表所需的银两，于是只好因陋就简，建旌善亭，"于所在旌善亭侧，建二石碑，分书男女姓名、邑里及其孝义贞烈大略，以示旌扬"[19]。

刑罚是弘扬礼义的一个重要渠道，但并不是主要的渠道。中国古人对礼义的追求主要靠"教化"实现，这就是"礼

【节孝流芳牌坊】在广东省鹤山市雅瑶镇大桥村。建于清嘉庆十三年（公元 1808 年），为旌表节妇胡氏而立。

教"，以礼义——忠孝节义或仁义礼智信教民，这种教化是普及性的，可以说中国古代每一个人，上至帝王将相下至黎民百姓从咿呀学语时起就受到各种形式的礼义熏陶和教育，比如国家的提倡、社会主体舆论的导向、家族的荣誉等等，礼教通过教化的方式，统一了人们的价值观，其最大限度地预防了犯罪，这就是所谓的"德主刑辅"及"礼禁于未然之前"。

【先圣大训书影】

关于礼预防犯罪的作用，《先圣大训·五刑》中有全面的记载：

"冉有问曰：古者三皇五帝不用五刑，信乎？孔子曰：圣人之设防，贵其不犯也，制五刑而不用，所以为至治也。凡民之为奸邪窃盗靡法妄行者，生于不足。不足则无度，无度则小者偷懒，大者奢靡，各不知节，是以上有制度，则民知所止。民知所止，则不犯。故虽有奸邪贼盗靡法妄行之狱，而无陷民之刑。不孝生于不仁，不仁生于丧祭之礼不明。丧祭之礼所以教仁爱也，能致仁爱则服丧思慕祭祀，不懈人子馈养之道。丧祭之礼明，则孝矣。弑上者，生于不义。义所以别贵贱，明尊卑也。

贵贱有别，尊卑有序，则民莫不尊上而敬长。朝觐之礼所以明义也，义明则民不犯。故虽有弑上之狱，而无陷刑之民。斗变者生于相凌，相凌生于长幼无序而遗敬让。乡饮酒之礼所以明长幼之序而崇敬让也，长幼必序，民怀敬让，故虽有斗变之狱，而无陷刑之民。淫乱者生于男女无别，男女无别则夫妇失义，婚礼聘享所以别男女，明夫妇之义也。男女别，夫妇即明，故虽有淫乱之狱，而无陷刑之民也。此五者刑罚之所从生各有原也焉。不豫塞其源而辄绳之以刑，是谓为民设井而陷之也。刑罚之源生于嗜欲不节。夫礼度者，所以御民之嗜欲而明好恶顺天道也。礼度即陈，五教毕修，而民犹或未化，尚必明其法度以申固之。"

礼义教化几乎关涉到每一个官员和百姓，而礼制的执行则是礼部的职能。仅录《唐六典》所记礼部衙署的职能如下：礼部尚书一人为长官，正三品；侍郎一人为副长官，正四品下。礼部"掌天下礼仪、祭享、贡举之政令"。下设四司，礼部司主管国家大典，如祭祀天地社稷等仪式；祠部司，掌一般祭祀；膳部司掌朝会时的饮食和祭祀贡品的管理；主客司掌外宾的往来等。

1　参见《左传》、《战国策》、《礼记》等史籍及后人的注疏，可以看出古人以"有礼"与否作为文明与野蛮、君子与小人的区分标准。

2　这一点从近代以来人们对传统文化的反思和批判集中于"礼"、"礼教"方面就可以看出。此外最近出版的学术专著对礼为传统文化之根本亦有论述。参见邹昌林：《中国礼文化》，社会科学文献出版社 2000 年版。

3　参见《风俗论》、《论法的精神》、《历史哲学》、《美国与中国》等。

4　杨鸿烈：《中国法律思想史》，商务印书馆 1936 年版，第 6—7 页。

5　此处三种法律指的是："政治法"、"民法"、"刑法"，参见[法]卢梭：《社会契约论》，何兆武译，商务印书馆 1987 年版，第 73 页。——笔者注

6　[法]卢梭：《社会契约论》，何兆武译，商务印书馆 1987 年版，第 73 页。

7　此段意为：孔子的学生颜渊问孔子什么是"仁"。孔子回答说："约束自己的言行，使之符合礼的要求，就是仁。如果有一天这样做了，天下便回归于仁的境界了。成仁与否全靠自己，岂能依赖他人？"颜渊又问："请问达到仁的途径是什么？"孔子回答说："不合礼的事不看，不合礼的事不听，不合礼的事不说，不合礼的事不做。"

8　《明史·礼一》。

9　《论语·尧曰》。

10 《大戴礼记·礼察篇》——原文小字注。

11 《饮冰室合集》，第8册，《专集之三十六·孔子》，中华书局1989年版，第16—17页。

12 《抱朴子·审举》。

13 《新五代史·安叔千传》。

14 《新五代史·前蜀世家》。

15 《新五代史·南平世家》。

16 参见《"香碑"与"臭碑"》，载 http://www.dnzf.com/2006-8/ 2006823185330.htm，访问日期2008年4月8日。

17 参见《宋书·孝义传》。

18 臧励和等编：《中国古今地名大辞典》，商务香港分馆1932年版，第78页。

19 《明史·孝义传》。

五、兵部："自古知兵非好战"

——法律与军队

兵，在古代汉语中常为"战争"之意，比如我们常说"兵不厌诈"、"兵不血刃"、"兵荒马乱"，这些成语中的"兵"，都是指"战争"而言。与法律发展史最为相关的成语"刑起于兵"的"兵"也是指"战争"，即刑罚起源于战争之中。中国古人的明智在于认识到战争虽然可以征服敌人，开拓疆土，但战争毕竟是人类的灾难。正是基于这种认识，中国主流思想历来主张各国和各民族间的和平共处，不在迫不得已的情况下绝不选择以武力战争的方式解决争端。清人赵藩在凭吊武侯祠时写下了对蜀丞相诸葛亮的怀念："能攻心则反侧自消，从古知兵非好战；不审时即宽严皆误，后来治蜀要深思。"赵藩"知兵非好战"之论堪称中国古代兵家的精髓。

【清赵藩书对联】

兵部是朝廷军事行政的管理机构：兵部长官为兵部尚书，正三品；副长官称侍郎，正四品下。兵部掌管"天下军卫武官选授之政令，凡军师卒戍之籍，山川要害之图，厩牧甲仗之数，悉以咨之"。即兵部掌管的是军队将领的选任和武官的考核及军籍，作战地图和兵器的保管也由兵部管辖。其下属有四司：兵部司，负责武官的铨选及中下级武官的擢升。会通吏部司封、司勋对在战争中立有功勋的将士按功授勋。职方司，掌管地图及地方镇守与边境的烽堠数目。职方司还有一个重要的职责是接待归化王朝的邦国。若有"番客"到京，则委托鸿胪寺（接待外宾的机构）接待并询问番客本土的山川风土，制成图籍。各地区治所的变迁、边境的争端皆由职方司提供图籍证据。驾部司，掌管车辇、

【清代武举考试标本——石礩】兵部掌管武举和军籍。明清时，武举分一、二、三场进行考试。分别应试拉弓、舞刀、举石。石礩，即专为考试而备的长方体石块。石礩分为三号：头号 300 斤，二号 250 斤，三号 200 斤。应试者自选石号。图中石高 70 厘米，底长 40 厘米，底宽 30 厘米。该石礩在武夷山的发现，说明此地也曾有过武举科考的历史。

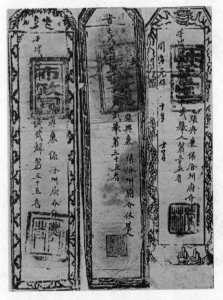

【同治元年张兴廉中武举人第三十五名证书】

传驿、马牛之数。唐代三十里设一驿站，全国有 1639 所驿站，从都城长安到各地四通八达。边关军情、各地政事通过驿站上报到朝廷。皇帝的敕令、朝廷的旨意也通过驿站下达到地方官府。驾部司还掌管皇帝、官府马车的配给与养护。库部司，掌管国家兵器的制造、武器的库藏和兵器支出、入库的数量。[1]

【新疆汉代烽火台】

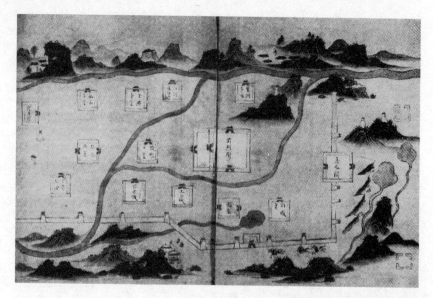

【老地图】

明《两河地里图》中的肃州卫部分。地理部分东起巩昌府（今甘肃陇西县），西至嘉峪关，南括洮州卫（今甘肃卓尼县），北达长城。战略地位异常重要。

258

【职贡图】

南朝梁萧绎摹本。中国历史博物馆藏，纵 25 厘米，横 198 厘米。图中绘列国使者立像十二人，身后楷书榜题，注国名及山川道路、风土人情、与梁朝的关系、纳贡物品等。

【秦直道遗迹】

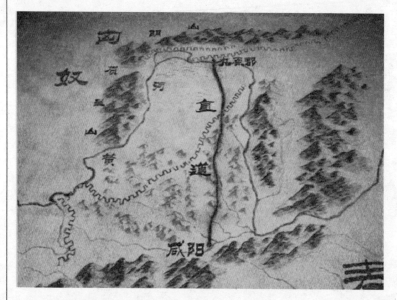

【秦直道示意图】

【重庆钓鱼台南宋兵工场遗址】

秦兵马俑坑位于秦始皇陵东，是秦始皇的随葬品，1974 年发现。专家认为其再现了秦步兵、骑兵、车兵等多兵种混合编队的庞大阵势。如此庞大的军队，战时的调遣、和平时的守卫与组织都离不开严密的法律法规，即军法军纪。而军法军纪的执行因为事关国家的存亡安危，所以也格外严格。早在四千多年前，有扈氏不服夏禹之子夏启的统治，夏启起兵讨伐，作战前发布命令，大意是：作战中，我命令攻左，若有人敢不服从，我命令攻右，若有人敢不服从，是为不服从命令。作战中服从命令，努力杀敌的人，我在祖位前颁行奖赏，因为他们为祖宗增了光；如不服从命令，我将在神位面前给予严惩。夏启的这番话，被视为文字记载的最早的军法，称为《甘誓》，"甘"是夏启与有扈氏作战的地方，"誓"是夏商西周时的一种法律形式。

　　自古中国调兵的权力基本归于朝廷，并由帝王直接掌握。即朝廷掌管出兵之权，发兵由帝王派兵部持调兵、发兵的凭证或委任将帅，或征调部队。这种凭证称为"兵符"。虎符，在古代是较为常用的调兵遣将的信物。一般为铜铸，虎形，背部刻有铭文，分两半，右半留在朝廷，左半授予统兵的将帅，将帅须在接到朝廷使臣的右半虎符并验合时，方可发兵。

　　虎符最早出现于春秋战国时期，当时采用铜制的虎形作为中央发给地方官或驻军首领的调兵凭证，称为虎符。虎符的背面刻有铭文，分为两半，右半存于朝廷，左半发给统兵将帅或地方长官，并且从来都是专符专用，一地一符，绝不可能用一个兵符同时调动两个地方的军队，调兵遣将时需要两半勘合验真，才能生效。

　　以《大清律例》为例，我们可以初步了解古代有关军事方面的法律规定。大清律《兵律》分为五个部分，即"宫卫"、"军政"、"关津"、"厩牧"、"邮驿"。

　　"宫卫"，即保卫宫室、城门方面的规定，因为宫室的保卫为重中之重，所以称

【秦兵马俑】

法律体系篇　『礼乐政刑，综合为治』的法律体系

【春秋战国时期的虎符】虎符，也称兵符，在古代是作为军事上传达命令和征发军队的一种凭证。虎符通常以青铜铸成，分为左右两个半符，右半符保存在君主处，左半符发给地方统兵的将领。

为"宫卫"，置"兵律之首"。此律始于晋朝，隋唐时改为"卫禁"，明清律又改回原称。古代入宫室必须要有凭证，或称为"门籍"，没有门籍擅自入宫殿门，处杖六十、徒一年的刑罚，如果擅入御厨（给皇帝做饭的地方）和皇帝所在之处，则处以绞监候刑。守卫宫门的卫士如果是故意放纵，则与犯人同罪；如果是没有察觉，减等论罪。违禁入其他地方，如皇城门、京城门等也各有规定，"宫卫"律中还格外规定了宿卫、守卫人员必须坚守职责，按时值班，如果私自替代，按律惩罚："凡宫禁宿卫，及皇城门守卫人，应直不直者（即应该值班而不值班者），笞四十。以应宿卫守卫人，私自代替，及替之人，各杖六十；以别卫不系宿卫守卫人冒名私自代替，及替之人，各杖一百。……京城门，减一等；各处城门，又减一等。" [2]

"军政"，即军队行政事务的规定。汉代的"兴"律、隋唐的"擅兴"律是明清"军政"律的渊源。"军政"律规定了军队的调遣权力归于中央，边关及各地镇守，如果发现军情，如有人聚众造反，必须尽快探明实情，申报上司，并由上司转达朝廷，由皇帝发布圣旨，调遣官军征讨。若擅自调拨军马及自己所辖军队，处杖一百，罢职并发边远充军。若军情十分紧急，所守之地远离朝廷，允许统军军官当机立断，发兵征讨，但在行动的同时也必须立即上奏朝廷。若传递军情有误或延迟传递、泄漏军情、失误战机、不固守城池、纵军掳掠、不操练军队、私卖或

【西夏内宿命令牌】

毁弃军器等皆会受到法律的严厉惩罚。

　　"关津"，即在水、陆交通要道上设立的稽查站。古人出门远行，必须请求当地官府发给"文引"，类似现在的证明信。如果没有文引，不由官设的关口、渡口行走，则犯"私度"、"越度"之罪，重者，可判至绞刑。如果把守关津的人不核实文引放行或应该放行而有意刁难不放行则视其情节处罚。此外，如果一些人携带违禁物品出关或私出外境，把守关津之人没有察觉也按律重判。

　　"厩牧"即官牛马等畜产的牧养规定。如牧养不如法，造成官畜产死伤，处杖刑；在规定的时间内，马牛等孳生未达到应有的规定数目，要惩罚牧养者。律文严禁私自出借、盗卖官畜产。

【鄂君启铜节】战国楚怀王时发给受封在湖北鄂城的"鄂君启"的水路通行符节。

　　"邮驿"规定官文书的邮递时限，由人传送文书称为"邮"，由马传送称为"驿"，并兼有车船等传递。律文规定铺兵递送公文，一昼夜行三百里，公文随到随送。官府应该随时维护"铺舍"。"急递铺"每十五里设置一所，每铺铺兵四名，铺司一名。

皇帝圣旨

驿分持此差人员经过应便付马匹如无此符许不擅行

应付驿分持此符验方许令者俱各治以重罪宜付驿用

明代驿符/明弘治十四年（公元一五〇一年）的驿符。驿符是官府传送文书、通行各驿站的凭证，持有此符者驿站人员方为接待食宿。

【明代驿符】驿符是官府传送文书时通行各驿站的凭证，持有驿符者各驿站方按制给予接待。符中写明：若违制则治以重罪。此驿符为弘治十四年颁发。

【1905 年至 1910 年驿站封套 3 件】

【驿使】甘肃嘉峪关五号墓出土壁画，反映了魏晋时期驿使传驿的情况。

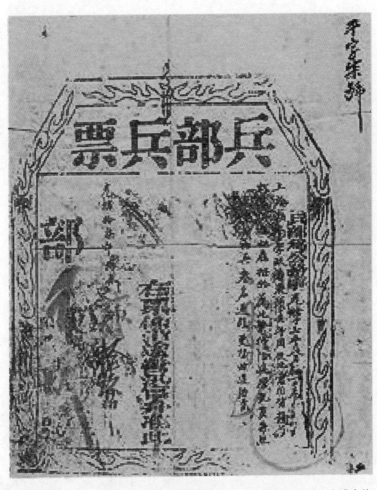

【兵部兵票】清朝时刑部发往盛京、吉林等地的人犯，持兵部兵票，由盛京将军拨兵解送，有妇女、老弱病残的，沿途给车。自盛京刑部解往京师或各省的人犯，由盛京将军拨兵解送，兵部发给兵票火票，每犯每驿给制钱十五文。

1　参见《唐六典·兵部》。
2　《大明律集解例·卷十三》。

六、刑部："圣人之治必刑政相参焉"

——法律与道德

　　中国古人，对"刑"的认识颇具特色，从现实来说，中国古代的先哲认识到在维护社会秩序、保障社会安定等方面，"刑"是必不可少的统治之器。从理想的方面来说，中国古代的先哲是将"刑措不用"作为目标追求的。《史记·周本纪》记周公"制礼作乐"，礼教大兴，成王、康王之际"天下安宁，刑措四十年不用"。即天下没有犯罪的人，刑罚搁置了四十年而不用。但是，自成康以后，"刑措不用"的景象在历史上便难以再现。鉴于现实和理想的距离，中国古人对"刑"采取了限制使用的态度。一方面，不放弃刑措不用的理想，大力倡导礼义教化；另一方面也完善刑法制度，以备不时之需。《先圣大训·仲弓三十》托孔子之言而论述了礼义教化与刑罚的关系，颇能反映出古人对"刑"的作用的全面认识："圣人之治必刑政相参焉。太上以德教民，而以礼齐之；其次以政导民，以刑禁之。刑不刑也，化之而弗变，导之而弗从，伤义以败俗，于是乎用刑矣。"即刑罚是在礼教失效的情况下迫不得已而用之的手段。也就是《礼记》所言："礼行于未然之前，法施于已然之后。"就法律体系而言，中国古代的法律将预防而不是惩罚犯罪作为主要目的。因此，古人的治国理念是"德主刑辅"。

（一）先秦儒家的"性善论"

儒家的创始者孔子对人性的善恶并无明确的论断，他认为人性原本相近，是后天的教化与环境不同，使人性在发展中产生了差异，即所谓的"性相近也，习相远也"。孔子的这一思想成为中国社会的共识。流传广泛的蒙学教科书《三字经》开篇即言："人之初，性本善。"

孟子认为，无论什么人，若突然间看到一位孩童将跌落井中，都会"怵惕恻隐"。这种不自觉地唯恐孩童受到伤害的心情，便是"不忍人之心"。由"不忍人之心"而产生的"恻隐之心"为"仁之端"；"羞恶之心"为"义之端"；"辞让之心"为"礼之端"；"是非之心"为"智之端"[1]。源于"不忍人之心"的仁、义、礼、智四种美德是人之所以为人的根本所在。孟子断言："无恻隐之心，非人也；无羞恶之心、非人也；无辞让之心，非人也；无是非之心，非人也。"[2]人性原本善良，发轫于人性的人情当然也是美好的。人与人之间的关系应该是一种："讲信修睦，尚辞让"[3]的关系，也就是《礼记·礼运》篇中所言的"十义"："何谓人情？喜、怒、哀、惧、爱、恶、欲。七者，弗学而能。何谓人义？父慈、子孝、兄良、弟弟（悌）、夫义、妇听、长惠、幼顺、君仁、臣忠。十者，谓人之义。"当人们将自己的"七情"与道德相联系时，情感与"人义"便达到了统一，人们善良的本性就会得到弘扬。忠、孝、节、义及仁、义、礼、智、信，这些儒家所推崇的道德在孔孟学说中不过是根植于"人性"之中的"人之常情"而已。由于倾向或确认"人性善"，孔子与孟子都将拯救时弊的希望寄托于人之常情的恢复上。为此，孔子谆谆告诫弟子："入则孝，出则悌，谨而信，泛爱众而亲仁。"[4]孟子也告诫世人："事孰为大？事亲为大。"[5]"孝"——这一凝聚着人间亲情的伦理道德规范，成为人生之根本。在孔孟眼中，它远远超过一

【三字经读本】

切具体的法律规范。父慈子孝、君仁臣忠的道德世界建立之日，才是时弊得以根除之时，而道德世界的建立，人情的恢复则有赖于"礼治"。"人性善"奠定了孔孟充满人情味的法律观："礼乐不兴，则刑罚不中"[6]，法律服务于礼治，屈从于人情，这便是中国古代统治者以情破法，行"法外之仁"的依据所在。

【二十四孝图节选】

（二）荀子的"性恶论"

战国中期的思想家荀子，在对人性的认识上与孟子截然不同。他认为，"恶"才是人生来就有的本性。"善"不过是人们后天的修饰和伪装。《荀子·性恶》开篇便说："人之性恶，其善者伪也。"荀子认为：无论是君子还是小人，是圣王大禹还是暴君商纣，都有"好荣恶辱"、"好利恶害"的本性。[7]这种对荣、利趋之若鹜，对辱、害避之唯恐不及之心反映了人们自私自利的恶劣本性。因为人性本恶，所以世间的人情也"甚不美"。荀子引用舜的话说："人性甚不美，又何问焉？妻子具而孝衰于亲，嗜欲得而信衰于友，爵禄盈而忠衰于君。人之情乎，人之情乎。"[8]有了妻儿，便会淡漠对父母的孝敬之心；为了自己的利益，便会失信于朋友；爵至极品，便会对君主懈怠；这就是人情。荀子据此而断言：若"从人之性，顺人之情，必出于争夺，合于犯分乱理而归于暴"[9]。

（三）先秦法家的人性"好利恶害"论

荀子的学生，法家思想的集大成者韩非对"甚不美"的人情揭露得更为深刻，对"人心险恶"的描述也更为尖锐、生动。孔子与孟子所向往的人间脉脉温情在韩非学说中变成了赤裸裸的"利"、"害"关系。人们的一举一动，一言一行无不为"利"而往。忠、孝、节、义成为迂腐的空谈。韩非举例说："舆人成舆，则欲人之富贵；匠人成棺，则欲人之夭死也。非舆人仁而匠人贼也。人不贵则舆不售，人不死则棺不卖。情非憎人也，利在人之死也。"[10]制作乘舆的人，盼望人人富贵；打制棺材的人则盼望人人早死。并不是制作乘舆的人心地善良而打制棺材的人心地险恶。制舆者利在人的富贵，制棺者利在人的死亡。因此，制舆者与制棺者同受利的驱使，在本质上是一致的。神圣的君臣父子关系也被韩非描绘成令人汗颜的商品交换关系。韩非说："臣尽死力以与君市，君垂爵禄以与臣市。"[11]臣子将自身的智慧、才干以至性命作为商品卖与君主，换取爵禄。君主将爵禄作为商品，换取臣子的才干以至生命。"父母之于子女也，产男则相贺，产女则杀之，此俱出于父母之怀衽。然男子受贺，女子杀之者，虑其后便，计之长利也。"[12]儿女同为父母所生，生男则喜，生女则杀，原因在于父母考虑到，生男可养老送终，生女则须赔钱出嫁。利益的诱惑使道德的说教黯然失色。人与人这种冷酷的关系便是人情的真面貌。于是，韩非得出了这样的结论："力多则人朝，力少则朝于人。"[13]

法家摒弃了道德，而将"功利"作为检验一切的标尺。只要能建功立业、富国强兵，将百姓置于毂中，就是明主，就是圣君。人情"甚不美"，又无法改造，所以法家认为：明智的君主只须考虑对人性、人情加以利用便足矣。人们"好利恶害"，君主便可设赏罚以统一人们的思想，使人们按照统治者的意愿行事。如耕战有利于国家，君主不妨设赏以劝之。当人们认识到努力耕战则有利可图，有赏可得时，就会戮力本业，为国效力。懒惰、私斗有害于国，君主不妨设刑以禁之。当人们认识到不努力工作，私斗逞强便会招致刑狱之灾时，就会避之如瘟疫。设赏罚以利用人性，将复杂的教化变为简单明确的赏罚条文，其对于富国强兵有着立竿见影的效果。春秋战国时的历史证明，实行法家之策越彻底的诸侯国，经济发展得越快，国力越盛。秦最终完成了统一大业，实为法家之功。也许正因如此，认为近代的中国在与西方的对抗中不敌西方是因为秦以后法家中绝所致的观点流行，几乎称为全社会的共识。1912 年，不满二十岁的毛泽东，感叹中国国民的愚钝，感叹商鞅之法虽为"良法"却不见信于民，以致要"徙木立信"。且不要认为那是年轻的毛泽东一时的逆反之作，毛泽东老师的批语更反映出了当时的社会时尚，即普遍的对中国传统文化的反省和对法治救国所寄予的厚望。

"人性有好恶，故民可治也。"[14]在发现了人性可以被利用后，法家对人性的结论化悲为喜。而由此推之，他们视儒家所提倡的道德君子为国之大患："儒以文乱法，侠以武犯禁，而人主兼礼之，此所以乱也。"[15]所谓的"富贵不能淫，贫穷不能移，威武不能屈"的君子，不是民之楷模，而是国君之大敌。在"人性恶"的基础上，法家彻底否定了礼治，而提倡以赏罚为要素的"法治"。法治的核心内容在于如何从事赏罚。法家认为，赏罚须遵循三项原则：一是"缘法"而赏罚，有功必赏，有过必罚，使法取信于民。二是用刑须重，使其足以震慑人心。用赏须厚，使其足以打动人心。让法在所及范围内产生最大的社会效益。三是刑须多于赏。刑多使人不敢因恶小而为之；赏少使人竭尽所能效力国家。法家对人性、人情的利用可谓淋漓尽致。其重刑主张为后来的统治者实行"法外之法"提供了理论依据。

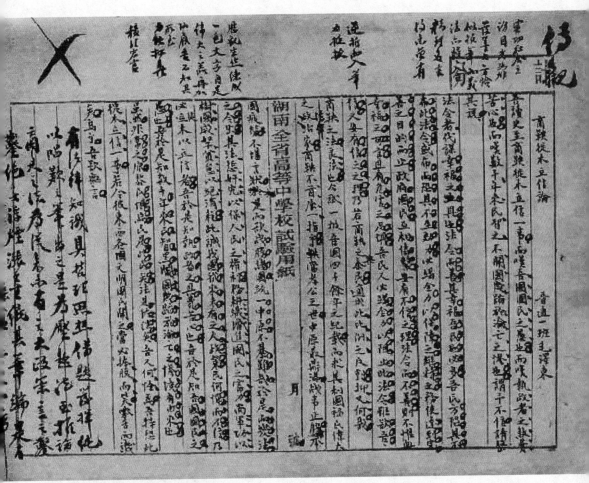

【1912年青年毛泽东撰文"商鞅徙木立信论"】毛泽东中学时代论文《商鞅徙木立信论》。其反映了当时人们对中国法律传统反思的普遍性。这篇文章受到老师的大力赞扬和推崇。刊发照片及全文的《中国档案报》注释：这是毛泽东在湖南全省高等中学读书时写的一篇作文。原文无写作时间。作文纸折缝间印有"湖南全省高等中学校"字样，作者在题下写有"普通一班毛泽东"七字。毛泽东于1912年春考入湖南全省高等中学校，同年秋即退学自修，此文当写于1912年上半年，国文教员阅后在多处写有评语，并批给同学"传观"。这些评语是："实切社会立论，目光如炬，落墨大方，恰似报笔，而义法亦入古"；"精理名言，故未曾有"；"逆折而入，笔力挺拔"；"历观生作，练成一色文字，自是伟大之器，再加功候，吾不知其所至"；"力能扛鼎"；"积理宏富"。文末还有总评："有法律知识，具哲理思想，借题发挥，纯以唱叹之笔出之，是为压题法，至推论商君之法为从来未有之大政策，言之凿凿，绝无浮烟涨墨绕其笔端，是有功于社会文字。"落款为"六月廿八号。"[16]

（四）汉儒的"性三品"与正统法律思想体系的建立

春秋战国人性善恶的争论中，还有一些颇为中庸的观点，如杨子说："人之性，善恶混。"告子说人性"犹湍水也。决诸东方则东流，决诸西方则西流。"[17]汉代人对人性善恶的认识，杂糅了先秦各家思想。大儒董仲舒将人性比喻为"禾"，将善比喻为"米"。他认为，"米出禾中而禾未可全为米也。善出性中，而性未可全为善也。"他进而论证人性有"善质"，但"善质"须经王者教化而为"善"。[18]在此，董仲舒还确定了具有"善质"者的范围。他认为所谓"人性"不过是针对一般人，即"中民"而言的，并不包括大善大恶之人："圣人之性不可名性，斗筲之性又不可以名性。名

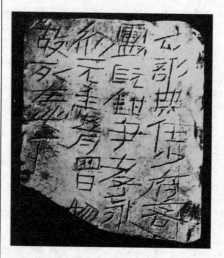

【东汉刑徒砖】

性者，中民之性。"[19]这样，实际上是将人分为三等，即圣人、中民、斗筲。在此基础上，唐代韩愈提出了系统的"性三品"、"情三品"之说："性之品有上、中、下三。上焉者善焉而已矣，中焉者可导而上下也，下焉者恶焉而已矣。"情为性之表现，因而亦分上中下三品。上品之人，七情具合于善："动而处其中"。中品之人，经教化可以达到善。下品之人则"情发而悖于善"[20]。以"性三品"的理论分析德刑的关系，可以得出这样的结论：大多数的中品之人，得教则向善，失教则向恶。故道德教化是针对大多数"中品之人"而言的。一小部分"下

【古代白绫赐死图】

【笞杖拷问】

【立枷】中国古代有一种刑罚叫立枷，就是让犯人站在一个囚笼里。

品之人"，天生为恶，教化对他们来说如对牛弹琴，故必须以刑作为威吓手段，强行约束他们不敢为恶。因此，"德主刑辅"的治理手段与人性相符，是预防犯罪，促成社会和谐的有效保障。

既然"刑罚不可废于国"、"刑为盛世所不能废"，中国古

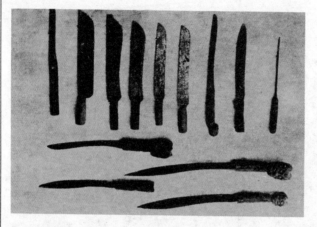

【凌迟刀具】

人无论是在罪与罚制度的设立上还是在刑罚的执行上，都是相当精心的。罪名的设定、审判的原则、刑罚的种类、刑具的规制、行刑的方式等等，都是由王朝统一规定的。历代王朝律典的修订，都必须经过皇帝下诏、众臣反复集议、起草、上奏、皇帝下诏颁行的严格程序。自汉代儒家被统治者确立为独尊的地位后，中国古人力求德与刑的统一，并将礼义的精神贯彻到刑法中去，即所谓的"法中求仁"，而非"法中求罪"。也正是在礼法合一思想的指导下，中国古代社会所崇尚的伦理道德有时直接化为刑罚的原则和条文。比如，始于晋时的"准五服以制罪"。

掌管"刑"事的行政机构是尚书省的刑部。《唐六典》记，刑部长官为刑部尚书，正三品；副长官二人，称刑部侍郎，正四品下。其掌管天下刑法以及徒隶构负、勾覆、关禁之政令。下设四司：

"刑部司"，掌管律令格式文本，并与中书省一起复核大理寺裁决的重大案件、主要是死刑案件。此外，刑部司还掌管刑具的规制与使用制度，审理案件的程序和原则等。比如，"凡枷杖杻锁之制，各有等差：枷杖，五尺以上，六尺以下，颊长二尺五寸以上，（二尺）六寸以下，共阔一尺四寸以上，（一尺）六寸以下……"铁钳长18厘米、钳体宽2厘米、

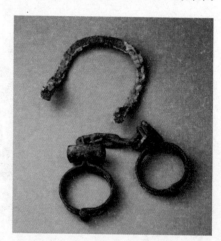

【秦刑具】1979年陕西省临潼市郑庄秦代石料加工场遗址出土

274

厚 0.8 厘米，为刑徒颈上戴的刑具。铁轾长 38 厘米、环体宽 3 厘米、厚 1 厘米、直径 8 厘米。两桎环，一轾环上有铁锁一把，是刑徒脚上戴的刑具，即脚镣。出土这些刑具的秦代石料加工场遗址东与秦始皇陵垣外城墙北端相接，说明它是为修筑秦始皇陵打制石料的临时设置。秦始皇三十五年（公元前 212 年）征调刑徒 70 余万人，修阿房宫和秦始皇陵。铁钳和铁轾正是打制石料的刑徒所戴的刑具。

"都官司"，掌管徒以上刑名册，并按制度发给囚粮、医药等。

"比部司"，掌管内外百官的俸料、官府经费，收缴赃物等。

"司门司"，掌管天下关口往来出入的籍赋（凭证）。如果度关，必须先向司门司请发"过所"（类似证明与护照）。无过所而度者为犯禁，没收其所带货物并处以惩罚。

【清朝护照】

1　参见《孟子·公孙丑》。
2　《孟子·公孙丑》。
3　《礼记·礼运》。
4　《论语·学而》。
5　《孟子·离娄》。
6　《论语·子路》。
7　《荀子·荣辱》。

8 《荀子·性恶》。

9 《荀子·性恶》。

10 《韩非子·备内》。

11 《韩非子·难一》。

12 《韩非子·备内》。

13 《韩非子·显学》。

14 《商君书·错法》。

15 《韩非子·五蠹》。

16 参见《中国档案报》2004 年 12 月 25 日专栏"档案大观"。

17 《孟子·告子》。

18 参见《春秋繁露·深察名号》。

19 《春秋繁露·实性》。

20 参见《韩昌黎先生集·卷十一·原性》。

七、工部："没有规矩，不成方圆"

——法律与建筑规制

中国古代的和谐是建立在社会等级基础上的，如果我们将等级的秩序化为平等的契约约束，才会有更为理想的和谐。但从古至今，和谐都是在秩序中产生的。工部的法令中，我们可以看到古代社会等级秩序下"和谐"的构建，但更应该引起我们关注并为今日借鉴的则是古人对自然法则的那种尊重和顺应的态度，在有关兴造的法律条文中，我们看到古人并非只是一厢情愿地从自然索取，而更多地则是顾及到人与自然的长期共处，用现在的话来说就是具有"可持续利用、发展"的理念。这种依法对人类欲望的节制，及"与自然和谐"的宝贵理念不正是我们今日所提倡的"科学发展观"吗？

工部长官一人称"工部尚书"，官位正三品；副长官一人称"工部侍郎"，官位正四品下。工部主管"天下百工、屯田、山泽之政令"[1]。用今天的话说就是主管全国的工程、手工业、屯田和山林、江河湖海的管理。工部下又设四个"部"或称"司"，即"工部"、"屯田"、"虞部""水部"，长官称"郎中"，官位从五品上。

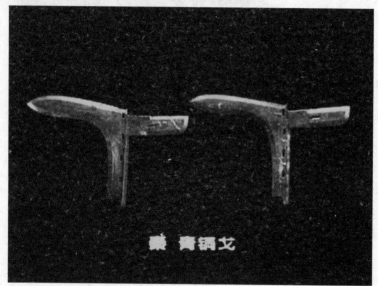

秦 青铜戈

【吕不韦戈】在这只戈上刻的文字，与今天的汉字非常相似，念作"寺工"。史书记载，寺工正是秦始皇设立的、主管兵器生产的国家机构。在这只戈上，专家们找到了更加确凿的证据，戈上右边的文字是："五年相邦吕不韦造"。吕不韦是秦始皇的丞相，他的职责之一就是负责秦国的兵器生产。他的下面是工师，就是各兵工厂的厂长，监制这只戈的厂长叫"蕺"。在厂长的下边是丞，类似车间主任，这位主任的名字叫"义"。而亲手制作这只戈的工匠，叫"成"。专家由此推断：秦国的军工管理制度分为四级。从相帮、工师、丞到一个个工匠，层层负责，任何一个质量问题都可以通过兵器上刻的名字查到责任人。我们已经无法知道管理的细节，但秦国的法律对失职者的惩罚是非常严酷的，这就是物勒工名的用意。[2]

工部的职责是确定工程营造的规制，包括工匠所造的器物、度量衡等。唐令明确规定制造兵器，都必须在器物上镌刻制造工人的姓名和制造年代。[3]其实，在器物上镌刻年代和工人名不是唐一代制度，在出土的各代兵器、度量衡及建筑材料如城墙的用砖、宫殿的瓦当上，我们都可以看到工匠的姓名和年代。这是当时的法令所要求的。如果制造的器物不如法，制造者及其主管都要按法令负责。《大清律例》是这样规定的："凡役使人工，采取木石材料，及烧造砖瓦之类，虚费工力而不堪用者，计所费雇工钱，坐赃论。若有所造作，及有所毁坏，备虑不谨而误杀人者，以过失杀人论。"在工程的营造中，如果考虑不周而致人死亡，竟然对组织者论以过失杀人罪，这是"人命关天"思想在法令中的充分体现。这种对人的生命的尊重即使与现代相比也不逊色。

中国古代衣食住行皆有制度，就建筑而言，皇宫、王府、官邸、民宅各有差异，京、郡、县等城市的规模也各有不同。不同地位的人，居住之所的大小、建筑用料的优劣、布局摆设的不同显示着古代社会森严的等级地位，而同一级别官员的官署和居所也大致有着相同的规模和布局。天子、皇帝之居所，不必说一般的百姓，就是诸侯显贵也不可随意仿造，更不可逾制建造，这就是即使在今日我们也可以从遗留的古代建筑中大致判断出当时房屋主人身份地位的原因所在。以城墙为例：《左传·隐公三年》记载了这样一个故事：郑庄公的母亲武姜喜爱小儿子共叔段而不喜欢郑庄公。郑庄公即位后，武姜请求将京邑封给次子共叔段，身为国君的郑庄公答应了母亲的请求。郑国大夫祭仲对郑庄公说：先王的制度，诸侯国的城墙不过三百雉（一雉为长三丈，高一丈），诸侯国以下大夫的城邑，大者不过为诸侯国城墙的三分之一，即百雉；中者五分之一，即规模不过六十雉；小者九分之一，即不过三十三雉。但是，共叔段所居之地的城墙规模已经超过了百雉，显然僭礼逾制，成为郑国的大害。祭仲劝说郑庄公将逾制的共叔段除掉，以免后患。郑庄公却言"多行不义必自毙"。此后，共叔段恃母之宠，不断扩大自己的地盘，并招兵买马，攻打郑庄公，兵马至"鄢"（郑国邑名，现河南境内），郑庄公兴兵讨伐，共叔段兵败出逃。这个故事被清初文人吴楚材、吴调侯选为《古文观止》的第一篇，流传甚广。

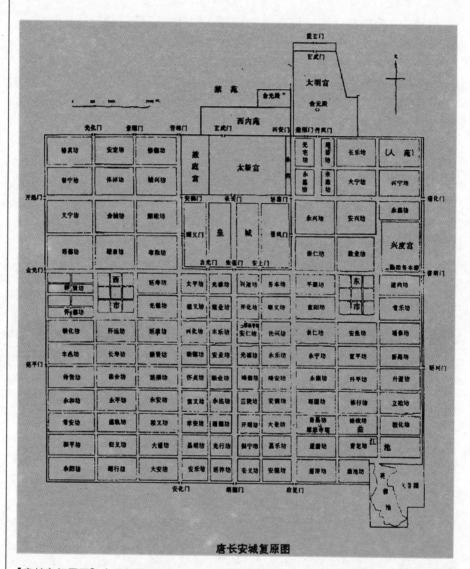

唐长安城复原图

【唐长安复原图】古代都邑城墙，包括房屋建筑用料尺寸皆有规制，逾越了这个规定就践踏了礼制，就要受到讨伐和谴责。秦汉之后，一直到清，这种建筑规模上的法令制度始终存在。

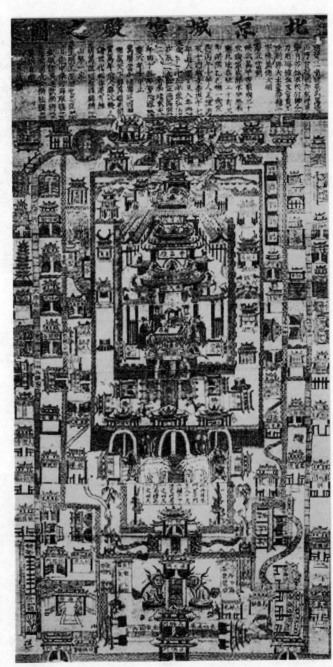

【明嘉靖年绘制的北京城宫殿图】是现存最早的北京城古代地图珍品。原图纵99.5cm，横49.5cm。地图表现了北京城宫殿建筑，将北京城区的主要建筑与街道也概括地标绘出来，基本上反映出明代北京城的全貌。

【北京故宫】

　　皇帝所居住的京城、皇宫都必定是当时规制最大且用料最精的建筑，王府也不能逾越，比如唐令规定王公以下的舍屋不可以用"重拱藻井"，三品以上官的堂舍最大为"五间九架"，五品以上为"五间七架"，六品七品以下为"三间五架"。无论官私宅第都不得造楼阁窥视邻居。如果逾越这种规制便有犯上之嫌。

　　《大清律例·工律》规定："凡军民官司，有所营造，应申上而不申上，应待报而不待报，而擅起差人工者，各计所役人雇工钱，坐赃论。"

　　屯田掌管天下屯田的政令。地处边远的州郡，有时因交通不畅而守边军队的补给不能及时送到，所以允许军队开垦荒地，收获作为军队的储备，以备不时之需。而其他地区的官府也有公廨田。屯田制度中最令我们感兴趣的是对官署中公家财物的保管及对应住公廨（官署）而不住却住"街市民房"者的惩罚。《大清律例》："凡各府、州、县有司官吏，不住公廨内官房，而住街市民房者，杖八十。若埋没公用器物者，以毁失官物论。"律后注阐明本条律文的意义在于约束有司官吏，使其不得放纵。若不受约束，私自住于街市民房中，要责杖八十。公廨中有国家配给的"公用器物"，不得私自占有和毁坏（即埋没），若私自占有和毁坏则追赔并处罚。

【北京民居四合院】

四合院是指以墙垣将四面的房屋联系起来形成的院落，包括大门、影壁、垂花门等，无论规模大小，布局一般依中轴线左右对称。四合院关上大门，对外即呈全封闭状态。在院内，所有的房门都朝向庭院，体现着亲情的融合。住房的格局长幼有序，上下有别，内外有分，体现着封建家庭的秩序。

【新疆穷库木屯田遗址】

【汉代戍边军民屯田遗址】

虞部掌管山林川泽开发利用的政令，用今天的话来说就是主管环境保护。中国人很早就认识到了人与自然的和谐关系十分重要。效法自然、顺应自然、保护自然的制度早在先秦时就已经出现。负责这方面事务的官员称为"虞"、"衡"。《周礼·地官》记掌管山林保护的官员为"山虞"、"林衡"，川泽保护的官员"泽虞"、"川衡"。先秦时，环境保护之事属于"地官"，也就是户部之职。也许是因为随着社会的发展，人类的营造与环境的关系日益密切，所以环境保护之责划归到了工部下属的虞部。古代山林川泽归国家所有，山林川泽之利公众共享，但是这种"共享"是有制度和法律约束的。顺应天时、根据时节禁止人们入山砍伐狩猎及捕捞并根据时节开禁，允许人们获取山林川泽之利，国家收取利税是虞部的重要工作。以《礼记·月令》为例：春正月，是万物复苏生长之时，因此禁止在祭祀中使用母牛母羊，禁砍伐树木，禁止捣毁鸟巢，不许杀死有益于农作物的幼虫、不许捕捉幼兽和怀孕的野兽。春二月（仲春），不许竭泽而渔，不许焚烧山林。春三月（季春），不许入山狩猎，

巖石勿伐

澤梁無禁

桐城劉徽昌榷勒南海朱完書

尚有朙皙曆㓑十秊五月五日

南場百神之所

總督兩廣軍門戴鳳岐題

【广东禁止破坏山林碑】

城门要严防有人将捕兽的工具和毒药带出，以防非法猎杀野兽。命令看守田野和山林的人员，禁止任何人砍伐桑条、荆条，因为此时百鸟在林中汇集。孟夏（夏天开始）时节，是万物继续生长的时候，不应该有毁坏的行为，不要大兴土木，不要砍伐大树。仲夏，命有关官员为老百姓祭祀山川。季夏是树木生长的时期，管理山林的虞人必须前往山林巡查，禁止乱砍滥伐。因为此时是生长的节气。秋季三个月，是收获的季节，季秋之月，山林开禁，"草木黄落，乃伐薪为炭"。仲冬之月，山林湖泽中若有可以拾取的菜蔬果品，有可以猎取的野鸟野兽，主管官可以告诉百姓尽情猎取，但是不可因此而发生纠纷。季冬之月，开湖泽之禁，命渔夫开始捕鱼，天子亲往捕鱼之处品尝，在品尝之前，先供奉祖先。并命监管山林川泽的官吏，收取百姓供给的祭祀所用的薪柴。如此

【浙江绍兴柯岩古代采石场】

精细地顺应自然的取舍，固然是应为中国古代农业社会的生活方式所决定，但是对自然的礼敬，对生命尽其所能的保护，未尝不是全人类所应有的永恒理念。

　　这种先秦就有的理念在中国影响深远，从许多民间风俗习惯中我们可以看到这种理念的延续。比如，大量遗存在乡村，尤其是有山林湖泊之处的禁碑，很多内容都是保护自然的，这些禁碑对破坏自然（风水），违犯时令入山林收获、入川泽捕捞的行为予以舆论上的谴责和经济上的处罚，有时也动用家法族规加以惩处。一些少数民族地区在中原王朝的影响下，也逐渐摆脱了刀耕火种，对自然采取保护措施。广西大瑶山瑶族遗留下的一些"石牌律"（一个或几个村寨订立的规约，刻石为记，故称）是依据王朝法律而定的乡规民约，首条就是"瑶山香草、桂树、竹、木、山货、杂粮百件，不得乱取。违者重罚"[4]。有些禁碑甚至在近现代还在发挥着作用。

【湖南省丽水市高溪乡高溪村发现的清道光年间"高溪公禁"碑】禁碑文曰：禁毒鱼虾及击鹭鸶，劝村民与自然和谐共处。对于违反禁令的将给予严厉惩处："禁后复蹈故犯，照公议罚。倘有不服，有三尺之法在，决不徇情。"自从立禁碑之后高溪人一直都按照禁令的规定执行，大家早上7点之前不允许到溪里洗东西，沿岸从来没有人乱丢垃圾，河水清澈、河岸整洁。

【浙江绍兴光绪年间鉴湖堂禁碑】碑文："此系宗祠水沟，公议不准堆积粪渣草屑，壅塞水道，如违重罚。光绪十八年鉴湖堂"

水部掌管用水的法令，疏导沟洫，开渠垒堰，灌溉及水上渡口交通等事务皆由水部掌管。《唐六典》记载，天下除贯穿东西的江河大川外，尚有一百三十五条中川，一千二百五十二条小川，水泉三亿三。各处的用水、堤防设有专人管理及根据需要配给一定数量的工人。季夏至仲春关闭斗门，秋季至孟冬修筑堤防和疏通水道，仲春灌溉时不得过量，不得使水浸入人家和坟地。用水的秩序是自下游开始。在以农业为主的中国古代，用水的法令十分细致周到，敦煌文书出土的《唐水部式残卷》证实了这一点。

【光绪年禁碑】碑文中的主要内容大意为告诫后人，要保护好附近的山山水水，不能破坏四周的一草一木。

"水部式"是中央政府颁行的水利管理细则。《唐代水部式残卷》现存 29 自然段，按内容可分为 35 条，约 2600 余字。内容包括农田水利管理，碾硙的设置及其用水量的规定，航运船闸和桥梁渡口的管理和维修，渔业管理以及城市水道管理等内容。现存的法规中有关关中灌区的内容较多。例如规定郑白渠等大型渠系的配水工程均应设置闸门；闸门尺寸要由官府核定；关键的配水工程订有分水比例；干渠上不许修堰壅水，支渠上只许临时筑堰；灌区内各级渠道控制的农田面积要事先统计清楚；灌溉用水实行轮灌，并按规定时间启闭闸门等。渠道上设渠长；闸门上设斗门长；渠长和斗门长负责按计划配水；大型灌区的工作由政府派员督导和随时检查；有关州县选派男丁

【都江堰】

和工匠轮番看守关键配水设施。发生事故应及时修理，维修工程量大者，县可向州申请支持。《水部式》还规定，灌区管理的好坏将作为有关官吏考核晋升的重要依据。此外，对于农业用水与航运和水力碾硙用水之间的调节分配，也作了相应的规定。兴修水利是中国自古以来的传统，早在战国时中国就完成了至今仍举世闻名的四大水利工程：都江堰、郑国渠、白渠、灵渠。有些水利工程确实造福万代，使我们今天也受益匪浅。

【灵渠】

1．《唐六典·工部》。

2　图文引自央视纪录片《复活的军团》。

3　参见《唐六典·将作监》及《唐令拾遗·营缮令》。

4　参见刘黎明：《契约·神裁·打赌》，四川人民出版社 2003 年版，第 84 页。

司法制度篇

「情理法并存，宽严相济」的司法体系

司法是指国家司法机关依据法定职权和法定程序行使司法权，运用法律处理具体案件的专门活动，而体系是指互相联系、互相制约的有关事物而构成的一个有机整体。所以司法体系就是依据法定职权行使司法权处理案件的国家司法机关之间相互联系、相互制约的有机整体。

古代中国是自给自足的自然经济占主导地位的社会，因此形成了高度集权的专制体制。在这种体制中，行政兼理司法，各级行政长官同时就是各级司法长官，"断狱"也成为行政长官的主要职责。皇帝是最高行政首领，所谓"普天之下，莫非王土；率土之滨，莫非王臣"，其当然也就是最高司法裁断者，由此中国古代形成了以皇权为核心的司法制度体系。

现代的人们往往认为这样一个以皇权为核心，"人治"为基本特色的司法体系是专制和简陋的，却忽视了录囚、赦免、恤刑、直诉等制度所体现的统治者"宽仁治天下"的胸怀，以及"礼法结合"、"德主刑辅"、"宽严相济"等基本法制原则的开明性。

就审级来说，各级行政机关审理案件有着严格的级别管辖划分。地方行政机关只能负责轻微案件的审理，重大案件必须由中央司法机关审理。从唐代开始，中央司法机关联合其他中央机关共同审理重大案件，这种联合审判机制发展成为后来的会审制度。会审制度一定程度上确保了重大案件审理的公正性。各地死刑的案件必须由中央司法机关审判，而且死刑的判决最后还需皇帝的核准。从汉朝开始，中央和皇帝开始逐步掌握死

【太和殿中的帝王宝座】太和殿宝座为明嘉靖朝遗物，其椅背由金丝楠木制成，雕有形象生动的13条蟠龙。宝座又俗称龙椅，体现了皇权的至高无上。

刑权，到隋唐时正式形成死刑三复奏和五复奏制度。这些"人命关天"的制度设计就是用严格的司法程序来确保法律的正确实施，防止各级官吏滥杀、滥罚，体现出中国古代司法的"慎刑"态度。

就审理依据来说，各级官员所追求的不仅仅是对国法的落实，而是天理、国法、人情三者的整合。著名法学家伯尔曼说："没有信仰的法律将退化成为僵死的教条"，"法律必须遵从信仰，否则它将形同虚设。"中国的古人很早就意识到了这一点，从董仲舒至程朱理学家，不仅沟通了天理与国法，而且还从天人感应出发，将天理、国法、人情三者统一，以国法为中枢，以天理为灵魂，以人情为基础，而且认为国法是天理的体现，从而赋予国法以不可抗拒的神秘性，同时执法应顺民情，又使国法增添了伦理色彩。

就审判监督来说，自秦代以来，作为国家专门的监察机关——御史，在司法监督方面发挥着重大作用。御史"掌察纠弹劾"，其主要职责是监察、纠举、弹劾各级官员的违法犯罪行为。由于古代中国司法行政合一，所以御史也自然负有监督各级官员断案的职责。在中央，御史负责审查监督大理寺、刑部等机关的司法活动。在会审中，御史亲自参与案件的审理，其司法监督的作用更为突出。同时，通过执行帝王的录囚活动，御史也能直接监督各级行政机关的司法审判活动。

重视调解是中国古代司法的一个特点。"刑罚为盛世所不尚"，中国传统法追求的是礼的价值，即"伦理道德"和"忠、孝、节、义"等。"礼之用，和为贵"，所以在审判实践中，调解得到了重视。因为在一个以伦理为根本，重视"礼"的社会里，民间诉讼的公开化很容易导致社会基本组织体系的瓦解，引起社会关系和秩序的破坏，从而不利于整个社会的和谐。正是基于这样的考虑，古人认为理想的社会应该是无讼的，即便是有非解决不可的矛盾，也要以家族和社会关系的和睦为首要目的，以调解为重要手段，使得在解决社会矛盾的同时，保护现有的社会关系和伦理道德，从而最大限度地实现整个社会的和谐。

【平遥县衙大门口上的"天理国法人情牌"匾】古代官员在按照国法审判案件的同时，更要兼顾天理和人情，以达到社会的和谐稳定，平遥县衙门口上的牌匾就是这种目的的反映，同样的牌匾在河南内乡县衙门口上也存在。

一、"礼乐征伐自天子出"

——帝王掌握最高司法权

皇权是古代司法制度和体系的核心，所谓"礼乐征伐自天子出"[1]，帝王掌握最高司法权，如秦始皇"昼断狱，夜理书"。帝王甚至通过"诏狱"亲自决定一些重大案件的审理。我们不能简单地认为这样一个以皇权为核心，以"人治"为基本特色的司法体系是专制和简陋的，从而忽视录囚、赦免、恤刑、直诉等制度所体现的统治者"宽仁治天下"的胸怀。

（一）录囚制度

录囚制度是古代一项重要的司法制度。录囚，也叫虑囚，主要是帝王定期或不定期地巡视监狱、平反冤狱，以调查全国的司法状况，并施行宽赦来体现其仁政的制度。

在总结秦朝灭亡的经验教训和吸取儒家慎刑思想过程中，西汉逐步形成了录囚制度。当时录囚仅限于州郡太守，以其定期巡视辖区内监狱，平反冤狱为主要任务。"录囚之事，汉时郡守之常职也"[2]。自东汉起皇帝便参与其中。东汉明帝时期，光武帝刘秀之子楚瑛因谋逆被杀，明帝借此大兴"楚狱"，将数千人下狱治罪。侍御史寒朗审查"楚狱"时，发现许多冤屈，于是上书明帝为无辜者申冤，明帝有所省悟，"亲洛阳狱，录囚徒，理出千余人"[3]，由此开创帝王审录囚徒的历史。史载明帝"常临听讼，观录洛阳诸狱"[4]。

唐代帝王录囚已成常制，录囚活动自唐高祖武德元年(公元618年)开始，历年举行。唐代录囚活动中，最著名的莫过于唐太宗"纵囚归狱"。贞观六年(公元632年)唐太宗"亲录囚徒，闵死罪者395人，纵之还家，期以明年秋即刑。及时，囚皆诣朝堂，无后者。太宗嘉其诚信，悉原之"[5]宋代时，宋太宗经常"亲录京城系囚，遂至日旰"[6]。

【汉明帝图】汉明帝借助"楚狱"开启帝王录囚的历史，其相关制度和机构不断得到完善。

帝王亲自录囚的时间毕竟有限，所以自汉代以后，各级官吏录囚的制度不断得到完善。汉代完善了州刺史录囚的制度，州刺史"常以八月巡行所部郡国录囚徒"[7]。《汉书·隽不疑传》载：青州刺史隽不疑"每行县录囚徒还，其母辄问不疑：'有所平反，活几何人？'"西晋时，郡国首相对所辖区三年一录囚。南北朝时期，陈专设了录冤局，"又制，常以三月，侍中、吏部尚书、尚书、三公郎、部都令史、三公录冤局，令史、御史中丞、侍御史、兰台令史，亲行京师诸狱及冶署，理察囚徒冤枉"[8]隋朝时期，隋文帝"又每季亲录囚徒。常以秋分之前，省阅诸州申奏罪状。三年，因览刑部奏，断狱数犹至万条"。唐朝，"凡禁囚皆五日一虑焉。凡在京诸司观禁囚。每月二十五日以前本司录其犯及禁时日月以报刑部。凡天下诸州断罪应申复者，每年正月与吏部择使，取历任清勤，明识法理者，仍过中书门下定讫以闻，乃令分道巡复"[9]宋朝基本沿袭唐朝的规定进行录囚。

帝王通过录囚来调查狱政，平反冤狱，从而缓和社会矛盾，维护社会秩序。《资治通鉴·唐纪太宗贞观三年》载：有人名叫刘恭，脖子上有一个"胜"字，而且说自己"当胜天下"，于是被官府抓入监狱。唐太宗录囚正好碰到这个人，就说："如果上天将兴他，不是我所能除掉的；如果他没有这个天命，那有这个胜字又能如何？"于是释放了他。

另外，帝王还能通过录囚来发现现行法律规范中的弊端，从而制定更符合实际的法律规范。唐初的法律规定：兄弟分家后，荫不相及，连坐俱死，祖孙配没。当时同州人房强，其弟任某州的统军。后来其弟以谋反罪被判死刑，按照上述法律规定，房强被株连并判死刑。太宗录囚的时候正好碰上这个案子，就说："适用刑罚的道理，应该是审理其罪行的轻重，然后再加以刑罚。怎么能不察其根本原因而一概诛杀的道理呢？这是不重视人命也不谨慎用刑罚的表现。谋反有两种，一种是兴师动众的起兵反抗；另一种是言论谋反，但是都一概连坐处死，这不是我希望看到的"[10]。因此，文武百官讨论了此条法律的利弊，最后由房玄龄更改此法条为：祖孙与兄弟缘坐，俱配没。

明清两代，皇帝一般不再亲录囚徒，也无官吏定期录囚的制度。录囚制度演变为会审制度，包括秋审、朝审以及热审等多种形式。会审制度性质上与录囚制度相同，但其制度更加完备，形式也更多样，更具有操作性，有关会审制度详见下文。

（二）赦免制度

赦免制度是帝王决定放免罪犯，不再追究和执行其刑罚的制度。赦免是古代帝王专有的司法权力，通过赦免活动，显示了皇权在司法体系中的核心地位。

赦免的标准一般是在情不在法，对象是已经判刑的在押犯人，但危及皇权和社会伦理的"十恶"犯罪，都不能赦免。唐律中就明确规定了犯"十恶"罪的人不得被赦免。

赦免的种类一般包括大赦、赦、曲赦、特赦、别赦等。赦的范围比较小，而且有很多不予赦免的情形；大赦的范围比较大，能赦免的囚徒也比较多；别赦是针对某一类犯罪而实行的赦免；曲赦则是实行于特定行政地区的赦免，能赦免的囚徒也有限。如《旧唐书》载唐太宗贞观十七年，以凉州获得瑞石，曲赦凉州。武则天时期，博州刺史、琅琊王冲起兵反武则天。叛乱平定后，武则天曲赦博州；特赦是因为特殊原因而对特定人施行的赦免，但是"十恶"之罪一般不在特赦的范围内。

除政治原因，如郊祭、登基、封禅、修元、平大寇、皇孙满月等的赦免外，在自然灾害时，帝王往往也施行赦免。对于自然灾害，古人认为是帝王统治不当，引起上天的不满所导致，所以此时帝王们应该赶紧施行仁政，以息天怒，这时候赦免就成了施行仁政的最主要形式了。

朝辞白帝彩云间
千里江陵一日还
两岸猿声啼不住
轻舟已过万重山

【李白遇赦免返回江陵图】李白遇赦后，从白帝城返回江陵，途中写下了千古绝唱《早发白帝城》，反映其得到皇帝赦免后的激动和喜悦之情。

赦免有一定仪式。《隋书·刑法志》载：在帝王颁布赦令的那天，官员在皇宫正门的西面摆放金鸡（金鸡代表金鸡星，古代占星术认为金鸡星动，就会有大赦，所以用金鸡作为大赦的象征）。囚徒都被集中在宫门前，相关官员击鼓一千下之后，打开枷锁将囚徒释放。"凡国有赦宥之事，先集囚徒于阙下，命卫尉树金鸡，待宣制讫，乃释之"[11]，这一仪式为历代所延续。

大诗人李白在遭贬流放夜郎的时候，曾写："我愁远谪夜郎去，何日金鸡放赦回"的诗句（《流夜郎赠辛判官》），写的就是树金鸡的赦免仪式。

二十五史中的《金史》对金世宗完颜雍的两次赦免仪式作了全程的记录[12]：

在赦免仪式开始之前，刑部、御史台、兵部等提前做好各项准备工作，在皇宫门楼上摆放好各种物品和工具。赦诏由人利用绳索操作一个木制的骑鹤仙人下滑并捧送到下面来，有的朝代是用金凤衔着诏书往下传递。皇宫楼下竖一长竿，长竿的顶端是一个大铁盘，铁盘里面有只木制金鸡。金鸡的嘴里衔着一个卷好的大红幡，幡上写着"大赦天下"四

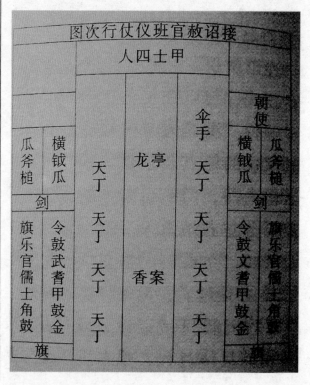

个金字。放金鸡的大盘四面有四个大铁环，大盘的底下还悬着四根朱红色的粗绳索。

等到皇帝来到门楼上坐定后，赦书也放到骑鹤仙人手中。这时候皇帝命令司仪树金鸡，司仪就会大声宣布："奉敕树金鸡"。在树金鸡的同时，相关人员要一直敲鼓，直到树金鸡完毕。紧接着，四个人分别顺着四根绳索往竿顶上爬，到达竿顶后把金鸡所衔的幡展开。当"大赦天下"四个大字展示在人们面前时，文武百官三呼"万岁"，然后全体向北，等待赦书的降临。这时候，在人的操纵下，木制仙人骑着鹤，捧着诏书顺着绳子滑下来，官员们跪拜迎接。诏书宣读完毕后，狱吏带领等待赦免的囚徒来到百官的南面，面向北，脱枷锁后，囚徒三呼万岁，集体退下，文武百官行五拜大礼。等皇帝回宫后，司仪宣布解散时仪式结束。在整个过程中，乐队要奏乐庆贺。

地方政府在接赦免诏书的时候也比较郑重，地方长官要准备旗帜、音乐、彩车和香案，并出城五里去迎接朝廷的使者，以示对帝王的尊重。

【接诏赦官班仪仗行次图】明朝《重刻圣朝钦定各项新官到任仪注》中详细记载了地方官员迎接赦免诏书的情景，此图反映的就是其迎接的仪仗方阵。

赦免的思想，最早可追溯到三代时期。《周易》六十四卦中有一卦叫做"解"，对于解卦的解释，古人是这样认为的："雷雨作，解，君子以赦过宥罪"，可见早期赦免思想是与自然现象相联系的。《周礼·秋官》记"司刺"掌"三赦"。三赦规定其对象有三：即老幼、过失及精神不健全者。

先秦时期的赦免主要是为政治、军事服务，统治者借此以笼络人心、庆祝胜利或扩充军队。先秦时期著名政治家范蠡（陶朱公）隐居经商后，其次子在楚国因杀人入狱，罪当处死。陶朱公派长子利用重金贿赂楚王亲信，该亲信于是向楚王说有天灾现象，须"德政"化之，并说服楚王颁布大赦令。陶朱公的长子听说楚王要颁布大赦，心想他弟弟碰到此大赦肯定就能免

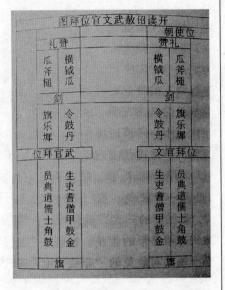

【开读诏赦武文官位拜图】明朝《重刻圣朝钦定各项新官到任仪注》也记载了地方政府迎接赦免诏书的情形，其欢迎的仪仗中有持瓜、斧、旗的士兵，也有儒生、僧人等。

罪，没有必要白送这么多金银给这个亲信，于是到楚王亲信那里把送去的金银全部都要了回来。这个亲信很是生气，觉得陶朱公未免太不懂事理，哪有请人办事不花钱的呢。一气之下，这个亲信又去对楚王说："陶朱公的儿子在楚国杀人入狱了，罪该处死，现在听说您要大赦，陶朱公正高兴地等着您赦免他儿子的死罪呢"。楚王大怒，下令杀了陶朱公的儿子后再行大赦。

秦代信奉法家理论，不主张赦免，所以司马迁在《史记》中说秦始皇刻薄，"久不行赦"[13]，但秦二世仅有的几次赦免在当时还是比较有名的。二世登基时曾滥杀其兄弟姐妹和王公大臣，后为笼络人心宣布大赦天下，这是秦统一六国后首次大赦；后来当陈胜、吴广的农民起义军攻进潼关时，为抵抗其攻势，二世赦免了 70 万修建秦始皇陵的囚徒，并把他们组成军队来进攻农民军，使得秦朝苟延残喘了几天。

汉代之后的赦免比较频繁，其形式、种类和内容开始定型，也为后世所继承。汉高祖刘邦在立太子和因其父亲去世而举行的国丧时，都曾专门下诏行赦，形成了后世立太子和国丧时的赦免。帝王郊祭的赦免，开始于汉文帝。公元前 165 年汉文帝郊祭时大赦天下，并下令大赦开酒禁五日，赐民爵一级。[14]此后的郊赦都继承了开酒禁，赐民爵的内容。两宋时期赦免之频繁"于古未有"。徽宗在位 25 年，竟然大赦 26 次，曲赦 14 次，所以《宋史·刑罚志》认为赦免过多使得"刑政紊而恩益滥矣"。

对于帝王的赦免，历史上的争议颇多。先秦时期法家认为赦免使得法令有隙可乘，而且"上赦小过而民多重罪，积之所生也。故曰：赦出则民不敬，惠行则过日益"。[15]儒家则认为赦免体现了统治者的仁政，主张"赦小过，举贤才"、"理大罪，赦小过"。总的来说古代赦免是为了政治的需要，或为平息和缓和阶级矛盾，或笼络人心、粉饰太平，或表明"皇恩浩荡"，或为调整统治阶级内部关系，免除某部分人的罪等。从本质上说，赦免制度是当时统治阶级用来调节、平衡各种社会关系的手段之一。统治者从政治的需要出发，以赦免补充司法不足，鼓励罪犯重新做人，积极向善，从而更好地维护统治秩序。

（三）恤刑、慎刑制度

西周以降，帝王们遵循"以德配天，明德慎罚"的思想，在司法中强调恤刑、慎刑的原则。从西汉开始，这一原则开始制度化，并为历代所延续。

封建社会慎刑、恤刑制度的建立，是从改革奴隶社会的肉刑制度开始的。这场改革源于西汉缇萦上书救父的历史事件。公元前 167 年，太仓令淳于意因获罪于权贵，被当地的官吏判处肉刑，而且被押解到长安受刑，其最小的女儿缇萦也跟随到长安。到长安后，缇萦托人给汉文帝写了一封书信。书信上写道："我叫缇萦，是太仓令淳于意的小女儿。我父亲做官的时候，齐地的人都说他是个清官。这回他犯了罪，被判处肉刑。我不但为父亲难过，也为所有受肉刑的人伤心。一个人死了就不可能复生，砍去脚就成了残废，割去了鼻子，就不能再安上去，以后他就是想改过自新，也没有办法了。所以我情愿被官府没收为奴婢，替父亲赎罪，好让他有改过自新的机会。"汉文帝看了书信后，十分同情这个小姑娘，觉得她说得很有道理，就召集大臣们说："犯了罪该受罚，这是天经地义的。可是现在用残损肢体的肉刑来惩办一个犯人，怎么能劝人为善，重新做人呢？"于是在公元前167年，汉文帝下令正式进行刑罚制度改革，基本废除了奴隶社会的墨、劓、宫、刖、大辟的五刑体系，把奴隶制的肉刑改为笞刑，改无期刑为有期刑。后来汉景帝又进一步完善笞刑，完成了此次废肉刑改革。废肉刑的改革是社会生产力发展后对大量劳动力需要的必然结果，也是法律儒家化的影响所致，具有非常积极的历史意义。

在汉文帝废肉刑的改革后，封建社会的刑罚制度在三国两晋南北朝时期不断得到完善。隋朝时正式形成封建社会的五刑体系：笞、杖、徒、流、死。到唐代，又以从轻原则为封建刑罚制度的基本原则，完善了恤刑、慎刑制度。

另一方面，死刑复核和复奏制度也是慎刑、恤刑制度的体现。死刑是剥夺罪犯生命权的最严厉的刑罚，所以古代对死刑的适用都极为慎重。死刑复核和复奏制度的确立和不断完善，一定程度上有利于减少错杀、滥杀现象，也有利于将死刑权集中于中央政府。

死刑复核是指对拟判处死刑的案件，先由中央部门复查，然后，在最终决定死刑前报请皇帝裁定，实际就是皇帝掌握死刑权。而死刑复奏则是指对已判定死刑的案件，在行刑之前必须再次奏请皇帝核准。

中国古代死刑复核制度肇始于汉代，确立于北魏，定型于隋唐，完善于明清。先秦时期，地方官员拥有判处罪犯死刑的权力。从汉朝开始，一部分死刑判决要经过皇帝批准才可执行，即"报囚"制度。《汉书·酷吏传·严延年》："初，延年母从东海来，欲从延年，到雒阳，适见报囚。"颜

【缇萦上书救父】由缇萦上书救父开启了自汉代以来的封建刑罚制度改革，逐步确立了封建时代的刑罚体系和制度。

师古注："奏报行决也。"《后汉书·章帝纪》："律十二月立春，不以报囚。"李贤注："报，犹论也。立春阳气至，可以施生，故不论囚。"当时死刑复核的对象为年薪二千石以上的官吏，原因是皇帝要慎重决定高官的生死，但当时的死刑复核权没有完全收归中央。

从三国、两晋、南北朝时期开始，死刑权逐渐收归中央，并掌握在帝王的手中，死刑复核制也在全国范围内逐步建立。《魏书》记载："当死者，部案奏闻。以死不可复生，俱监官不能平，狱成皆呈，帝亲临问，无异辞怨言乃绝之。诸州国之大辟，皆先漱报，乃施行。"当时魏明帝曾规定：除谋反，杀人罪外，其余死刑案件必须上奏皇帝。南朝宋武帝诏令："其罪应重辟者，皆如旧先须上报，有司严加听察，犯者以杀人论。"北魏太武帝时也明确规定，各地死刑案件一律上报朝廷，由皇帝亲自审核决定。此后，各地判决死刑必须获得中央和皇帝的批准。《唐六典·尚书刑部》载："凡决死刑皆于中书、门下详覆，具状奏闻"。

明清时，凡死刑囚犯应经皇帝"勾决"，再由刑部发文至罪犯关押场所，当地应在文书到达后三天之内行刑。一般处决时，也遵循春夏行赏，秋冬行刑的原则。除非性质特别严重的死刑案件，如谋反、大逆、谋叛等案件的死刑要立决，普通死刑案件的执行则待秋后决。

死刑复奏制度是对已判定死刑的案件，在行刑前必须奏请皇帝再次核准的制度。隋唐时期的死刑三复奏、五复奏制度就是死刑复奏制度的典型体现。《隋书·刑法志》载："开皇十五制：死罪者，三奏而后决。"即通过三次奏请皇帝裁决才能决定是否最终处以死刑。唐代继承并完善了此制度，唐《狱官令》规定："凡决死刑，皆于中书门下详复。"开元年间，又进一步规定死刑，除十恶死罪、造伪头首、劫杀、故杀、谋杀外，令中书门下与法官等详所犯轻重，具状闻奏。唐太宗贞观五年下诏："凡有死刑，虽令即决，皆须五复五奏。"[16]在京行决之司五复奏；在外者刑部三复奏。具体为：在京，决前一日二复奏，决日三复奏。在外者，初日一复奏，后口再复奏。"诸死罪囚，不待复奏报下而决者，流二千里"。[17]但对犯有"恶逆"以上罪者，以及身为贱民的部曲、奴婢犯杀主人罪者，则实行一复奏后，就可执行死刑。唐朝所确立和完善的死刑复核制度，为后来朝代所沿用。

死刑复奏制度的确立，一方面使得皇帝加强了对死刑权的控制，另一方面也是传统的恤刑、慎刑制度和原则的体现。

（四）直诉制度

直诉制度是指军民如有冤屈，可以直接向帝王本人提出申诉的制度。通过帝王亲自审理，一方面可以使得重大冤假错案有最后平反的可能性，另一方面也使得帝王能监督各级机关，便于其在必要时行使最高司法权。

古代直诉制度一般有四种形式：邀车驾、挝登闻鼓、立肺石和上表申诉。

1. 邀车驾。邀车驾是指在皇帝出行时，百姓拦路伸冤方式的总称。邀车驾较早的记录见于《后汉书·杨政传》。杨政的老师是范升，"范升堂为出妇所告，坐系狱"，政乃肉袒，以剑贯耳，抱升子潜伏道旁，候车驾，而持章扣头大言曰：'范升三娶，唯有一子，今适三岁，孤之可哀。'武骑虎贲俱惊乘舆，举弓射之，犹不肯去；旄头又以戟叉政，伤胸，政犹不退。哀泣辞请，有感帝心，诏曰："乞杨生师"。

唐代进一步完善了邀车驾的直诉制度，允许百姓邀车驾告状，但其冤情必须属实。《唐律疏议·斗讼》规定了邀车驾不属实以及有关部门不受理的处罚。同时又规定"自毁伤者，杖一百。虽得实，而自毁伤者，笞五十。即亲属相为诉者，与自诉同"。

在宋元时期，邀车驾被称为"乘舆诉之"，"诸陈诉有理，路府州县不行，诉之省部台院，省部台院不行，经乘舆诉之"。[18]明代时期，法律明确规定，在正常上诉不受理的情况下，允许"迎车驾"申诉，即"于仗外俯状以迎车驾申诉"。同时又规定，迎车驾申诉必须案情真实，"若迎车驾……申诉，而不实者，杖一百；事重者，从重论；得实者，免罪"。[19]

在清代，邀车驾被称为"叩阍"，《清史稿·刑法志》载："其投厅击鼓，或遇乘舆出郊，迎击驾申诉者，名曰'叩阍'"。"叩阍"的阍指宫门，叩既有敲打之义，即拍打皇宫的大门，又有叩头拜见的意思。清代"叩阍"分两种方式，即鼓状和告御状。凡是上访的官民遇有冤抑之事，原审衙门不理或审断不公的，可拦皇帝车驾告状，或赴通政司击鼓诉冤，由通政司奏报皇帝。据《沈阳昭陵志》载：康熙二十一年（公元 1682 年），康熙皇帝到福陵、昭陵谒陵时，两陵披甲（守陵骑兵）拦住康熙的车马"叩阍"，陈述不公平的待遇，并请求改善待遇。康熙皇帝对披甲们深表同情，答应了其请求。

【汉文帝止辇受言图】汉史记：文帝每朝，在路上遇到拦车奏事的官员，都下车受言，言不可用者，置之；可用，采之；未尝不称善。

对于古代百姓拦住帝王车驾告御状，法律有严格的规定，违反者会受到严厉的处罚。《汉书·张释之传》载汉文帝出巡，有人不小心惊吓了文帝仪仗的马，就差点被判处死刑。《唐律疏议·斗讼》更是明确规定"邀车驾诉而入部伍内，杖六十"。

2. 挝登闻鼓。一般在古代皇宫门口下面，都设有登闻鼓，有冤者可以击鼓的方式直诉。挝登闻鼓的直诉形式源自西周"路鼓"制度。据《周礼·夏官·大仆》记载，西周"建路鼓于大寝之门外，而掌其政，以待达穷者与遽令，闻鼓声，则速逆御仆与御庶子"。有冤屈的平民，以及有紧急要事要告诉周王的人，就击打路鼓，相关官员要立即将情况报告给周王。西晋时期，统治者仿照旧制，正式设立登闻鼓的直诉制度，《晋书·武帝记》记载，"西平

【大禹揭器求言图】夏史上记：大禹既居帝位，在门外挂起钟鼓磬铎□等五样乐器，敲打各种不同的乐器则代表有各种不同的事情需要告诉禹，包括冤狱等。

人曲路，伐登闻鼓"。《魏书·刑法志》记载，"阙左悬登闻鼓，人有穷冤则挝鼓，公车上奏其表"。当时登闻鼓悬于朝堂或者都城内，或在宫阙大门旁悬一大鼓，凡有蒙冤者可至宫阙击鼓，有关部门闻击鼓声后将详细情况记录并上奏朝廷或者皇帝本人。北魏太武帝曾"阙左悬登闻鼓以达冤人"[20]。《唐六典·刑部尚书》规定：上诉案件经过三司后，不服判决，可以向皇帝上表。如果上表不能达到皇帝手中，可以敲响宫门外的登闻鼓，由右监门卫奏闻皇帝。

宋朝正式设置了登闻鼓机构，"登闻检院，隶谏议大夫；登闻鼓院隶司谏、正言，掌受文武百官及士民章奏表疏。凡言朝政得失、公私利害、军期机密、陈乞恩赏、理雪冤滥及奇方异术、改换文资、改正过名，无例

通进者，先经鼓院进状；或为所抑，则诣检院，并置局于阙门之前"。[21]当时的登闻鼓机构即登闻鼓院和登闻检院，简称鼓院和检院，隶属于谏院。前者由带职朝官兼任，后者仿照唐朝的匦院设立。两者职能类似，但所有的诉状未经鼓院者，检院不得接受。除冤假错案，事关重大的文字材料和对在京官员的诉状外，都由此二者接受，此二者遂成为民间与政府沟通的重要途径，使帝王能在官僚体系之外，获得更多社会信息。宋太宗淳化四年（公元 993 年），京畿有人击登闻鼓，直诉家奴丢失小猪一头，宋太宗听后非常高兴，"似此细事悉诉于朕，亦为听决，大可笑也。然推此心以临天下，可以无冤民矣"[22]，下诏赐千钱赔偿其损失。

北宋靖康元年春，金兵包围开封。宋钦宗为讨好金国，罢免了力主抗金的尚书右丞、东京留守李纲之职，并割三镇给金国。京城军民大为不满，以太学诸生陈东等为首的数万京城军民上书要求复用李纲，并敲碎皇宫门口的登闻鼓，最后迫使宋钦宗恢复了李纲的官职。

元朝规定："诸事赴台、省诉之，理决不平者，许诣登闻鼓击鼓以闻。"[23]

明代《明太祖实录》载"置登闻鼓于午门外，日令监察御史一人监之。凡民间词讼皆自上而下，或府、州县省官及按察使不为伸理，及由冤抑重事不能自达者，许击登闻鼓，监察御史随即引奏，敢沮告者死。

【三县衙门的登闻鼓】登闻鼓直诉方式也存在于地方行政机构中。登闻鼓一般都是设立在衙门的大门外，喊冤人直接敲击登闻鼓喊冤，其敲鼓的鼓槌为鲤鱼形状，谐音"理"，手中有"理"，才能击鼓。

其户婚、田土细事皆归有司，不许击鼓"，"非大冤及机密重情，不得击，击即引奏。"[24]后登闻鼓移至长安右门外，让六科锦衣卫轮流值班，接纳击鼓申诉上奏，不许阻遏。《明史·刑法志》载明宣宗时，登闻鼓值班官员上奏："重囚二十七人，以奸盗当决，击鼓诉冤，烦渎不可宥。"受到宣宗的斥责，并命令"自后凡击鼓诉冤阻遏者，罪。"

清世祖顺治元年(公元1644 年)，设登闻鼓于都察院，由御史监管。顺治十三年(公元 1656 年)，将登闻鼓移至长安右门外，由给事中或御史轮流值班。清圣祖康熙六十一年(公元 1722 年)，又将其并入通政使司，别置鼓厅，由参议监管。凡内外官民遇有冤抑之事，原审衙门不理或审断不公时，可赴通政使司击鼓诉冤，先由通政使司讯供，如确属冤枉，奏报皇帝交刑部查办。[25]

3．立肺石。立肺石直诉的制度也是源于西周时期，当时宫门外设置供百姓伸冤时站立的石头，由于其颜色为赤色，形状像肺，故名肺石。沈括在《梦溪笔谈》中描述道："其制如佛寺所击响石而甚大，可长八九尺，形如垂肺。"为什么形如肺呢？"肺主声，声所以达其冤也"，同时肺石也寓意着官府和老百姓同肺腑、共呼吸的意思。当时有冤无处申告的穷苦百姓、无兄弟子孙和老弱病残的人，如有冤屈要上诉周王，而地方官又不向上报告时，申告者在宫门外肺石上站三天，相关人员就接受他们的诉状，并报告周天子，同时还要处罚不上报冤情的地方官员。

立肺石的直诉制度为后世所借鉴。南北朝时期的梁武帝在宫门外设立肺石，供伸冤者申诉冤情。武则天时期，也在宫廷门外设置肺石，"若老弱病残不能申者，乃立肺石之下。立于石者，左监门卫奏闻皇帝"。[26]

4．上表申诉。上表申诉就是向皇帝上书申诉冤情，以期得到昭雪或者减免的直诉行为。历史上比较有名的上表行为见于上面所述的缇萦上书救父的故事。

唐初中书省和门下省负责收受投诉的表书。据《唐书·太宗本纪》载：贞观元年(公元 627 年)"敕中书令侍中朝堂受讼辞，有陈事者悉上封"。《唐六典》卷八《门下省》云："凡天下冤滞未申及官吏刻害者必听其讼，与御使及中书舍人同计其事宜而审理之。"在武则天时期，甚至专门设立铜匦，接受臣民投匦上表进行直诉。

投匦形式的直诉并非唐代首创。相传尧在位时，曾设立榜木于市井，有进谏之书可贴于其上。另据封演《封氏闻见录》记载汉时颍川太守赵广汉，就曾设立类似于铜匦的言事者投书制度。后来，南北朝时期梁武帝萧衍登基以后，鉴于刘宋、萧齐亡国的教训，非常注重纳谏，他特诏令在官府前谤木肺石旁各置一函，凡布衣之士，要想直陈时事，有所建议，可投书于谤木函中；如有功劳未达，才不尽用，可投书于肺石函中。

唐代投匦直诉制度的具体方式是在朝堂四角各设一个铜铸的匦(盒)，人们可以将自己的意见以表章的形式投于其中，向皇帝申诉。铜匦全部用铜铸，而且东西南北分设四个投递口，分别涂成青、丹、白、

【谤木谏鼓图】相传尧时期于朝市竖立木牌，谓之谤木，人有进谏之言则书于其上。郑观应《盛世危言》："古之时，谤有木谏，有鼓善……所以求通民隐、达民情者，如是其丞丞也。"

黑四色。据《资治通鉴》载：其东曰"延恩"，献赋颂，求仕进者投之；南曰"招谏"，言朝政得失者投之；西曰："伸冤"，有冤抑者投之；北曰"通玄"，言天象灾变及军机秘计者投之。"其器共为一室，中有四隔，上各有窍，以受表疏，可入不可出。"

据《唐六典》卷九规定：匦院专门负责铜匦的管理。匦院隶属于中书省，院设知匦使一人，常由正谏大夫（即谏议大夫）、拾遗、补阙等充任，专知受状，以达其事。事或要者，当时处分；余出付中书及理匦使据状申奏。理匦使一人，常由御史中丞或侍御史充任。知匦使掌申天下之冤滞，以达万人之情状。据《唐六典》卷一三记载，御史台设侍御史四人，其职责之一就是分掌"理匦"之事。后来宋代将匦院改为检院，接受百姓的举报。

唐朝对投匦直诉制度不断进行完善，第一，明确投匦进状的条件。代宗大历十四年(公元 779 年)规定："亡官失职、婚田两竞、追理财物等，并合先本司。本司不理，然后省司，省司不理，然后三司，三司不理，然后合报投匦进状。如进状人未经三处理，及事非冤屈，辄妄来进状者，不在进限。如有急切须上闻，不在此限。其妄进状者，今后请并状牒送本司及台府处理"。第二，对投匦进状的案件进行分类，并规定不得随意进状。穆宗长庆三年(公元 823 年)，据理匦使谏议大夫李渤奏请规定："今后有投匦进状者。请事之大者奏闻。次申中书门下。小者各牒诸司处理。处理不当。再来投匦者。即具事闻奏。如无理妄诉。本罪外加一等"。第三，不得更改姓名重复投匦进状。在宣宗大中四年（公元 850年）规定："应投匦及诣光顺门进状人。其中有已曾进状，令所司详考，无可采取，放任东西。未经两三个月，又潜易姓名，依前进扰公廷，近日颇甚。自今以后，宜令知匦使及阁门使，如有此色，不得收状与进状。如故违与进者，必重书罚"。[27]在此知匦使严格把关，发现有变更姓名再行投状这种情况，不得收状与进状。如果故意违反并为其进状者，科以重罚。

后世对唐代投匦直诉制度颇有争议，有人认为投匦制度是武则天篡夺政权后，加强独裁统治，镇压反抗人士，消除政敌的一种政治措施。那时候武则天也确实任用酷吏，利用铜匦中的告密信，将大批人士投入监狱。但也有人认为投匦制度是武则天广开言路，鼓励百姓举报贪官污吏的一种有效措施。如铜匦的设计者——侍御史鱼承晔的儿子鱼保家，被人投匦检举其教徐敬业叛军打造兵器，被武则天下令处死。白居易就在其《达聪明，致理化》一文中高度评价匦院制度："匦使之职举，则天下之雍蔽所由通也"。不管如何评价，铜匦制度在一定程度上提供了一种有意义的法律救济途径。

明代，百姓向中央政府和皇帝直诉案情的做法更为激进。百姓可以扭送贪官污吏到京城接受中央政府的审判。据明《御制大诰》第五十九乡民除患规定：今后布政司、府、州、县在役之吏，在闲之吏，城市乡村老奸巨猾顽民，专一起减讼词，教唆陷人，通同官吏及州里之间者，许城市乡村贤良方正、豪杰之士，有能为民除患者，会议城市乡村，将老奸巨猾及在役之吏、在闲之吏，绑缚赴京，罪除民患，以安良民。敢有邀截阻挡者，枭令。拿赴京之时，关津渡口不得阻挡。在后来的《御制大诰三编》的第三十四条民拿害民该吏中，明太祖朱元璋进一步详细规定了百姓扭送贪官污吏到京城的办法，各级贪官污吏贪赃枉法，为非作歹，乡里德高望重者可以将其扭送到京城，如果有人敢阻拦，则族诛阻拦者。

到了清代，由都察院和步军统领衙门负责对上表直诉的案情进行分类、筛选，并评估案件，以此为皇帝分担审理案件的压力。也就是说，此时虽然人们可以直接向皇帝上书，但是真正能到皇帝手中的冤案已经不多了。

总体来说，古代直诉制度确实有一定的积极意义。但是考虑古代社会的实际情况：交通的不发达，直诉行为成本的巨大，帝王时间、精力的有限以及对直诉制度诸多的法律限制等，我们或许要慎重考虑直诉制度的实际效果。

---

1 《论语·季氏》。

2 沈家本：《历代刑法考·赦考·赦十二》。

3 《后汉书·寒郎传》。

4 《晋书·刑法志》。

5 《新唐书·刑法志》。

6 《宋史》卷一百九十九。

7 《后汉书·百官制》。

8 《隋书·刑罚志》卷二十。

9　《唐六典》。

10　《旧唐书·刑法志》。

11　《唐六典·尚书刑部》。

12　参见郭金霞、苗鸣宇:《大赦、特赦——中外赦免制度概观》,群众出版社 2003 年版,第 138 页。

13　《史记·秦始皇纪》。

14　在魏晋之前,老百姓是不能随便聚集喝酒的,否则会被官府治罪,东汉时期甚至有"酒党"的罪名,所以能开酒禁,这是格外开恩了。

15　《管子·法法篇》。

16　《贞观政要》卷八。

17　《唐律疏议·断狱》。

18　《元史·刑法志·诉讼》。

19　《明史·刑律·诉讼》。

20　《资治通鉴》卷一二二。

21　《宋史》卷一六一。

22　《续资治通鉴长编·卷三十四》。

23　《元史·世祖本纪》。

24　《明史》卷 94。

25　陈丽红:《中国古代直诉制度研究》,安徽大学 2006 年硕士论文,第 10 页。

26　《唐六典·刑部尚书》。

27　(宋)王溥《唐会要》卷五十五,瓯。

二、天下之平

——中国古代中央司法机构

明清以前，中央三大司法机构为大理寺、刑部和御史台。其中，大理寺负责全国性重大案件的审判，为中央最高审判机关；刑部负责全国性重大案件审判结果的复核，同时也是中央最高司法行政机关；御史台负责全国的监察和监督工作，监督百官、政令及法律的执行情况。明清时期，中央三大司法机构为刑部、大理寺和都察院。刑部为中央最高审判机关，同时监管司法和立法工作，为六部之首；大理寺为最高司法复核机关；都察院负责国家的监察和监督工作。

（一）大理寺——由主审转变为主复核

大理寺是中国古代三大中央司法机构之一。在明清以前，大理寺是中央最高司法审判机关，负责官员犯罪案件、地方移送复审案件以及帝王指定案件的审理。从明朝起，其主要职能由最高司法审判机关转变为最高司法复核机关，专掌复核，凡是刑部、都察院审判的案件，均由大理寺复核，其有权驳令更审，或请旨发落。

中国古代司法审判的源头可以追溯到"神兽断狱"的时期。据说夏代以前，负责审判的官吏称为"士"，舜任命东夷族首领皋陶为"士"，负责执掌刑罚，于是皋陶成为中国古代第一位法官。

皋陶每遇到疑难案件，就牵出一只独角神兽来协助断定是非曲直。凡是有罪的，神兽就用独角抵触之；无罪的，就不抵触。这种善于审断疑难案件的神兽称为"廌"，又名"獬豸"，其形状像鹿、独角、性忠，善于分辨曲直，因而被借助审理疑难案件。

【皋陶墓】六安又有皋城之称。皋陶墓为圆形土冢，墓前有清同治年（公元1869年）安徽布政使吴坤修手书"古皋陶墓"碑刻一块。

【獬豸图】獬豸，也称解廌或解豸，是古代传说中的异兽，额上长一独角，俗称独角兽。它能辨是非曲直，能识善恶忠奸。《后汉书·舆服志下》载："獬豸，神羊，能辨别曲直"，所以在古代，獬豸就成了执法公正的化身，后来执法者皆戴獬豸冠。

【张释之祠】西汉时期张释之曾做过廷尉。他执法如山，刚直不阿，故当时有"释之为廷尉，天下无冤民"的美谈。司马迁称他"守法不阿意"，其后来成为历代执法者的楷模。

　　西周时期，中央由司徒、司空、司寇及其所属官吏负责具体的审判工作。秦朝时期，廷尉为中央审判机关。据《汉书·百官公卿表》颜师古注："廷，平也，治狱贵平，故以为号"。廷尉位于丞相之下，掌刑辟，其主要司法职责：一是负责审理由皇帝指定的案件；二是审理地方移送的重大案件和疑难案件。

　　廷尉这个名称在隋朝之前几经变化。在汉景帝时期改为大理，秩中二千石。理，谓之察理刑狱也。汉武帝又恢复为廷尉，汉哀帝又改为大理。王莽复古改制又改为士，后汉及三国的魏，刘宋都是称为廷尉，北齐时期才开始称为大理寺，除元代外，这个名称一直为历代所沿用。隋朝以刑部和大理寺分掌司法复核和审判权，标志着司法行政与司法审判的分立，这在中国司法制度史上具有非常重要的历史意义。

　　唐代，大理寺设大理寺卿一人，从三品，少卿二人，从四品。大理寺卿，掌邦国折狱详刑之事，主要职责是负责审理中央百官犯罪及京师徒刑以上的犯罪案件，但所作判决中的徒、流案件须送刑部复核，死刑须奏报皇帝批准。此外，大理寺对于刑部移送的地方死刑案件拥有重审权。宋代大理寺设左断刑、右治狱两机构，左断狱负责地方各州报请复审的案件及地方官犯罪案件，右治狱负责京师百官案件。同时大理寺"审"、"判"分开，审讯归断司，用法归议司。

元代不设大理寺，由刑部负责审判和复核等司法活动。受元代影响，从明代开始，最高审判权归刑部所有，而设立的大理寺，其职能由主审转变为主复核驳正，发现"情词不明或失出入者"，驳回刑部改判，并再行复核。如此三次不当者，奏清皇帝裁决。[1]大理寺在明、清时期主要是负责审核重案、申理昭雪的"恤刑"机构。名义上，大理寺"掌天下刑名，凡重辟则率其属而勘"，实际上，其地位和影响已经远不如前了。

（二）刑部——由主复核到主审判

以元朝为界限，刑部的职能经历了由主复核的最高司法行政机关到最高司法审判机关的转变。在元朝之前，刑部是中央最高司法行政机关，属尚书省，为中央六部之一，除负责有关的司法行政事务外，还负责复核大理寺判决的流刑以下案件及地方判决的徒刑以上的犯罪案件。如果有疑问或者发现错误，对徒、流以下案件有权驳回原审机关重审，死刑案件则移送大理寺重审。同时，刑部还负责全国的狱政管理、受理各地在押囚犯的申诉。宋代刑部设立左、右曹，左曹负责死刑案件复核，右曹负责官吏犯罪案件的审核，同时还扩大到负责刑法、狱讼、奏谳、赦宥、叙复等事宜。

但是到了元朝，特别是明、清时期，刑部的职能有所变化。刑部作为中央司法审判机构，审理重大案件和地方上诉案件，也审理中央百官犯罪的案件，同时还参与"三法司"的审理。

在清代，刑部的职能继续扩大，不仅行使中央司法审判权，而且还负责全国司法行政事务和狱政管理，同时参与主持国家重要立法。国家大部分的司法工作和职能都由刑部负责，所以当时的刑部已经权倾位重，位于六部之首。

（三）天子耳目之司——御史台

中国古代的监察官一般统称为御史，御史台或都察院是其机构名称。御史组织的出现并成为国家机器的组成部分，是中国封建专制制度的一大特色。古代专职监察机构始建于秦汉中央集权的封建国家形成时期。秦始皇统一中国，以御史大夫位列三公，处于国家中枢的地位，其作为皇帝耳目的作用为历代所沿用。御史台或都察院作为"天子耳目之司"，其职能是监督法律的实施，对违反朝廷纲纪的官吏进行弹劾；监督中央司法机关对重大案件的审判活动；也参与一些具体的审判活动。

秦汉时参与朝政的大臣一般包括丞相、御史大夫和中二千石以上的诸卿，他们是国家主要行政官员。秦始皇时御史大夫仅次于左、右丞相，后逐渐成为御史台长官。西汉时御史大夫掌副丞相，故丞相、御史并称，丞相府和御史大夫府合称二府。凡军国大计，皇帝常和丞相、御史共同议决。丞相位缺，也可由御史大夫升任。御史大夫之秩为中二千石。由于御史和皇帝亲近，故群臣奏事须由他向上转达，皇帝下诏书，则先下御史，再达丞相、诸侯王或守，因而皇帝可利用御史大夫督察和牵制丞相。西汉初，诸王国也设此职，汉景帝中元三年（公元前147年）时省去。

御史台长官为御史大夫，设御史大夫一人，从三品；御史中丞二人，为御史台副长官，从五品上。《汉书》云：御史大夫，秦官，位上卿，银印，青绶，掌副丞相。先秦的御史本为殿中执法官。汉初御史大夫晁错、张汤、杜周都曾被称作"三公"。他们虽居副丞相之位以协助丞相综理大政，但仍偏重于执法或纠察，不仅可劾奏不法之臣，而且还可奉诏收缚或审讯有罪的官吏。

汉代御史大夫属官有御史中丞、侍御史、绣衣御史等。御史中丞之秩为千石，其职掌是在外监督刺史或守、令，在朝可举劾百官，又主管朝中或地方上某些刑狱之事，如武帝时御史中丞咸宣治主父偃及淮南王狱。侍御史员十五人，秩为六百石。汉代所谓的御史，有时就是指侍御史。其职掌是举奏百官的非法和违失，也可奉诏逮捕和拷问有罪的官吏。绣衣御史不常置，其职务主要是奉命镇压人民的武装反抗活动。

汉成帝绥和元年（公元前8年），更名御史大夫为大司空，并将其禄秩提高到丞相的标准，与丞相、大司马合称三公。哀帝建平二年（公元前 5 年），复为御史大夫。元寿二年（公元前 1 年），又改名大司空。从此到东汉，沿续不变。汉献帝时，在曹操专权的情况下，又恢复了丞相和御史大夫。到东汉初年，御史大夫的官属，由御史中丞总领，中丞替代御史大夫成为执法和监察机构的首脑人物。

魏晋南北朝有时也恢复御史大夫，或替代司空，或替代御史中丞。魏黄初二年，又改大司空。历晋、宋、齐、梁、陈、后魏、北齐、后周，并不置大夫，而以中丞为台主。隋讳忠，依秦、汉置御史大夫，从三品。唐因之。

《唐六典》规定：御史大夫之职，掌邦国刑宪、典章之政令，以肃正朝列；中丞为之二。凡天下之人有称冤而无告者，与三司诘之（此三司为御史大夫、中书、门下，大事奏裁，小事专达）。凡百僚之事应弹劾者，御史言于御史大夫，大事则方幅奏弹，小事则署名而已。若有制使覆囚徒，则与刑部尚书参释之。凡国有大礼，则乘辂车以为之道。

御史大夫下设有侍御史、殿中御史和监察御史。

侍御史四人，从六品下，掌管纠举百僚，推鞫狱讼。侍御史接到举报，必须按照实际情况奏皇帝；如果是寻常的案件，则由大理寺审理。遇到大的案件，则冠法冠，衣朱衣、纁裳、白纱中单以弹奏之；小事，常服而已。侍御史法冠又名豸冠，一角，为獬豸之形，取触邪之义也。

殿中御史六人，从七品上。掌管皇帝大殿和朝廷供奉之仪式；凡冬至、元正大朝会，则具服升殿。若皇帝郊祀、巡省，则具服从，于旌门往来检查，视其文物之有污阙则纠之。

监察御史十人，正八品上。掌分察百僚，巡按郡县，纠视刑狱，肃正朝仪。

隋、唐以后所设御史大夫，均为御史台长官。明改御史大夫为都御史。明朝初年，明太祖因胡惟庸案而罢御史台，改称都察院。明、清时期，都察院为监察机关，监督百官和刑部、大理寺的司法活动，也有一定的审判权，如参加会审等。

古代御史的主要职责有：

1．行政监察。御史把约束和监督政府官员作为其主要职责。隋朝时期御史柳彧出巡河北五十二州，查免贪官污吏二百多人；宋朝甚至规定御史必须每月奏事一次，如果一百天之内从没有奏过任何事情，御史是要被贬为外官或罚俸禄的。因此御史对官吏的过失格外注意，这在一定程度上能纠正违法乱纪官员的行为。

唐高祖时期，有人告岐州刺史李靖谋反。唐高祖命令御史前往查处此案，并告诉御史如果其谋反属实，可就地处置。此御史知道此人诬告李靖，就请求皇帝让告状的人和他一同前往。走到半路上，御史佯装丢失了告状人写的状纸，装出惊恐万分的样子，不停的鞭打随行的人员以追查状纸的下落。无法找到状纸后，对告状的人请求道："李靖谋反证据确凿，现在我奉旨去捉拿他。但是丢失了状纸，这样子我就无法完成皇上交代的任务了，还望您高抬贵手救救我，再给我写一封状纸吧"。告状人于是又写了一份状纸。御史对

【明代御使腰牌正面图】此腰牌主人是明代御史王忬。牌作圆形，上有獬豸相对，中有圆孔作纽，以便系带，正面刻篆书"给监察御史王忬佩"。腰牌的设计体现了御史作为皇帝耳目的权威性。

比前后两份状纸后，发现出入很大，于是即刻回京报告唐高祖。唐高祖于是认定李靖无罪，告状人被判刑。[2]

御史腰牌的作用：一是证明御史的身份；二是进入宫廷的通行证；三是出巡时候，纠察弹劾、治理冤狱的权力象征。

明代对御史出巡制定了更为详细的规定，不但规定了巡察的范围、权力，而且还规定了其随员、财务和州府的接见礼仪、出巡的纪律等。

2. 司法监察

（1）处理案卷，审录囚徒。御史一般还负责执行帝王录囚的任务，同时，也对地方官吏是否执行了皇帝敕令进行监督。

唐贞观年间，卫州杨正等三人到卫州板桥某旅店投宿，其店主叫张逖。晚上五更时分，有人偷取杨正的刀把张逖杀了，后刀又被放回杨正

的刀鞘中，但杨正三人并不知道其情况。等到天亮后，店里的人打趣杨正等三人，杨正一时激愤，在拔刀的时候发现有非常多的鲜血，同时张逊的尸体又被人发现，当地官员立即拘捕了杨正等三人，严刑拷打，最后杨正等被逼无奈，屈打成招，被判死刑。案件上报后，唐太宗对此案比较怀疑，派御史蒋恒重新审核此案。蒋恒到案发地后，召集旅店附近的15个人，但觉得人数太少，就放他们回去了，只留下一位八十多岁的老太太到晚上才放走。蒋恒命令随从在老太太后面悄悄跟踪，并对随从说：“如果在老太太走出去的时候，有人和老太太说话，马上把这个人的名字记下来，不得泄漏任何消息。”当晚放老太太出去的时候，果然有人和她说话，随从当即记下这个人的名字。第二天蒋恒又召集旅店附近的人，然后又单独留了一会此老太太，后又有人在老太太出来后询问她，如此重复了三天，都是同样一个人询问老太太。第四天，蒋恒集合附近男女共三百人，当场将这个询问老太太的人叫出来，其余的都放回去。经审问，这个人承认了他与张逊妻子合谋杀死张逊的情况。蒋恒将此案情况上报太宗后，得到了太宗的赏赐。[3]

（2）处理越诉。明清时期，御史负责出面处理各地方来京城直诉的案件，并有权处罚因渎职而导致京控的地方官员。在上面的直诉制度中，我们已经提到了御史处理越诉的职能。

（3）参与“三法司”的审判活动。[4]

【明代御使腰牌背面图】

【明代北京长安街右门图】原北京长安街右门，建于明朝永乐十八年（公元1420年）明清两代在此设置有用于平民上访的登闻鼓，由御史掌管，允许有重大冤情和机密事件的人击鼓。

（四）会审制度

　　作为中央司法机关的大理寺、刑部和御史台（都察院），三者互不统属，对司法审判、行政、狱政、复核和监督进行分工，对具有全国影响的重大上诉案件进行联合审理，或者按皇帝旨意联合审理案件，以保证案件得到公正合理的审判，这就是会审制度。在会审中，三法司地位平等，相互监督，或者达成共同的审理意见，或保留不同的意见。无论三法司达成一致意见与否，皇帝都拥有最后裁决权，保证了司法权操纵在皇帝手中。会审制度在明清时期有多种形式，包括九卿圆审、秋审、朝审、热审等。

　　三司会审制度源自唐代的三司推事制度。唐代的三司推事制度是指中书省、门下省、尚书省三省长官对死刑以上重大案件的"集议"制度，是仅次于帝王的最高审判形式。贞观三年又规定三省长官连同六部尚书共同对死刑案件进行复议，这就是后来"九卿议刑"制度的雏形，但仅

322

针对特别重大的案件而临时采取。到明代，三法司会审已成为一种常制，而且会审的范围扩大。一般较为重大的案件都由刑部、都察院和大理寺三司会审。在会审中，三者拥有相同的审判权。其中，由御史、大理寺官员和刑部官员共同审理的，谓"小三法司会审"；由都御史、大理寺卿和刑部尚书共同审理的，谓"大三法司会审"。

清朝时期，会审中还有九卿会审的形式，"九卿会审"是在明朝"九卿圆审"基础上发展而来的一种会审形式。九卿包括六部尚书，大理寺卿、都察院左都御史、通政司通政使等九位重要官员。按照清朝的制度，凡属于全国性的重要案件，特别是每年判决的斩监候、绞监候案件，需要九卿组成最高一级的审判机构会同审理，但是其最后判决结果仍必须奏请皇帝核准，甚至皇帝可以亲自决定最终审判结果。

在清代，九卿会审案件中比较著名的是江南科举考试舞弊案。清康熙五十年(公元1711年)，在南京的江南乡试中发生了轰动一时的科场舞弊案。主考官受贿出卖举人功名，激起江南人民的强烈不满。在案件审理过程中，江南巡抚为查清案件，与包庇原犯的两江总督之间矛盾激化。康熙为弄清案情真相，二度派出钦差审理案件，结果都是钦差和总督相互勾结包庇罪犯，江南百姓大为不满，康熙只好下令三法司连同六部长官和通政使进行九卿会审，以澄清其中不明之处。九卿会审仍然采取息事宁人的态度，依钦差原议不再追究。康熙接到九卿会审的报告后，非常不满，认为九卿会审无法得出让天下百姓信服的结论，于是召集满朝文武宣布自己最后的裁决结果：科场舞弊人员一律依法处决，两江总督因受贿革职查办，江南巡抚因坚持查案受到嘉奖。至此，九卿会审的科考案件，最后还是由皇帝决定其最终审判结果，案件得到相对公正的处理。

明清时期，还有一系列的以恤刑为目的的会审形式，包括朝审、

【华表和天安门】明清时期天安门是举行"秋审""朝审"的地方。

秋审和热审。

朝审在明英宗天顺三年正式形成。每年霜降后，由皇帝择定日期，将在京重囚犯押往承天门外，由三法司会同五府、九卿各官署和锦衣卫堂上官以及御史、给事中等逐一复审，由吏部尚书执笔，其审判结果都必须报皇帝批准，由皇帝发诏以宣告，从明代中后期朝审的实际来看，死囚犯大多可以缓死或减刑。朝审其实就是清代秋审的前身，秋审的对象是在京死刑监候案件。

热审从永乐二年开始，审决对象主要是在京监狱关押的轻刑犯。明成祖担心夏月天热，狱囚淹延已久，下令由司礼监传旨刑部，由刑部会同都察院、锦衣卫提请，并组织五府、六部、六科协同清理刑狱，轻罪即判决执行，有未能审决的，令出狱候审。热审于每年小满后十天在京师开始，到六月结束。热审结果也须报皇帝批准，许多罪囚都有获得减免的机会。热审实质是一种皇帝派员录囚的制度。

（五）礼数不可废弛的狱政

监狱作为改造罪犯的场所，其目的是使罪犯回归社会后重新做人。监狱体现人类司法的文明和进步。西周时，在"明德慎罚"思想指导下，

【山西平遥监狱】"狱"，是以两条狗——"犭"和"犬"，来看押一个犯人，象征着违法者受到法律严厉的处罚。

就确立了"令人幽闭思衍"的狱政思想，对后世影响深远。

古代监狱一般被称为"狱"，也有"圜土"、"囹圄"、"犴"等名称。《说文解字》认为"狱"是以两条狗——"犭"和"犬"，来看押一个人犯。至于"监"与"狱"通用，则是在明清时期的事。

【大雪中的河北唐山迁西县古监狱楼遗址】

1. 监狱体系

中国历史上最早的监狱建于夏朝，当时监狱被称为"夏台"、"均台"或"圜土"。《今本竹书纪年》载："夏帝芬三十六年作圜土"，圜土就是用土夯成的一种圆形围墙或者挖地而成的一种圆形土坑。商朝称监狱为"羑里"。《史记·殷本纪》载"纣囚西伯于羑里"。

西周时期监狱被称为"圜土"。《周礼·秋官·大司寇》载："以圜土聚教罢民"。

秦始皇统一中国后，创建了从中央到地方的监狱体系，后来这一体系不断得到完善。秦朝的中央监狱设在京师咸阳，因此也称为咸阳狱，或廷尉狱。地方郡、县两级都设有监狱。后来朝代的中央监狱伴随三法司的变化而变化，地方监狱和地方行政体系相同，变动不大。

【夏代的监狱：均台】夏朝中央直辖的监狱称为均台，也叫夏台，相传夏桀就曾把商朝的首领汤囚在夏台。

　　汉代中央监狱除廷尉狱外，还增加了长安县狱和中都官狱；唐代的中央监狱为大理寺狱和御史台狱，大理寺监狱关押朝中犯罪的官吏和京师地区的重要案犯，御史台狱主要关押遭御史弹劾和皇帝交办的罪犯。唐代后来撤销御史台狱，归于大理寺狱，另外京师和河南府及其地方州县都设置相应的监狱；宋代中央监狱为大理寺狱和御史台狱，负责死刑、上诉案犯和中央官员的关押，岳飞死前就是被囚禁在大理寺监狱中。地方上府、州、县等设立监狱；元朝中央开始增设刑部监狱。地方监狱按照路、府、州、县设立；明朝中央设立都察院狱和刑部狱，不设大理寺狱，地方按照省、府、县行政划分来设立监狱；到清朝，中央就只有刑部监狱，地方按照行政区划设立监狱。

【敦煌文壁画的唐代监狱】此图是敦煌莫高窟 45 窟画《胡商遇盗图》部分，其右下角就是当时监狱的样子。

【囚禁周文王的羑里城】位于河南汤阴县城北的羑里
城，是世界遗存最早的国家监狱，也是《周易》发祥地。
"画地为牢"、"文王拘而演周易"等故事均源自于此。

【设在平遥县衙西南的监狱】古代监狱被称为"狱",也有"圜土"、"图圄"、"犴"等名称,一般设在衙门大堂口右角,对整个衙门而言,是西南为阴的方位。

【山西洪洞明代监狱死囚牢】

山西洪洞监狱死囚牢的狴犴像。狴犴是龙的儿子，专门掌管刑狱，因长得却像老虎，被误称为"虎头牢"。虎头牢大门很矮，所有进入死囚牢的囚犯都要在狴犴像前低头，以示对法律的敬畏。

【山西洪洞明代监狱的死囚洞】死囚犯死后只能从这个洞拖出去，因此此洞被称作死囚洞。又因为死囚牢俗称"虎头牢"，死囚洞也就被俗称"老虎屁股"了。

2．监狱的构造

古代监狱一般设在衙门大堂口右角，西南方位。这种设计不仅方便随时提审犯人，也与中国传统的阴阳学有关。

古代监狱的狱门上一般有龙子"狴犴"之像。在中国古代传说中，龙子狴犴，生性好打抱不平，且能断狱，所以在古代监狱的大门上，都会有狴犴镇守，有勿枉勿纵之意。

3．初具人性化的监狱管理制度

监狱是人类司法文明进步的标志之一。古代种种人性化的监狱管理措施，有利于保障罪犯的基本生存条件，也有利于其改过自新，重新做人。

第一，囚犯按性别、级别的不同分别关押。《新唐书》卷五十三载：囚徒"贵贱、男女异狱"。这说明唐朝已初步实行了按照性别、级别来监押囚犯。对于囚犯分贵贱而监押的原则自古有之，但是分性别关押则是监狱制度上的一个进步措施。后代不断完善男女有别而分室而住，贵贱有等而异狱监禁的制度，并增加了根据罪行轻重而隔离监禁的内容。

明清时期监狱的构造一般由外监、女监、内监组成，相互间用垣墙隔开。男女必须分别关押，重刑犯与轻刑犯分开监禁。外监在监狱入口处，关押流刑以下的轻刑犯；里面的内监则是专门关押死刑重犯。而女犯则不分罪行轻重，统一关押在独立的女监。

【敦煌壁画中的唐代监狱】

第二，矜恤老幼病残的颂系制度。汉代开始确立颂系制度，是指有些囚徒在狱中可以不戴囚具的制度。汉代规定：八十以上老人、八岁以卜的幼儿、未产的孕妇、侏儒、师等不戴刑具。这些人性化的监狱司法制度，一直为后世所继承和沿用。如《唐律疏议》载：年八十、十岁、发疾、怀孕、侏儒之类，皆讼系以待断。

第三，恤囚制度。恤囚制度主要体现在对囚衣、囚粮和囚药的管理方面。在《秦简·仓律》中对于囚犯的囚粮、囚衣发放有详细规定，对于不同的囚犯分别给予不同的囚衣和囚粮。对服劳役刑徒要增加囚粮，对不能劳作的囚犯也要发放囚粮；囚犯夏服从四月到六月发放，冬服从九月到十一月底发放。大内负责咸阳狱的

【平遥县衙监狱内部设施】监狱里面冬天可以烧炕，以保证囚犯基本生存条件。

囚服发放，郡县负责各自监狱的囚服发放。汉因袭秦制，凡犯人被捕后，日给囚粮，并且按季节更换囚衣。在押人犯身体生病，官府给医药。死在狱中以及劳役场所者，又无家归葬的，由官府埋葬。《后汉书·桓帝纪》载，囚犯"疾病致医药，死亡厚葬"。厚埋葬就是官葬刑徒，现代考古工作者在考古时就能经常发现大型古代囚徒墓葬群。

魏晋时期继续沿用前代的恤囚政策，《晋书·刑法志》载："狱屋皆当完固，厚其草褥，切无令漏湿。家人饷馈，狱卒为温暖传致。去家远，无饷馈者，悉给癀，狱卒作食。寒者与衣，疾者医药。"对囚犯的衣、食、住、行、病等均作出规定和安排。到北魏时期，又规定："妇人当刑而孕，产后百日乃决"；甚至而对于犯死罪的囚犯，如果父母年迈而没有奉养之人，囚犯可以"留存养亲"。

唐代又进一步规定如果囚犯生病，狱吏必须上报进行医药治疗。当病情严重时，应该准许其家属探监，经有关部门批准可以进入监狱侍候病囚。"囚病给医药，重者脱械、锁，家人入侍。"[5]对于家不在本地的囚犯，官府给衣食。

五代时期，后唐在各地设置病囚院，由官府为囚犯免费治病。当时规定如果囚犯有病，应当及时派遣医生诊断，重罪病囚允许家人入侍，费用由官府承担。如果违反此规定，致使病囚死亡的，相关官吏要受到严厉处分。每年夏至后，官府以五天为一个周期派人给囚犯所戴的囚具进行清洗。宋代继承了病囚院制度，甚至规定轻罪病囚可以保外就医。

【山西洪洞明代监狱内部生活设施】洪洞明代监狱内的洗衣槽、水井，用以满足囚犯日常洗漱。

宋真宗咸平四年(公元1001年)，令诸路置病囚院，医治持杖劫贼、徒、流以上病囚，其他病囚得保外就医。《宋史·刑法志》载："咸平四年，从黄州守王禹偁之请，诸路置病囚院，徒、流以上有疾者处之，余者保于外。"宋代在监狱中设立"医人"，"医人，州三人，县各一人。"[6]

恤囚制度在我国封建社会的狱政史上有着非常重要的意义，对后世影响深远，如《大清例律》规定："锁、杻常须洗涤，席荐常须铺置，冬设暖床，夏备凉浆；凡自禁囚犯日给仓米一升，冬给絮衣一件，病给医药。"

第四，特殊恤刑悯囚例子。《太平御览》卷六四二中的《东观汉记》载：鲍昱为泚阳县令，当地人赵坚因杀人被判死罪关在牢中，过几天就要执行死刑了。其母亲苦苦请求鲍昱，痛哭流涕，说她七十多了，只有这一个儿子，而这个儿子又刚刚娶媳妇，今犯死罪被关牢中，可能从此以后家里就没有后代了。鲍昱也非常可怜她，就准许其媳妇进监牢和他住一块，因此就怀孕有子。这是历史上比较特殊的恤囚例子。

4．对狱吏的严格管理

国家对狱吏的严格管理，不仅能够保证恤囚制度得到贯彻和落实，同时也能有效防止冤狱产生。

第一，狱吏日常管理的考核。

在汉代，为了防止狱吏的残暴，汉宣帝制定了狱吏的年度考核制度，由御史上报因用刑过重、饥寒、疾病而死的囚犯数目来评定狱吏的优劣等级。

唐代，《唐律疏议》第二十九卷"断狱"规定：诸囚应请给衣食医药而不请给，及应听家人入视而不听，应脱去枷、锁、杻而不脱去者，杖六十；以故致死者，徒一年。即减窃囚食，答五十；以故致死者，绞。

第二，防止滞狱的急案处理措施。

急案处理措施出现在宋初。所谓急案，源自《宋史·刑法志》记载：宋仁宗时期，遇到暑热严寒之季节、自然灾害，或某地因战争导致形势紧张等特殊情况时，要求按急案的时限迅速了断狱中案件。如宋朝方腊在东南起义的时候，徽宗就下诏规定江东、两浙等地方申报的案件，大案在大理寺限十日审完，中案和小案五日审完。刑部的大案五日审完，中案和小案三日。

第三，考核狱吏的巡按措施。

古代录囚制度就兼有监察和考核狱吏的职能。在唐代，录囚时"使人至日，先检行狱囚枷、锁、蒲席及疾病、粮饷之事，有不如法者，皆以状申"[7]。

另一方面，古代一般以朝官巡查地方的狱政司法状况。西汉时期，朝廷不定期地派出巡查御史监察地方的司法状况。三国两晋南北朝时期，统治者经常下诏命令相关部门遣使巡察地方的刑狱得失，纠正并弹劾违法行为，同时也要求地方官吏对各自辖区内的监狱进行监察。在唐代，巡查州县的使官有两类：一类是由御史台的监察御史出巡天下，每年两次，春曰"风俗"，夏曰"廉察"；第二类是朝廷遣专使巡察地方狱政。

八府巡按是朝廷官员巡查地方司法状况时所封的一种官衔，开始于明代，非固定官职，临时由朝廷委派监察御史担任，分别巡视各省，考核吏治，重点是狱政。

明、清时期，州县在审完案件后要写审案公文、在押犯人清册、治安状况等详文材料和文件，入档封存，以备上级衙门及巡按御史、分司巡行检查。

1　参见《明史·刑法志》卷九十四。

2　《折狱龟鉴》。

3　参见《折狱龟鉴》。

4　参见本书的会审制度部分。

5　《唐六典·大理寺卿》。

6　《州县提纲》卷三《病囚别牢》。

7　《唐六典》。

司法制度篇　"情理法并存，宽严相济"的司法体系

三、听讼、断狱

——中国古代的地方司法

由于地方司法和行政是一体的，所以地方行政长官一般就是司法审判官员，"牧令所司，刑名钱谷二事为先务"[1]，听讼断狱也就成了地方官吏的主要职责之一。

从秦汉开始，地方官员审理案件的制度逐步建立和完善。地方行政首长负责审理本地区有影响的案件、上诉案件及审查监督下级审案。所有案件的初审及轻微刑事案件的处理由县级行政长官负责，判处杖及以上刑罚的案件由县级行政长官拟罪后报请州府以上行政官员决定。重大案件，如死刑的案件，则由中央司法机关和帝王核准。

（一）以州府行政长官主导的州府级审判形式

秦汉时期，地方的行政体制为郡县制，所以郡一级的地方司法审判权由郡守掌握。郡的专职司法官为"决曹掾"，但郡的司法审判决定权掌握在郡守手中。对于一般案件，郡可以自行判决，对疑难案件或者重大案件，则需要移送廷尉。

唐代地方行政体制为州、县。另外有京兆、河南、太原三府，都督府和都护府。京兆、河南、太原牧及都督、刺史掌握各州府的司法审判权，"巡属县，观风俗，问百姓，录囚徒，若有违礼乱常，不率法令者，纠而绳之。若狱讼之枉疑，上奏中央。"州府的法曹、司法参军具体进行处理司法审判事务，掌握"鞫狱定刑，督捕盗贼，纠逖奸非之事。"疑难案件、重大案件等上奏中央司法机关决定，这些制度和规定都为后来朝代所沿用。

宋朝州、县的司法机构还是延续唐代的设置，知州、知县作为行政长官，兼理司法，审断狱讼。

宋代在州上设立路，各路的司法机构为提点刑狱司，其不是一级审判机构，而是中央派出监督各路所辖州县司法审判活动的机构，负责复查地方审断案件，"凡管内州府，十日一报囚帐"。据《宋史·刑法志》载："淳化初，始置诸路提点刑狱司，凡管内州府有疑狱未决，既驰传往视。"如有疑狱及拖延未决案件，提点刑狱使可亲赴州县审问。提点刑狱官巡查州县，平反冤狱，监察地方官吏。另外各州的死刑案件必须经提点刑狱司核准。通过提点刑狱司的活动，中央加强了对地方死刑判决权的控制及一般司法活动的监督。

【巡抚开庭审案】巡抚审理案件的宏大场面。

【宋提点刑狱司官府】现重建于浙江横店，思想家朱熹、法医学家宋慈都曾担任过提刑官。

　　元代地方行政体系沿袭宋代，设立路、府、州、县。各级行政机构里面设立鲁花赤，由蒙古人担任，直接断案。杖刑以下案件可以自行判决，徒罪以上须经路申奏刑部批准。

　　明代省为地方一级行政机构，布政使为省最高行政长官，另外设有提刑按察使司，掌一省法律监察事务，俗称"臬司"，与布政使地位平等，相互牵制，互不统属，共同向皇帝负责。下一级州、县是以知府和知县为兼任司法长官，负责州、县案件的审理。

　　清代的地方行政体制为：县、府、省、总督。作为基层长官的知州、知县，以行政兼理司法，为地方司法长官，受理管辖区内州县的刑、民事案件，经审理后，出具意见，上报省级官署。清朝的臬司，即提刑按察司，是各省主要专职的司法机构，负责复核、审理省内各府、州县上报的刑名案件，核议后加署意见，呈送督抚批准。同时，按察司还负责一省的狱政。各省督抚，是地方行政长官首领，同时也掌握地方司法实际决定权。

按照清朝的制度，各省督抚负责审核复拟该省臬司上报的案件，徒刑以下案件可以自行处理，结果仅须报刑部备案。充军、流刑及发遣之案则咨报刑部，死刑案件则须准备相关材料报中央刑部和皇帝批准。

清代各级地方政府对于刑事案件的级别管辖，可以从清末四大奇案之一的杨乃武与小白菜案中看出。当时对于死罪的案件，必须由刑部批准才能执行，案发州县只是初审机关，超出其定罪权限的必须报上级同意或者审理。刑部负责上诉案件和审理具有全国影响的案件。

杨乃武与小白菜案是清末四大奇案之一，当时朝野皆知。姿色出众的毕秀姑，人称小白菜，其夫患病而死，却被县令诬为其与杨乃武通奸谋杀之，并且施用酷刑逼供，将其屈打成招。但是由于杨家人不断上告，最后上诉到刑部，杨乃武、小白菜才得以昭雪冤情。

【南阳府署】府署，通常称为府衙或知府衙门。上图是元、明、清三代南阳知府的官署，迄今已有七百多年历史。

案发后，按照《大清律例》，由案发地的州县初审。余杭县衙最先受理此案件，在县令严刑拷打下，小白菜被迫诬陷杨乃武与其通奸害死其丈夫。

县令取得了小白菜口供，立即传讯杨乃武，大刑逼供，并拟判处死刑。由于死刑罪的判处超出县一级的司法权力，所以县令禀报给州府进行定罪。杭州知府翻阅原供，未见杨乃武供认的状纸，就命令解到杭州府复审。此知府也严刑逼问杨乃武，杨乃武熬刑不过，屈打成招，供认自己和小白菜通奸杀死其丈夫。知府即根据供词定案：小白菜凌迟处死，杨乃武斩立决。在此，州府也无权自行决定死刑案件，须报臬司审核，在臬司审核签署意见后，呈送浙江省巡抚，再由巡抚核查后呈送刑部批准。

按照当时的法律规定，杨乃武的家属到臬司申诉冤情，但是臬司复核后认定原审无误，照原拟罪名详报浙江省巡抚定罪，巡抚也按照杭州府原拟罪名并呈送刑部，只要刑部批准的回文一到，杨乃武就要被执行死刑了。

杨家不服判决，亲自到北京都察院衙门提出了直诉。不料都察院只是按律交给浙江省巡抚复审，复审没有任何改变，这次告御状最终失败。杨家在二次进京告状时得到了当时名人胡雪岩的大力支持。在朝中浙江籍官员的要求下，朝廷派钦差到浙江勘查此案。浙江巡抚从中串通，使得钦差仍然维持原判。后来在京浙江籍人士联名向都察院、刑部提出控告，同时向两宫太后陈诉冤情，要求将杨乃武、小白菜一案提京复审。此时，此案件已经震惊朝野，具有全国影响了，慈禧太后终于下决心让刑部大审来彻底查清此案。

清代的刑部，作为最高审判机关，受理地方上的上诉案件和具

【浙江巡抚署】清末四大奇案之一的杨乃武与小白菜案就在此审理。

有全国影响的大案。刑部大审，开棺验尸，认定小白菜的丈夫并非中毒而死。此时案件才告白于天下，各级涉案官吏都得到了不同程度的处罚。

（二）以县令主审裁定的县级审判方式

自从秦始皇确立郡县制度后，县一级的行政长官，县令或者知县，负责所辖县的民、刑事案件的审理，民、刑案件都在县一级初审机关审理。县级机关对于一般轻微案件可以自行处理完结，重大案件出具意见报上级行政机关批准。

【内乡县衙二堂】二堂是知县调解处理一般案件的地方。二堂正中悬一匾额"琴治堂"，这里的"琴治"是引用了《吕氏春秋·察贤》中宓子贱"弹鸣琴，身不下堂而单父治"的典故。"宓子贱作单父县官，终日弹琴，身不下堂，而单父大治。"后任县令巫马期却奔波于民间，凡事都要亲自去做，他便去问宓子贱这其中的缘故。宓子贱就告诉他："我之谓任人，子之谓任力。任力者因劳，任人者因逸。"此后人们就用"琴治"来比喻鸣琴而治，以此来称颂为官者知人善任。后来的地方官们为显示自己的聪明才智和用人之道能够与宓子贱相比，就把二堂称为"琴治堂"。

【内乡县衙正堂】正堂，也叫大堂，是知县发布命令和公开审理大案、要案的地方。抱柱联是清代的御史魏向撰："欺人如欺天毋自欺也，负民如负国何忍负之"。

　　秦汉时期，县令负责本县的司法审判工作，疑难案件和重案、要案送中央廷尉处理。唐代时期，《唐六典》规定京畿及天下诸县令，须审察冤屈，躬亲狱讼。凡有犯罪者，皆从所发州县推而断之；在京诸司，则徒以上讼大理寺，杖以下当司断之。县令负责本县的案件审判，重大案件报上级行政机关处理。宋代，"杖罪以下在县断遣"。地方死刑案件一般由州一级审判，上报路后转送刑部复核。清代规定：一切民刑案件，均应以县级为初审机构。按照《大清律例》的规定："州县自行审理一切户婚、田土等项"[2]。一些轻微治安、刑事案件，即通常能被判为笞杖刑的案件，也是由"州县完结，例称自理"[3]。

　　对于初级审判结果，如果当事人觉得审判不公平，可以向上级申诉。申诉机关大体上分为四级：州县（原审法院）——臬司、巡抚——都察院、御史——皇帝。"凡军民人等有冤抑之事，应先赴州县衙门具控，如审断不公，再赴该管上司呈明，若再屈抑，方准来京上诉"。[4]上诉案件一般会发回原审法院重新审理，也可由随近官府再审理。对县级审判不满的，当事人可向州申诉；对州级审判不满的，当事人可向臬司、巡抚或者都察院申诉，或者直接上诉至皇帝。中央三法司主要功能为治理冤狱滞案。凡是向三司投诉的，三司受理后必须向皇帝奏报。

县令作为初审机关负责人审理案件，我们可以从历史上著名的七品芝麻官案中理解此实际情况。明嘉靖年间，严嵩专权，其妹严氏，倚仗权势横行乡里，纵容其子强抢民女林秀英，林家不从，严氏将林秀英之兄打死。定国公副将杜士卿前往保定，查访严氏的

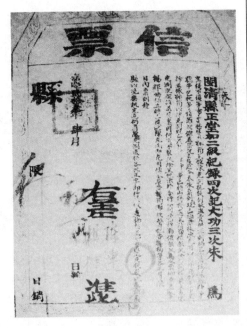

【清嘉庆二十年福建闽清县衙传票】类似于现代法庭的传票

罪行，途遇严氏之子二次前往林家抢亲，杜士卿伸手相救，格斗中，其子被管家误杀。杜士卿救了林秀英，并手书一封让她去县衙告状。后严氏诬陷林家父女杀人，亲带家丁报复林家，行至中途，恰遇林家父女县衙告状，严氏又将林秀英之父打死。这时候的清苑县知县唐成，为官清廉，正好碰到此案。唐成在县衙内升堂审问，以确凿的人证物证，判处严氏死刑，并解赴京城请求核准。此案件的初审管辖权即属案发州县，但是罪名超出县令管辖，只能是拟罪后押送上级机关和中央司法机关核准。

（三）兼顾天理、国法和人情的司法原则与制度

中国人在正义得到伸张时会说"天理昭昭"，在谴责特别恶劣的犯罪时会说"伤天害理"、"天理难容"，在讥讽死抱法条不切实情时会说"不通情理"。可见，在古人的观念中，人情所代表的伦理道德是法的根

据，法应当据此适时变通，而在具体审判过程中如果发生伦埋道德与法相抵触的情形，"法官"则应当"屈法以申情"。早在《周礼》中就有"以五声听狱讼，求民情"的记载；汉代司法中提倡"《春秋》决狱"，即引用《春秋》这部儒家经典中的"微言大义"来断案；至唐代则出现了"同居相为隐"的诉讼原则……具体来说，天理，国法和人情的结合在具体审判中一般遵循以下原则：

1. 民、刑事案件的分理

据说在尧舜时期，古人就将诉讼中的民事和刑事诉讼分开了。讼是专门指民事诉讼方面的纠纷，而狱则是指刑事诉讼方面的纠纷。无论民事还是刑事案件，都是由原告提出，然后"两造到庭"，进行审理。

西周时期，民事和刑事的讼、狱已经有很明显而确切的分离，后代基本坚持了西周时期讼、狱分离的原则。同时，乡以下的基层组织和邻里对民事纠纷有调解的责任。狱作为刑事案件，则有严格的法定程序和审判规定，这些在前面已经详细阐述过。

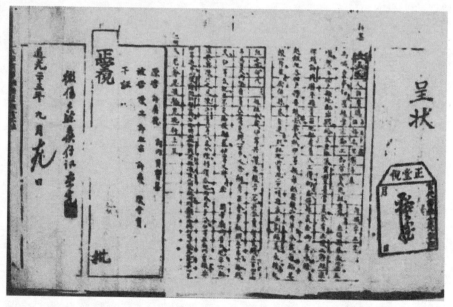

【清代道光年间的呈状】此呈状上已经有一定的格式，而且要将原告和被告都列上，所谓"两造俱到"，类似于现代的原告起诉状。

秦汉时期，刑事案件由官府进行审理，而民事案件，一般调解处理。此后的朝代，民事案件更多的是在基层调解处理，这在下文中将有详细述说。

2. 司法时令制度

古代司法时令制度是指刑罚的执行应该遵循上天时间变化的制度，刑罚当顺应天道，春夏行赏，秋冬行罚。早在《周礼》中就有云："敏德，仁义顺时者也"。人君施政，春夏行赏为仁，秋冬行罚为义，是仁义顺时为德的行为。儒家观点认为春夏是万物生长的时期，不宜杀生。秋冬时分，万物凋零，天地时肃，这个时候执行死刑就是顺天行诛，所以主张春夏行赏，秋冬行刑，以体现春生秋杀、重德轻刑的思想。司法时令制度也有利于保护农业生产，因为古代治狱往往牵连比较广，不仅罪犯本人要下狱，甚至包括所有亲属有时候都得下狱，而且审案时间又拖得比较长，这对农业生产影响比较大，因而秋冬治狱，春夏缓刑，也是有利于农业生产的安排，不误农时，否则"上逆时气，下伤农业"，所以"王者生杀，宜顺时气"[5]。

唐律规定：从立春至秋分，不得奏决死刑，违反者，徒一年。赏以春夏，刑以秋冬。另一方面，唐代又受到佛教思想的影响，规定在断屠月与禁杀日[6]，非但不得采捕屠宰，而且禁止杀生，更不得决杀罪犯，即使在冬季，凡遇有大的祭祀活动、朔望日、上下弦、二十四节气、雨未晴、夜未明以及皇帝生日、正月等法定假日，都不得奏决死刑，所以一年中实际能执行死刑的时间就仅有十

【窦娥行刑图】窦娥行刑时的满天飞雪。《窦娥冤》是元代关汉卿所作，写的是窦娥遭诬陷被官府错判为斩刑的故事。窦娥临刑前恰逢夏天，为表明自己的冤屈，指天为誓要死后降雪，其死后果然天降大雪，作者在此也一定程度上反映了秋冬行刑的传统观念。

月、十一月和十二月这三个月的时间。宋明以后此内容基本沿袭不改，但是历代对于十恶之内的犯罪等，不受此制度限制。

3. 春秋决狱

春秋决狱是指在遇到有关伦常的法律纠纷而现行法律无明文规定，或者虽然有明文规定但却有碍伦常时，便用儒家经典《春秋》所载事例及体现的道德原则作为司法审判的依据。

由于秦末的大动荡，西汉初年的社会生产力遭到极大破坏，出于吸取秦朝法家思想统治失败的教训，西汉初期的统治者遵循黄老之学中的"无为而治"，恢复社会生产力。到西汉中期，由于社会生产力的恢复，地方诸侯势力增大，西北匈奴也严重威胁汉王朝的生存，西汉政府急需要加强中央集权，当时的黄老之术不适应这一趋势，而复苏的儒家思想学说正好适应了这一社会需要，于是开始了"罢黜百家，独尊儒术"的过程。与之相适应，在法律领域内也开始了儒家化，用儒家的伦理道德主张来制定法律和审理案件。

法律儒家化功劳最大的莫过于"春秋决狱"了。一方面，儒家思想成为官学，占统治地位；另一方面，出于吸取法家思想理论和制度历史教训的需要，儒家对社会关系纠纷的处理主张和方式成为当时法律理论和实践的渊源。实质上，"春秋决狱"就是汉代儒家凭借皇权的力量在法制领域进行的一场大改革。这场改革首先从司法领域开始，继之又通过"决事比"（判例法）的方式进入立法领域。据《后汉书·应劭传》载："故胶东相董仲舒老病致仕，朝廷每有政议，数遣廷尉张汤亲至陋巷，问其得失，于是作《春秋决狱》二百三十二事，动以经对，言之详矣。"这就是主张将儒家经典《春秋》所宣扬的"大义"置于法条之上，违法而合《春秋》之义者不但不绳之以法，而且要给予表彰。《春秋》大义就是"君君、臣臣、父父、子子"，即表彰孝亲忠君的孝子忠臣，贬斥不忠、不孝、弑君、杀父的乱臣贼子。将《春秋》大义置于法律条文之上，作为定罪量刑的最高标准，目的在于以人情改造法律。"春秋决狱"的核心在于原心定罪，《盐铁论·刑德》对原心定罪的解释是："志善而违于法者免，志恶而合于法者诛"。

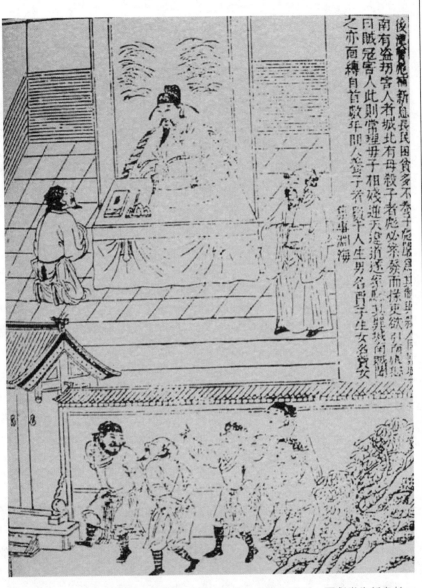

后汉贾彪捕新息长民困贫多不养子彪严为其制与杀人
南有盗劫害人者城北有母杀子者彪必亲察而操吏欲引
同贼冠害人此则常理毋子相残逆天违道案致其罪闻之彪
之亦面缚自首数年间人养子者数千人生男名贾子女名贾

【贾彪春秋决狱图】重视伦常的春秋决狱。册府元龟卷七百三：贾彪尝为新息长，小民困贫，多不养子；彪严为其制，与杀人同罪。城南有盗劫害人者，北有妇人杀子者。彪出案验，掾吏欲引南，彪怒曰："贼寇害人，此则常理；母子相残，逆天违道！"遂驱车北行，案致其罪。城南贼闻之，亦面缚自首。数年间，人养子者以千数。曰："此贾父所生也。"皆名之为贾。

345

司法制度篇 「情理法并存，宽严相济」的司法体系

《春秋决狱》上载，有人为了治父之病而亲侍汤药，结果其父吃了药后不但没有痊愈，反而一命呜呼。官吏考虑此人的一片孝心，就赦免了他。《春秋决狱》记载这件事目的就是告诉断狱者定罪量刑不得机械照搬律条。对于违反《春秋决狱》中伦理纲常，触犯礼教的犯罪案件，断狱者不惜法外施刑，以示惩戒。据《汉书·王尊传》载："春正月，美阳女子告假子不孝，曰：儿常以我为妻，妒笞我。"养子奸污继母，此种严重违反人伦的禽兽行为被控"不孝"，结果断狱者法外施刑，把毫无人性的罪犯绑在树上，用乱箭射死。

后来儒家士大夫不但据《春秋》来断狱，而且还扩大范围，根据其他儒家经典来断狱，称为"引经决狱"，开启了引经注律的风气。春秋决狱和引经决狱都是法律儒家化的重要步骤，为后世"纳礼入法"即直接把儒家道德纳入封建法典铺平了道路，随着"一准乎礼"的《唐律》产生，法律的儒家化过程完成了。

从某种意义上说，尚情也确实使中国社会呈现出一种情趣与生气。情与法的结合，使人们严于自律，克己谦让，以和睦为荣，争斗为耻。情与法的结合，使得呆板的法律条文变得生动并寓有深意。人们接受法律制裁的时候，良心谴责往往甚于刑罚的惩处。这样做，不仅有助于预防犯罪，而且有助于改造罪犯。法律最终的目的是使人良心发现。法以情为核心，情法结合未尝不是一条探索实现社会公正的途径，因为只有法律正确体现人之常情时候，法律才能有真正的权威。[7]

4．不孝为罪

《说文解字》中认为"孝"的本义是"善事父母"，即奉养父母。"孝"是一种以血缘关系为基础的感情。

"孝"是传统法律制度的核心内容之一，而"不孝"的行为会严重危害封建伦理关系，是严重违背天理和人情的，要给予严重处罚，所以中国古代各朝立法都规定了"不孝罪"。不孝为罪的历史很早，《尚书·康诰》中记载："元恶大憝，矧惟不孝不友……乃其速由文王作罚，刑兹无赦"。《孝经·五刑》中有"刑三百，罪莫重于不孝"。

汉代创设"不孝罪"的罪名，当时对此的处罚是弃市。《北齐律》首创"重罪十条"，把不孝罪列为十恶不赦的罪名之一。刘宋时期法律规定"子不孝父母为弃市"。《唐律疏议·名例》指出"不孝"罪包括"告言诅詈祖父母、父母，及祖父母、父母在别籍异财，若供养有缺，居父

【二十四孝图之一的行佣供母】东汉时齐国临淄人江革，少年丧父，对母亲极为孝顺。战乱中，江革背着母亲一起逃难，途中好几次遇到匪盗，贼人欲杀死他，江革哭告说：老母年迈，无人奉养。贼人见其孝顺，不忍杀之，放他走了。逃难结束后，他靠做雇工供养母亲，宁肯自己贫穷赤脚，也要尽力满足母亲所需。汉明帝时，他被推举为孝廉，章帝时被任命为五官中郎将。[8]

母丧，身自嫁娶，若作乐释服从吉，闻祖父母、父母丧，匿不举哀，诈称祖父母、父母死。"唐律对"不孝罪"的处刑作了详细的规定，12篇中有很多都涉及了这一内容。[9]对于这些"不孝"行为，法律在量刑上都采取从重主义。唐代关于不孝的罪名及其处罚为后来朝代所继承，从唐至清，不孝一直为"十恶"之一，清代的法律甚至给予父母呈送不孝子孙发遣的权力，法律对不孝的严惩体现了其礼法合一的精神。

在具体司法实践中，不孝罪主要体现在以下几个方面：

第一，对侵犯父祖的子孙加重刑罚

子孙对父母权益有所侵犯的行为皆为社会和法律所不容。《唐律疏议》名例"十恶"规定：子孙对父母、祖父母的权益有所侵犯，则属于十恶重罪中的"恶逆"罪名，要处以斩刑，如果导致父祖死亡，又罪加一等，元、明、清律则加至凌迟处死。对子孙完全出于过失杀伤父祖者，"过失伤者徒三年，过失杀者流三千里。"[10]

《刑案会览》载：周三儿用柳条殴责伊妻，母上前遮护，被误伤左腮颊，饮食行动如常，并未嚷痛。后因身体受寒，下坑出恭，失跌喘发痛剧殒命。刑部以伤甚轻浅，死由于病，但业已误伤，事关伦常，仍照律拟斩决，奉旨九卿议奏，得改斩候。

第二，同居共财

同居共财即子孙不与祖父母、父母分居析财。累世同居共财的大家庭是中国古代理想的家庭模式，其起源于汉，魏晋时初具规模，到唐宋时期发展起来。同居共财的大家庭主要因亲族孝义聚合而成，血缘关系和婚姻关系是其组织纽带，同居共财是其组织原则。

汉代"不孝罪"就包括了同居共财的内容。《唐律疏议》中"十恶"之一的"不孝"，其内容就包括"祖父母父母在，别籍、异财"的规定，《唐律》户婚律云："祖父母、父母在，别籍、异财，徒三年。"《唐律疏议》甚至对于同居时卑幼私自动用同居的财产进行惩罚，"诸同居卑幼，私辄用财者，十疋笞十，十疋加一等，罪止杖一百。"明清对此惩罚较唐律稍轻，"其父母令分异者，听"。

历代统治者在严厉处罚父母在而分居析财行为的同时，对父母在不分家的行为作为孝道的典范进行表彰。古代浦江民俗醇厚，素有"小邹鲁"之美称。早在梁代，就有何氏四世同居，载于史册。宋元明以来，又有深溪王氏，吴溪吴氏，东隅张氏均五世同居，合溪黄氏七世同居，皆为世所称。而最具典型性的则是麟溪郑氏，全族同居长达十五世之久，历三百三十余年，合家达二千余口之多，更为世所罕见，故号称"义门"。

第三，长辈因子孙的原因而自尽，子孙要承担逼死长辈的责任

明代《明律例》规定，逼死祖父母、父母的，比照殴祖父母父母罪问斩；《清律例》规定："凡子孙不孝导致祖父母、父母自尽之案，如审有触忤干犯情节，以致忿激轻生窘迫自尽者，即拟斩决。若并无触犯情节，但行为违反教令，以致抱忿轻生自尽者，但拟绞候。"

《刑案会览》载：贾松年因妻做饭迟延，加以殴詈。母李氏出而喝阻，不听。李氏欲禀官送究，松年叩头央求，不允。随即赴县呈控，回家以后才晓得父母首告忤逆，应问遣戍。李氏虑无人侍养，心生追悔，

愁急莫释，投井自尽。有司以李氏之死虽非抱忿轻生，但事由于首告究由违反教令所致，依律拟绞候。

与严厉处罚不孝罪相反的是对孝子复仇的宽宥和褒奖。在崇尚孝道伦理的中国古代社会，复仇观念尤深。《周礼》对报仇的事作了种种规定。[11]《礼记·曲礼》记载："父之仇弗与共戴天"，但随着法典和国家机构的完善，从东汉起，各朝法律都严格限制复仇，但是孝子的复仇却往往能得到社会的同情和赞扬，司法也会对此网开一面，甚至皇帝也会赦免这些复仇的孝子。

赵娥复仇的故事就是一个典型的例子。[12]她将杀父仇人杀死后，诣县自首，县尉示意她自行匿避，自己也准备解印弃官逃走。赵娥不肯隐匿，守尉于是强行将其遣回家，乡人皆"为之悲喜慷慨嗟叹"。更有东汉齐国相桥玄杀县令以安慰复仇的孝子。当时县令路芝处死了因复仇而杀死仇家的孝子，但桥玄竟将该县令答杀以慰孝子在天之灵。

唐贾氏之父为族人所害，其弟强仁幼年，贾不嫁而抚育之。强仁成年后，将仇人杀死，取其心肝祭父墓。事后贾氏遣强仁自首，有司判以极刑，她便请求代弟而死。高祖怜之，特赦贾氏及强仁免死，移其家于洛阳。[13]

像这样孝子复仇获赦减死的案子，在中国古代社会举不胜举。法律对孝子的宽赦，人们对孝子的尊敬和怜惜以及孝子们只"知父仇，不知县官"——都证明了古代社会，道德实为人们心目中的无文之法，它不仅是罪与非罪，而且也是一切是非的评判标准。[14]

5．存留养亲制度

存留养亲制度是古代被判处流刑或死刑的人，因其父母或祖父母年老，家中无亲戚或成丁赡养，而将犯人放回家中抚养其父母，待其终老后再执行或改判的一项刑罚执行制度。存留养亲最早见于《魏书·刑罚志》，载"诸犯死罪，若祖父母、父母年七十以上，无成人子孙，傍无期亲，具状上请。流者鞭答，留养其亲，终则从流，不在原赦之例。"

唐在总结前朝立法经验的基础上，进一步完善了存留养亲制度。《唐律·名例律》中规定："诸犯死罪非十恶，而祖父母、父母老、疾应侍，家无期亲成丁者，上请。"该条文包含了唐朝"存留养亲"制度的主要内容：第一，规定了"十恶"罪犯不适用"存留养亲"；第二，根据疏议相关解释，犯人之父母、祖父母必须年龄在八十岁以上或有笃疾在身；

第三，犯人家中必须无"期亲成丁"。同时符合这三个条件，才可上报朝廷，由皇帝裁决。

唐代还详细规定了处流刑时适用"存留养亲"的条件、权利义务和撤销事由。"犯流罪者，权留养亲，谓非会赦犹流者。在赦例，仍准同季流人未上道，限内会赦者，从赦原。课调依旧。若家有进丁及亲终期年者，则从流。计程会赦者，依常例。即至配所应侍，合居作者，亦听亲终期年，然后居作。"即如果"家有进丁"，罪犯就无"存留"之必要，对罪犯都要重新执行流刑。如果流放罪犯已至流配地点才发生"存留养亲"法定事由，则"亦听亲终期年，然后居作"，也就是说，要等他侍养的亲人亡故达一年以后，然后再令其从事各种劳役。

《宋刑统》完全继承了唐代的这条法律规范。《元史·刑法志》载元代有"犯死罪，有亲年七十以上，尤兼丁侍养者，许陈情奏裁"的条令。明律设有犯罪存留养亲专条，《明律·名例律·犯罪存留养亲》"凡犯死罪，非常赦所不原者，而祖父母、父母老疾应侍，家无以次成丁者，有司推勘明白。开具所犯罪名并应侍缘由，奏闻，取自上裁。若犯徒、流非常赦所不原，而祖父母、父母老疾，无人侍养者，止杖一百，余罪收赎，存留养亲。"清律因之。

道光十六年(公元 1836 年)，江苏发生一件命案，犯人的父母年老无次丁，而死者的妻子不肯以存留养亲结案，地方官请示刑部。刑部复文称："兹据该抚咨称，饬属查明该犯亲老丁单属实，死者并无应侍之亲，自应准其留养，未便因尸妻坚不具结，不予查办，致与定例不符。"[15]

存留养亲制度的确立难免有损法律的公正，许多人认为这一制度是只见犯罪可悯，不见被害人可怜，有辱法律惩暴扬善的使命。但在人情味极为浓厚的社会环境中，人们对法律维护正义的意识毕竟有限，所以对存留养亲制度的批评一直未能引起人们的广泛认同，使这一制度一直保留到清代。法对人情的体现和维护，反过来也加深了人们"人情即法"的观念。[16]

6. 刑事调查取证与审判

（1）亲属相隐匿的证人制度

父慈子孝，夫唱妇随，邻里和睦是礼教熏陶下中国人向往的社会风尚，这种观念对中国古代的法律影响深远。尽人之情，维护和睦是中国古代立法与执法的重要原则。自汉代以后，法家的"告奸"主张受到了普遍的批判，因为"告奸"离间了亲人、朋友的感情，使人重利轻义。汉武帝时期，衡山王刘赐的太子刘爽派人到长安告发其父谋反，结果自己反被判"不孝"罪，判处弃市。汉宣帝明令天下："父子之亲，夫妇之道，天性也。虽有患祸，犹蒙死而存之。诚爱结于心，仁厚之至也，岂能违哉。自今子首匿父母，妻匿夫，子匿大父母皆勿坐。其父母匿子，大父母匿孙，罪殊死皆上请廷尉以闻。"儒家所主张的"亲亲相隐"，"父子相隐"成为立法原则。[17]

"亲亲相隐"这条原则为后世所延续。在唐代，除谋反或危及帝王统治的犯罪外，其余都可以相隐。唐代规定，凡同财共居的家庭成员，不论是否同一户籍及有服无服亲；大功以上亲属；外祖父母、外孙，以及孙之妇，夫之兄弟及兄弟之妻相互之间，有罪均可相互容隐；部曲、奴婢对主人犯罪也应容隐。容隐的内容，除窝藏犯罪人不报官府外，还可为其通风报信，帮助逃亡，官府均不得按普通人之间的窝藏犯罪定罪科刑。另外，小功以下的亲属相互容隐，减凡人三等科刑。但如果所犯本罪系谋反、谋大逆、谋叛、杀一家非死罪三人及肢解人，则不得容隐。宋元明清各代均继承了这一制度。《大明律·刑律·断狱》规定：于律得相容隐之人，及年八十以上、十岁以下，以及重病之人不得作为证人。相容隐之人就是五服之内的亲属，甚至包括出五服有非常亲近关系的人。如果做伪证，将追究其法律责任。

（2）自首减免刑罚

自首减免刑罚的理论渊源可以追溯到"人非圣贤，孰能无过，过而改之，善莫大焉"的思想观点。自秦代开始就正式确立了自首减免刑罚的制度。秦《睡虎地秦简》中的《法律问答》载：携带官家物品逃亡的，如果是自首，以逃亡罪论处；如果是被官府捕获，则按赃数以盗窃论处，如果盗窃罪轻于逃亡罪，则仍以逃亡论罪。到汉代，形成了"先自告除其罪"的原则，即犯罪没有发现之前，先自己坦白的，不仅可以减轻刑罚，甚至还可以免除其刑罚。《唐律疏议》规定"诸犯罪未发而自首者，原其罪"，还规定"自首减者，谓犯法，知人欲告而自首者，听减二等"。后世在自首这一点上继承了唐代的做法，如《宋刑统》中也规定"犯罪已发未发为自首，原其罪"的规定。

（3）回避制度

古代司法中的回避制度，就是司法官吏因与案件或者案件的当事人具有某种利害关系或其他特殊关系，可能影响到案件公正处理或执行的，不得参加对该案的诉讼活动的一种制度。古人很早就认识到回避制度有利于案件公正审理。

《唐六典·刑部尚书》规定：凡鞫狱官与被鞫人有亲属、仇嫌者，皆听更之。具体的回避人包括五服内亲属及大功以上婚姻之家，并授业经师为本部都督、刺史、县令，及府佐与府主，皆同换推。宋代基本沿袭了唐代关于回避的法律制度，其内容更加完善：第一，同年同科及第的官员必须回避；第二，相同籍贯必须回避；第三，案发起诉人和缉捕人须回避。明朝法律规定回避包括司法官吏的回避和案件的回避两种。司法官吏的回避是针对案件当事人之间存在某种利害关系或者其他特殊关系的司法官吏而言；案件的回避则是针对司法官吏本身就是案件当事人这一情况而言。案件的回避涉及管辖权的转移，并且，如果官吏犯案应该停职候命。

《大明律》规定了审判中亲属关系的回避制度。清代承袭明代制度，实行审判回避，凡主审官吏与诉讼当事人有亲属、仇嫌关系，均应移交回避，违者笞四十。

（4）调查勘验制度

古人对案件中的调查勘验是比较重视的。正如我国杰出的法医始祖宋慈所说：定罪的根据在于弄清楚案发时的情况，要真正弄清楚案发时候的情况，最重要的莫过于案犯现场的调查勘验。早在西周的《礼记·月令》中就有相关记载："孟秋之月……命理瞻伤、察创、视折、审断、决狱讼"。秦朝的《封诊式》为目前所发现最早的官方调查勘验的法律文件，并为后世所承袭。

1975 年 12 月，湖北省云梦县睡虎地出土了秦简《封诊式》，这部文献是秦朝时期开展有关杀伤、偷盗、毒害等真实案件侦查活动的调查勘验记录和摘要。秦简《封诊式》共分五大式例，分别为《穴盗》、《贼死》、《经死》、《出子》和《疠》，其中"穴盗"一文，经研究证实，是侦破一起入室盗窃案件的现场勘查记录。

《穴盗》讲述的是古代一个盗贼挖洞偷窃一件丝织袍子的故事。其内容不仅记录了发案、报案的时间、地点和报案人情况，而且还记录了偷盗人挖洞入室的位置、洞口的长宽尺寸，洞口内外遗留的痕迹，被盗物品原来存放的地点和衣物被翻动的原始现场状况等详细情况。此文说明古人很早就已经开始进行刑事勘查方面的实践活动。

到宋代，勘验的发展从技术和制度方面有了巨大的进步，并为后世所继承。宋代勘验范围比较大，而且对象包括普通百姓，同时勘验制度也包括活人的伤害案件，非依法规定的特殊情况不得免检。

为适应勘验制度不断发展和完善的需要，宋代相继出现了一些勘验学方面的著作，如《折狱龟鉴》、《洗冤录》等。推动了法医学从单纯的经验型向理论化发展，使中国古代的法医学成为一门独立的学科。在这些成果中，首推成书于南宋时期宋慈的《洗冤录》，这本书成为后世司法官员调查勘验的法律依据。

（5）注重犯罪心理的五听制度

五听制度源于西周时期。据《周礼·秋官·小司寇》载：在西周时期，官员审理案件时，采用"五听"的审讯方法，即：辞听，听当事人的陈述，理屈则言语错乱；色听，观察当事人的表情，如理亏就会面红耳赤；气听，听当事人陈述时的呼吸，如无理就会紧张地喘息；耳听，审查当事人听觉反应，如无理就会紧张地听不清楚；目听，观察当事人的眼睛，无理就会失神。这种察言观色的审讯方法是长期审判实践的总结，包含有某些生理学、心理学的方法，有一定的合理性，所以被后世延用。魏晋南北朝时期，仍在沿用这一审案方法。即所谓"察狱以情，审之五听"。在实际审案中，各级主审官员也时常运用五听的方法来进行案件的审理工作。《魏书·柳崇传》载：柳崇于北魏时任河北太守，"崇初届郡，郡民张明失马，疑十余人。崇见之，不问贼事，人人别借以温颜，更问其亲老存不，农桑多少，而微察其辞色。即获真贼吕穆等二人，余皆放遣。"

唐代，《唐律疏议·断狱》规定：审判时，"诸应讯囚者，必先以情，审察辞理，反覆参验；犹未能决，事须讯问者，立案同判，然后拷讯。违者，杖六十。"疏议曰：依狱官令，"察狱之官，先备五听，又验诸证信，事状疑似，犹不首实者，然后拷掠。"也就是说，一般情况下，要求在拷问之前，必须先通过"五听"的方法审核口供的真实性，然后反复查验证据。未经"五听"程序的，审案官员要承担刑事责任。

虽然仅凭辞色来断狱是带有一定主观唯心主义色彩的行为，但当时的官员能够从犯罪心理学角度出发，找出某些规律，并以此作为断狱的依据，应该说还是有一定意义的。

7. 对官吏违法断案的责任追究制度

早在西周时期就有禁止官吏犯"五过之疵"[18]，所谓"五过之疵"

是指司法官审案时的五种违法行为，即惟官（依仗权势）、惟反（私报恩怨）、惟内（家属牵制）、惟货（勒索财贿）、惟来（贪赃枉法）。官吏如果因"五过"而枉法裁判，罚不当罪，甚至出入人罪，必须承担与其罪责相当的法律责任，"其罪惟均"，即以犯人之罪来处罚司法官，这体现了西周统治者对枉法官吏责任的追究。

秦代对官吏违法审判的法律责任追究已经有明确的规定。第一，官吏未准确估算赃物的价值要被定为"失刑"罪。秦简载"士伍甲盗，以得时值赃，赃值百一十，吏弗值，狱鞫乃值赃，赃值过六百六十，黥甲为城旦。问甲及吏何论？甲当耐主隶臣，吏为失刑罪。"；第二，官吏故意重罪轻判，构成"不直罪"。"罪当重而端轻之，当轻而端重之，是谓不直。"《法律答问》："士伍甲盗，以得时值赃，赃值过六百六十，吏弗值，其狱鞫乃值赃，赃值百一十，以论耐，问甲及吏何论？甲当黥为城旦，吏为失刑罪，或端为，为不直。"低估赃值而重罪轻判，如果是故意，官吏就要以"不直"论处；第三，官吏故意包庇罪犯，构成"纵囚"罪。《法律答问》说："当论而端弗论，及伤其狱，端令不致，论出之，是谓纵囚。"汉因秦律，同样要求官吏"循法奉职"。

唐律规定官吏必须依法对罪犯处以刑罚，否则将构成犯罪。《唐律疏议·断狱》明确规定："诸断罪皆须具引律令格式正文，违者答三十。"同时还规定，"诸决罚不如法者，答三十；以故致死者，徒一年。即杖粗细长短不依法者，罪亦如之。"[19]《唐律疏议·断狱》还详细规定了官员的种种违法行为，规定官吏要严格依照法律审判，绝不可有"出入人罪"的行为，否则"诸官司出入人罪者，若入全罪，以全罪论"，即以罪犯的罪名来判处违法官员。

宋代除沿袭唐代的规定外，对狱官的责任也作了详细的规定，若司狱者失职而导致囚犯死于狱中，当职者要负有法律责任。

明清时期，除了继承上述法律制度外，更是发展和完善了会审制度。各种形式的会审制度在一定程度上能提高审案的质量，保证案件得到相对公平的审理。

---

1 《牧令须知》卷六。
2 《大清律例·刑律·诉讼》。

3　《清史稿·刑法志三》。

4　《读例存疑·诉讼·越诉》卷三九。

5　《后汉书·章帝纪》。

6　佛教上称每年的五月、九月和正月为"三长月"，不准杀生，故称为"断屠月"。禁杀日，即十斋日，又称十直日，指得是每月一日、八日、十四日、十五日、十八日、二十三日、二十四日、二十八日、二十九日、三十日。

7　参见马小红：《礼与法：法的历史连接》，北京大学出版社 2004 年版，第 251 页。

8　图文引自：http://www.nhnews.com.cn/gb/nhnews/pic/node1086/userobject1ai162117.html，访问日期 2008 年 3 月 9 日。

9　参见马小红：《构建与解析中国传统法——兼论中国传统社会礼与法的关系》，中国人民大学 2003 年博士论文，第 227 页。

10　《唐律疏议》，"殴署祖父母父母"；《明律例》，"殴祖父母父母"；《清律例》，"殴祖父母父母"。

11　《周礼·地方司徒》："父兄之仇皆使之远避以和难，不避则报之。杀人复仇而人又反杀者，使邦国交仇之。仇人而义者，不同国，令弗仇。"

12　皇甫谧《列女传》和《魏志·庞淯传》：赵娥的父亲赵安为李寿所杀，娥有弟兄三人都病死，最后由赵娥报仇。

13　《旧唐书》卷一九三《烈女传》，中华书局 1975 年点校本。

14　马小红：《礼与法：法的历史连接》，北京大学出版社 2004 年版，第 261 页。

15　续增《刑案汇览》卷二，第 26 页。

16　马小红：《构建与解析中国传统法——兼论中国传统社会礼与法的关系》，中国人民大学 2003 年博士论文，第 230 页。

17　参见马小红：《构建与解析中国传统法——兼论中国传统社会礼与法的关系》，中国人民大学 2003 年博士论文，第 228 页。

18　《尚书·吕刑》。

19　《唐律疏议卷三十》。

四、"必也使无讼乎"

——古代调解制度

　　中国传统文化的最高境界在于和谐，在"礼之用，和为贵"思想的指导下，司法过程强调人与人之间以和为贵，以忍让为上。建立在此社会观念基础上的中国古代社会，调解被广泛地采用，尤其是在基层乡土社会里，它几乎成为解决一般纠纷的主要手段。

　　【身为鲁国司寇的孔子】据《荀子·宥坐》记载，孔子为鲁国司寇时，碰到一件父告子的案件，孔子把儿子关押起来，但拖了很久都不判决。当父亲请求撤诉的时候，孔子马上就把他儿子赦免了。在此可以看出，孔子不愿意用诉讼的方式解决纠纷，特别是家族内部的纠纷。

（一）调解的种类

秦朝在乡下设置了乡啬夫，负有对民事纠纷调解息讼的责任。所有民事案件都必须先经调解，无法调解的才到官府进行诉讼。刑事案件除轻微的刑事案件外，都不能进行调解。在汉代，《汉书·百官公卿表》就规定："乡有三老，有秩、啬夫、游徼，三老掌教化；啬夫职听讼"。

一般调解的结果需要申官备案，具有强制性，不得反悔，反悔者要罚钱断罪。但如果调解的结果违背了公平合理的原则，或者违法调解，则订立的协议无效，仍由官府审断。

1. 官府调解

官府调解是指在官府长官的主持下对民事案件或轻微刑事案件进行的调解，这是地方官员的职责之一，也是最具有权威性的调解之一。在孔子"听讼，吾犹人也，必也使无讼乎"的无讼思想的影响下，调解劝和是司法官吏的普遍做法。宋人梁陆襄任番阳内史时，有彭、李两家因纠纷相互忿争，后由相互诬告至官府。梁陆襄受理后，将二人引入内室，并不斥责他们，而是和颜悦色地反复劝解。在梁陆襄的劝解下，"二人感恩，深自咎悔"。随后梁陆襄又为他们"设置酒食，令其欢饮"。梁陆襄的做法收到了良好的效果，"酒罢，（彭李二人）同载而归"。人歌曰："陆君政无怨，家斗既罢仇共车"[1]。

在《名公书判清明集》卷一十《兄弟侵夺之争教之以和睦》中载：南宋著名思想家胡颖任地方官期间，在审理某兄弟争夺田产的案件中，晓之以大义进行调解，后来在调解书中写道："大凡宗族之间，最要和睦，自古及今，未有宗族和睦而不兴，未有乖争而不败。盖叔伯兄弟，皆是祖先子孙，血气骨脉，自呼一源。若是伯叔兄弟自相欺凌，自相争斗，则是一身气血骨脉自相攻相尅。一身血气骨脉既是自相攻相尅，则疾痛病患，中外交作，其死可立而待矣。故圣贤教人，皆以睦族为第一也"。这说明官府提倡百姓之间尽力调解解决民事纠纷，不要因此而危害社会和谐稳定。一般在官府调解后，当事人之间需要立有甘结之类的"无词状"、"和对状"申官存案，以示了结。

与民间调解相比较，官府调解带有一定的强制性，当事人的意愿要服从官府的意愿。

2. 乡保调解

乡保调解，也称官批民调，是一种半官方的调解。官府接到诉状后，认为情节轻微或事关亲族伦理关系及当地风俗习惯，不便公开传讯，便在诉状上写道："着乡保（或族长、亲友）调处，勿使滋讼"，便将诉状交予族长、乡保进行调解的一种制度。族长、乡保接到诉状后，应立即召集原、被告双方进行调解。调解成功，则应上呈官府说明案件事实及处理意见，并请求官府销案；调解不成，则需说明理由，然后交予官府处理。

乡保调解是一种常见的有效解决问题的方式。《樊山判牍》就曾记载了一则老师与东家之间因教课而产生的纠纷。县令受理案件后认为，师生之间的争讼有伤师生之谊、为人师表之道，官府不便公开审理，于是令乡绅调解处理。这样，乡保调解与官府调解紧密配合，良性互动，既较好地平息了纠纷，又有效地维护了社会关系的稳定。

3. 民间调解

在古代社会中，绝大部分纠纷是通过民间调解完成的。民间调解是指当事双方为解决纠纷而邀请中间人出面调停，使争端得以解决的一种活动。民间调解主要包括宗族调解、邻里调解。

宗族调解是古代解决民间纠纷中最普遍的一种调解方式。在这种调解方式中，宗族首领是调解的主要主体，家法族规是调解的依据，后来宗族调解甚至可以处理一部分经官府授意的刑事案件。当家族成员之间发生纠纷时，一般都由族内德高望重者率先介入，先进行说服教育，然后再以事情本身的是非曲直进行调处。对违反家法族规的族人，族长有权以全族的名义处罚。处罚的方式很广泛，小到叱责、警告，大到出族、拘禁，甚至还可以处死，即所谓"刑罚不可弛于国，笞捶不得废于家"。对于宗族调解的结果及处罚决定，一般只要给官府备案就可以了，官府一般均会予以认可。《大清会典事例》则明确指出："族长及宗族内头面人物对于劝道风化户婚田土竞争之事有调处的权力。"《名公书判清明集》中朱司户与族人朱元德因立继之事起争端，在族人的劝和下调解，订立和议状，并有一状申官保存。在费孝通的《乡土中国》中也有对宗族调解生动的描写：负有调解责任的是族里的一位乡绅，他的公式总是把那被调解的双方都骂一顿，"这简直是丢我们村子里脸的事！你们还不认了错，回家去"，接着教训一番，有时候竟拍起桌子来发一通脾气。他依着他认为"应当"的告诉他们，这一阵却极有效，双方时常就"和解"了，有时还罚纠纷双方请客一次。

邻里调解，是指纠纷发生以后，由亲友、邻居、有威望的长辈或贤良人士等出面说合、劝导的调解方式。邻里调解方式灵活，没有时间、地点、调解形式的限制，调解中大体遵循自愿的原则，调解人由当事人自愿选定。邻里调解虽然没有强制约束力，但是由于调解人享有极高威信，所以调解方案往往都能得到落实。如汉武帝时期，洛阳有两族人互相仇杀且历时有年，其间官府几经干预都未能彻底解决问题，后由当时著名的侠客郭解出面劝说调停，双方皆服，问题得以彻底解决。《名公书判清明集》载胡颖在审理李茂森租赁人屋而擅自改建案时，便是动员邻里进行调解而顺利解决纠纷的。

4．中人调解

中人调解是古代处理契约纠纷的一种调解方式。古代中国是一个农业社会，自给自足的自然经济占据主导地位，而且社会由一个个相对封闭狭小的宗族、村落群体所组成，是一个"鸡犬相闻"的熟人社会。特定的历史环境、社会条件及人文氛围决定了从一开始，中国古代的契约制度就建立在对中人信任的基础上，在由契约双方都信任的人——中人暂时架构的相对平衡中，内心的自省和外部的约束使签订契约的双方保持高度的诚信。中人调解是一种能有效解决契约纠纷的调解形式。

（二）调解的依据

1．乡规民约

古代社会的乡规民约是对国家正式法律制度的补充，是在国家正式法律和政策的前提下，制订处理宗族内部纠纷的规范性措施。乡规民约能有效地化解各种矛盾，甚至比国家法律更有效，起到国家法律所不能起到的作用。尤其是在国家政治黑暗、腐败，社会风气颓废的时期，乡规民约能很好地维护社会善良风俗。

【广东湛江徐闻县的"奉宪禁革陋规碑"】碑额阴刻横书"禁革陋规"四字，碑文由村民自发约定，其内容是关于村里禁止行窃、伤及家畜和开赌场等行为，也规定了内部的处罚办法。

乡规民约一般由宗族里面的头面人物出面，经协商后订立某一方面的约定，并约定其处罚措施。乡规民约的内容一般包括禁赌、禁抢、禁盗等维护善良风俗的方面，一般情况下，乡规民约要送到官府审查备案，经官府同意后，将此乡规民约以立碑文的形式在宗族内部进行公示，正式生效。

清朝末年，朝廷昏聩，社会动荡，地方百姓自发制定乡规民约，以维护地方安定秩序和善良风俗，成为当时社会的一大特点。

2. 家法族规

家法族规是指全体宗族成员所共同遵守的行为规范，有成文和不成文之分。不成文的家法族规，就是宗族习惯法。在商周时期，宗族内部具有很强的人身支配和人身依附关系，再加上宗法、宗族制度和政治、军事制度的有机结合，所以当时在宗族内部起作用的主要是宗族习惯法，后来随着时代的发展和社会的变迁，宗族内部的封建人身依附关系也发生了很大变化，单靠国家的制度，族人之间的约束已经较小，因而宗族便寻求用家法族规来加强对族内的约束。[2]

家法族规的历史渊源比较久远。《史记·货殖列传》："任公家约，非田畜所出弗衣食，公事不毕不得饮酒食肉"。曹魏时期，田畴家族"为约束相杀、犯盗、诤讼之法，法重者至死，其次抵罪，二十余条"[3]。从东汉之后的历次农民大起义给士族地主门阀巨大打击。为保护自己门阀的良好风气，士族地主开始注意修整家风，其形式为"家训"、"家诫"，如曹魏王昶的《王氏家训》、晋嵇康《家训》、北齐颜之推《颜氏家训》等。这些家训基本都是通过伦理说教来对族人进行教化和训导。

从唐代开始，家训开始逐渐向家法族规转变，士大夫家族开始通过制定家法族规来维护其门第。"唐为国久，传世多，而诸臣亦各修其家法，务以门族相高"[4]。《旧唐书》卷六六《房玄龄传》载房玄龄为告诫族人行善，特意收集古今圣贤家训，写于房间的屏风上对族人进行教育。唐代的家法主要是用以标榜门第和家风，专门调解族内纠纷的家法族规还不多见，故宋人说："汉、唐而后，士大夫家能累世而不伯者，非以清白传遗，则亦制其财用，著其礼法，使处长者不敢私，为卑者不敢擅。凡祭祀、燕享、婚丧、交际、各有品节；出分出赘之习不入乎其门，而相养相生之恩融洽于其族也"[5]，这说明唐代家族习惯法从以家风为主逐渐过渡到成熟的家法族规。

【山东邹城孟府大堂】在封建社会时期，这就是孟氏家族颁布和执行家法族规的地方。

宋代以后，由于社会生活的复杂化，人身依附关系的变化，原有的以家风为主的家族习惯法无法处理和维持族内的各种社会关系，家法族规开始逐渐在调解族内各种纠纷上占主导地位，其主要内容有：第一，遵守国家的礼法，按时交纳赋税；第二，宗族内部身份地位等级的权利义务划分；第三，族内财产的处理；第四，族内日常民事行为和纠纷处理，甚至犯罪处罚的规定等；第五，族内重大问题的处理机制等。宋代最著名的范仲淹《范氏家法》，就详细规定了对族内作奸犯科的处罚。

当时，家法族规一般都写在宗族的家谱或者族谱里面，作为一个宗族共同的"基本法"。如《洞庭严氏族谱》就专门设立《族规》一章，规定了对族内各种纠纷的调解，只有不服调解的才允许告官，而且家法族规的执行一般也是在宗族的祠堂里面进行。

家法族规的调整对象是族内民事纠纷和轻微刑事纠纷，有时候在官府的授权下甚至包括族内一些重大刑事案件和纠纷。相对于封建国家的法律来说，家法族规一般把对国法的尊重放首位，是对国法的一种积极的补充。在许多无法用国法进行正式调整的地方，家法族规起着很好的调整作用，细化了国法的管辖范围，不但使得国法得以顺利执行，而且能很好地促进社会善良风俗的宣扬。

家法族规对内部事务的特殊的规定，也极大地增强了族内的亲和力，有利于化解族内的矛盾，维护族内的和谐稳定。

3. 契约

契约是古代社会调解经济纠纷的依据。从西周以来，就有契约的存在了，而且随着封建社会商品经济的发展，契约越来越成为解决经济纠纷的重要依据。契约在解决纠纷的时候，必须借助中人的作用，而且官府在审理调解此类案件时，契约存在与否是最重要的凭证。

古人订立契约的方式不尽相同，唐以前的方式是按手印，宋代是画指节，到明以后就形成了画押制度，也就是类似于现代的签字的制度。

中国古代的契约主要分为红契和白契。红契是指经官府认可盖官印的契约，而白契则可以称为私契，没有经过官府认可盖官印而私下签订的契约。红契的上限是西晋，《晋书》中载：凡是民间买卖，都要纳税。在纳税的买卖中都要做个标记，就是在官方盖官印。因此

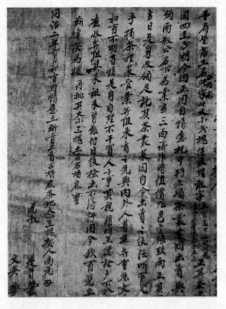

【同治年间的白契】

有理由相信中国的红契制度开始于西晋。在早期刻木为信时期，不可能官府盖押，只有纸的产生才有红契。唐宋以后，土地的买卖必须告知官方，也必须有官印盖章。

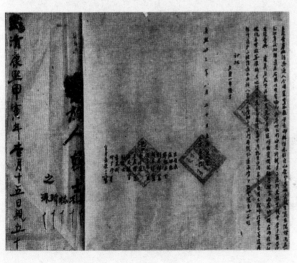

【康熙十三年的红契——地契】

北宋人口买卖要求用红契。明朝要求土地买卖用红契，但是有趣的是当时土地所有权和地上物的所有权是有区别的，两种都可以买卖，两种权利单独存在。土地所有权必须用红契，地上物转让，当事人可以自行决定。前者称为大卖，后者是小卖。在清末同治时期，

外国殖民者和上海地方政府签订的"道契",正面是按中文写的,背面按英文写,这标志着契约转型为现代的合同,也标志着红契的结束。[6]

(三)调解的场所

1.申明亭

明代最重要的民事纠纷调解方式是里老调解,其场所就在申明亭。"洪武中,天下邑里皆置'申明'、'旌善'二亭,民有善恶,则书之,以示劝惩。凡户婚、田土、斗殴常事,里老于此剖决。[7]大明律规定:"凡拆毁申明亭房屋及毁板榜者,杖一百,流三千里。"[8]一般民事纠纷经里老的调处是必经阶段,"民间户婚、田土、斗殴、相争、一切小事,不许

【江西婺源明代申明亭全貌】明代在各乡设立"申明亭",其职责是调解民事纠纷,虽然不是正式的司法机构,但带有地方基层司法组织的性质。申明亭一般地处出入村庄的必由之路,在村里有纠纷的时候,村里长老率众人在此一起调解解决。

径便告官，务要经本管里甲老人理断，若不经由者，不问虚实，先将告人杖断六十，仍发里甲老人理断。"[9]有纠纷的双方一般都到这里，由村里的长老们裁决，过错方的名字会被写上挂在亭子里面中间悬着的匾上。

2. 祠堂

祠堂，就是全族人供奉和祭祀祖先的地方。农耕社会的古代中国，乡村社会是一个相对封闭的社会，广大农村的人口被束缚在土地上，生活稳定，容易形成以血缘关系为纽带的宗族村落。在自给自足的自然经济条件下，这种建立在相对封闭的农村社会基础上的宗族血缘关系一直被保留了下来。另一方面，祠堂作为祭祀祖先、加强族内凝聚力的作用非常重大。历代统治者正是看到宗族在维护地方稳定和秩序方面的作用而加以重视，康熙的《上谕十六条》甚至赋予宗族地方自治政权的功能。

当族内成员发生纠纷，选出的德高望重者代表宗族对此纠纷进行调解，而调解的依据就是家法族规和伦理道德，场所就是宗族的祠堂。面对先人牌位，加上调解人的权威性和家谱中的家法族规，在强调宗族血

【福建省永安市贡川村陈氏大祠堂】

缘关系和伦理道德的情况下，纠纷的处理往往能够达到非常好的结果，既解决了纠纷，又维护了族内成员融洽关系，而且更借此教育族人相互友爱。作为族内"行政机构"和"法庭"的祠堂，其主要功能已从单纯的祭祀祖先转变为执行国家法律，调解族内纠纷，而族田和族内共同财产为这种功能的转变提供了坚实的物质基础。

在现代社会里面，还有在祠堂内利用家谱、家法族规和伦理关系调解案件的做法。据《信息时报》2007 年 9 月 27 日报道，设在祠堂内的广州市萝岗区法院，礼法结合成功地调解了某父女因征地补偿款而发生的纠纷。据报道，萝岗法庭设在始建于明朝的"云谷祖祠"的祠堂内，法庭充分利用设在祠堂这一特点，探索礼法结合的调解方法，让当事人感受传统家族的祠堂文化，将血缘、亲情与法律有机结合起来，取得了处理民事纠纷的良好社会效果，近年来调解案件率、息诉服判率一直保持在 93%以上。

【设在祠堂里的现代法庭】广州萝岗法庭设在始建于明朝的"云谷祖祠"祠堂内，其运用宗法伦理调解审理民事案件，让当事人感受传统血缘、宗族亲情的同时，又与国家法律有机结合起来，取得了解决民事纠纷的良好社会效果。

1 （宋）孔平仲僎：《续世说》卷二，政事。

2 王善军：《宋代宗族和宗族制度研究》，河北教育出版社 2000 年版，第 85 页。

3 《三国志》卷一一《魏书·田畴传》。

4 《新唐书》卷七一《宰相世袭表序》。

5 胡寅：《斐然集》卷二一《成都施氏义田记》。

6 参见田涛：《中国人的契约精神——诚信与平衡》，载曾宪义主编《法律文化研究》（第
三辑），中国人民大学出版社 2007 年版，第 45 页。

7 《明会要》卷五一《民政二》。

8 《大明律·刑律·杂犯》。

9 《皇明制书》上。

司法制度篇　「情理法并存，宽严相济」的司法体系

附录 图片来源

周公像: http://bbs.heshan.gov.cn/dv_rss.asp?s=xhtml&boarded=14&id=1538&star=6

毛公鼎及其拓片: http://www.wuzhuren.com/html/6/shufa/zhuanshu/20080226/193.html

朕匜: http://www.sssc.cn/viewthread.php?tid=296595

士人之冠:《中国历史图说》,台湾世新出版社 1984 年版。

吴道子绘孔子像石刻拓片: http://news3.xinhuanet.com/ book/2005-11/28/content_3847319.htm

刘邦祭孔图: http://www.chinakongzi.com/2550/gb/

孔子杏坛讲学图: http://www.jerm.cn/view.php? tid= 426&cid=4

《荀子》(元刊本): http://www.i3721.com/cz/tbctk/qnj/bsdblssc/200606/232430.html

《韩非子》(明万历六年刊本): 中国社会科学院哲学研究所藏。

商鞅量: http://www.520cal.cn/viewthread.php?tid=9874&page=1

帛书《老子》: http://www.yingbishufa.com/ldbt/1054.HTM

子产像: 选自《中国历史图说》,台湾世新出版社 1984 年版。

铸刑书: 选自《中国历史图说》,台湾世新出版社 1984 年版。

子产祠园: http://www.lianghui.org.cn/city/zhuanti/6-henan/2007-04/17/content_8128894.htm

五灵七乳镜: http://www.wysgyx.com/Article/200710/4108.html

清代秋审题本: http://www.legal-history.net/

太和殿: http://www.zc2008.com/pic/photoShow.asp?id=9289

秦始皇像: http://www.guoxue.com

秦量诏: http://www.inuo.org/UploadFiles/2006830141137728.jpg

城旦春图: http://bbs.cqzg.cn/

三纲五常: http://bbs.gzit.org/thread-849-1-1.html

祥瑞白猿: http://www.gg-art.com/column/rbz/detail.php? id=80387

王充墓:http://www.sylib.com/html/syww/11.htm

张汤墓发掘纪念碑:http://www.xazz.cn/Article_Print.asp? ArticleID=3835

张汤印:http://www.zgybsf.com/Article/27410.htm

廉亭: http://www.xazz.cn/Article_Print.asp?ArticleID=3835

杜预像: http://www.cgw.cn/jspd/C_jspd_gjmjx_gujinmingjiang_info_360.Html

《春秋经传集解》: http://www.chinaliangzhu.com/system/2008/03/30/010032737.shtml

杜预墓: http://www.dushizq.cn/Channel5/DuYuMu.html

刖人守囿铜挽车: http://news.sc001.com.cn/collection/01/06/20060913/082622.shtml

诸葛亮像: http://www.956sc.cn/show/924.html

古隆中: http://image.baidu.com/i?ct=503316480&z=3&tn=

诸葛亮南征铜鼓: 选自《中国历史图说》, 台湾世新出版社1984年版。

斩马谡: 选自《三国演义》, 上海古籍出版社1980年版。

竹林七贤图: http://lijichen.artgreat.org/

《嵇康与山巨源绝交书》: http://cjx123433.blogchina.com/business/6163404.html

遇物教储: http://lianzai.china.com/books/html/1360/6624/ 83822.html

唐太宗览图禁杖: http://lianzai.china.com/books/html/1360/ 6624/83815.html

纵囚归狱图: http://lianzai.china.com/books/html/1360/6624/ 83817.html

《贞观政要》书影: http://www.kepu.net.cn/gb/civilization/printing/evolve/evl52202b_pic.html

唐律疏议: http://www.fjsnow.com/bbs/UploadFile/ 200312112284223180.jpg

柳宗元像: http://lifebaidu.blog.hexun.com/10289347_d.html

朱文公校昌黎先生集： http://www.21nowart.com/DisplayNews.asp?id=1989

王守仁像： http://hiphotos.baidu.com/cheng_ks/pic/item/a8640b95af0eee5ad1135ed2.jpg

宗法图：选自中国社会科学院历史研究所《中国历史图说》，九洲图书出版社 2000 年版。

明大诰：《中国大百科全书》，中国大百科全书出版社 1988 年版。

周礼书影： http://www.16pic.cn

汉简仪礼： http://www.gsliangzhou.gov.cn

宫刑： baike.baidu.com

商君书： http://www.kongfz.com

李悝著法经： http://www.zh5000.com

云梦睡虎地秦简： http://www.610.126.com

韩非子： http://www.kongfz.com

论语书影： http://www.kongfz.com

定县木简论语： http://www.kongfz.com

孔子修诗书： http://www.nefu.edu.cn

荀子书影： http://www.shandong.gov.cn

礼记书影： http://baike.baidu.com

四书书影： http://www.kongfz.com

唐律疏议： http://www.legal-history.net

唐六典： http://www.bk.baidu.com

宋刑统： http://www.ruclcc.com

至正条格： http://news.kbs.co.kr

元典章： http://www.jldyedu.com

大明律： http://www.jldyedu.com

明会典： http://www.plumcultivator.com

钦定大清律： http://www.jledu.com

天朝田亩制度： http://www.eku.cc

资政新篇： http://www.eku.cc

临时约法： http://wiki.coovol.com

天圣令： http://www.hiu.cn

皇帝诏书： http://blog.163.com

免死牌: http://www.gdoverseaschn.com.cn

武威王杖诏令册: http://www.xsart.com

开元新格: http://image.guoxue.com

云梦睡虎地秦简: http://igt.com.tw3000

榜文: http://www.yaozu.jh.gov.cn

丰宁张氏家谱: http://www.cqzg.cn

文献通考: http://kepu.jsinfo.gov.cn

三老印: http://culture.zjol.com.cn

义馆序碑: http://www.yjx.gov.cn/

夷汉村规: http://www.yjx.gov.cn/

"引水叙"碑: http://www.yjx.gov.cn/

输山碑: http://shanghai.93666.com

党家村家训: http://yqyang.blog.hexun.com

客家家法: http://residence.educities.edu.tw

孟府大堂: http://www.zhmqj.cn

安徽胡氏宗祠: http://www.uuly.cn/

常氏宗祠: http://www.10000xing.cn/

张氏宗祠: http://yantai.dzwww.com

淡新档案: http://140.112.114.21/

睡虎地秦简: http://www.yiji.com

春秋繁露: http://www.n318.com

郑玄注论语: http://www.ldbj.com

郑玄注礼记: http://bbs.artx.c

龙筋凤髓判: http://www.zhuokearts.com

洗冤集录: http://www.4908.cn

折狱龟鉴: http://baike.baidu.com

棠阴比事: http://100k.ccut.edu.cn

名公书判清明集: http://www.guxiang.com/

刑统赋: http://www.chinabaike.com

唐明律合编: http://www.cyworld.com

沈寄簃先生文存: http://a4.att.hoodong.com

官箴碑: http://www.qingyun.com

九朝律考: http://100k.ccut.edu.cn

山东周公庙制礼作乐坊：http://tour.jninfo.net/sight/ sightshow.asp?id=66

明清太庙：http://www.uu97.com/jd_2964.html

曾国藩故居：http://www.zjj61.com/jingdian_xx.asp?id=17

曾国藩故居中的"八本堂"祖训：http://www.2xt.cn/tp/bbs/200707/28/2007728148578558.jpg

曲阜祭祀孔子族谱图：http://www.cangcn.com/info/kgfx_0926/2007-3-15/1014_38407.htm

清朝文武官员不同品阶官服上的补子：http://bbs.meishujia.cn/viewthread.php?tid=18668

皖南歙县棠樾旌表牌坊群：http://www.9wh.net/Article/chuantong/kaogu/wenbo/200612200000005427.html

伏尔泰坐像：http://www.henannews.com.cn/cnsnews/105/2006-05-30/news-105-53313.shtml

五牛分尸图：http://www.skyhoo.cn/pub/view/2047_21.html

山西榆次县衙六房楹联:选自《榆次老城區额楹联》，山西古藉出版社 2004 年版。

故宫藏乾隆皇帝龙袍、衮服：选自《中国古文明大图集》，人民日报出版社 1992 年版。

故宫藏明万历孝靖皇后的凤冠：选自《中国古文明大图集》，人民日报出版社 1992 年版。

大清受命之宝（文印）：http://bbs.clzg.cn/viewthread.php? tid=26000

清王朝的起居注：http://bbs.bjfandao.com.cn/dispbbs.asp?boardid=11&id=4442

顺治铁牌：选自《中华古文明大图集》，人民日报出版社 1992 年版。

大禹像：选自《中华古文明大图集》，人民日报出版社 1992 年版。

大禹下车泣罪：选自《帝鉴图说》，云南美术出版社 2006 年版。

唐代步辇图：http://www.lyooo.com/viewthread.php?tid= 425010

吏部署：选自完颜绍元著《趣说古代官场生态》，福建人民出版社 2006 年版。

李慈艺告身：选自《关于德富苏峰纪念馆藏"李慈艺告身"的照片》，载《西域研究》2003 年和第 2 期。

顺治元年摄政王多尔衮谕旨：http://www.zhuokearts.com/artist/art_display.asp?keyno=630789

诰命箱：http://bbs.artron.net/viewthread.php?tid=382916

北京贡院：http://bbs.voc.com.cn/topic-770894-1-1.html

河南开封明礼院：http://club.yule.sohu.com/r-nature_pics- 492000-0-0-0.html

河南开封明礼院：http://www.fotosay.com/FotosayShow.aspx? ID=150302

五权宪法币：http://www.slrbs.com/webnews/slrb/200509/ 30/xyz_9688.htm

清代户部衙门及大库平面图：选自《中国大百科全书·建筑卷》中国大百科全书出版社 1988 年版。

清朝获鹿县永壁村保甲册：http://bbs.cqzg.cn/

明代鱼鳞册：http://www.zhuokearts.com/artist/art_display.asp?keyno= 213618

清代鱼鳞册：http://www.zhuokearts.com/artist/art_display.asp?keyno= 810834

"父子进士"牌坊：http://www.dbzglxs.com/Article_Print.asp? ArticleID=1008

错金银鸠杖：http://www.jslysx.net/lib/pdf/pic/7060290.jpg

清·白玉鸠杖局部：http://www.cctv.com/geography/20040421/ 100404.shtml

清明上河图：http://junmeng.nen.com.cn/bbs/viewthread.php? tid=205203

邹城峰山古杏坛：http://www.china.com.cn/photochina/2007-04/19/ content_8138943.htm

曲阜孔庙大成殿：http://htzl.china.cn/txt/2004-05/31/ content_5564522.htm

桐城文庙：http://www.tcshanghai.com/ltPages.asp?lsID= 7&id=1023

赵秉忠状元卷：http://www.baihuojie.com/blog/u/106/ archives/2007/81.html

岳麓书院：http://www.hottosee.com/cat21542_6.htm

云南路南县"臭碑"：http://www.dnzf.com/2006-8/ 2006823185330.htm

节孝流芳牌坊：http://photo.xylv.com/phintro982.html

清代武举考试标本石礩：http://www.ssrb.com.cn/gb/content/2007-12/12/ content_620655.htm

同治元年武举人：http://www.qy888.cn/bbs/read.php? tid=463

职贡图：http://www.52myzone.com/thread-1778-1-1.html

平遥县衙的天理国法人情牌匾：http://bbs.bbcool.cn/ read.php?tid=14433

汉明帝图：选自陈煜《皇帝如何断狱》，中国法制出版社 2006 年版。

接诏赦官班仪仗行次图：选自郭金霞、苗鸣宇《大赦、特赦——中外赦免制度概观》群众出版社 2003 年版。

开读诏赦武文官位拜图：选自郭金霞、苗鸣宇《大赦、特赦——中外赦

附录 图片来源

免制度概观》群众出版社 2003 年版。

二世画像：http://www.guostar.com/shujian/dv_rss.asp?s=xhtml&boardid=6&id=1303&star=11

缇萦上书救父：选自陈煜《皇帝如何断狱》，中国法制出版社 2006 年版。

谤木谏鼓图：选自完颜绍元《趣说古代官场生态》，福建人民出版社 2006 年版。

皋陶墓：http://www.peyed.com/image/s1303903

张释之祠：http://travel.nynews.gov.cn/jqjd/Index.html

明代御使腰牌图：http://www.x1x8.com/view/281985.html

明代北京长安街右门图：http://www.oldbeijing.net

华表和天安门：http://www.bhototime.cn

大雪中的河北唐山迁西县古监狱楼遗址：http://www.oyly.net/destination/sceneryinfo_3938.html

在狱咏蝉图：http://www.sunwang.cn/Photo/sg/ts/200506/ 835.html

夏代的监狱：选自潘君明编著《中国历代监狱大观》，法律出版社 2003 年版。

囚禁周文王的羑里城：http://bbs.jzrb.com/post_121_67825_ 0.html

山西洪洞明代监狱的死囚洞：http://www.piaojia.cn/jingdian/ show.asp?id=16810

平遥县衙监狱内部设施：http://club.it.sohu.com/r-zz0139- 7709-0-21-0.html

巡抚开庭审案：选自潘君明编著《中国历代监狱大观》，法律出版社 2003 年版。

宋提点刑狱司官府图：http://tzblog.com/user1/nancy2002/archives/2007/99144.html

南阳府署图：http://club.cnnb.com.cn/read.php?tid= 1107081&t=1

安徽巡抚恩铭像：http://www.aqyz.nct/aqyz1/xq100/read.php? wid=65

内乡县衙：http://www.neixiang.org/bbs/thread-22613-1- 1.html

清嘉庆二十年福建闽清县衙传票：选自潘君明编著《中国历代监狱大观》，法律出版社 2003 年版。

岳飞像：选自岳飞研究会、岳飞墓庙文物保管所主编《岳飞墓庙》，当代中国出版社 1998 年版。

满江红词碑：选自岳飞研究会、岳飞墓庙文物保管所主编《岳飞墓庙》，当代中国出版社 1998 年版。

风波冤狱：选自岳飞研究会、岳飞墓庙文物保管所主编《岳飞墓庙》，当代中国出版社 1998 年版。

岳飞墓：选自岳飞研究会、岳飞墓庙文物保管所主编《岳飞墓庙》，当代中国出版社 1998 年版。

秦桧和其夫人王氏的铁跪像：选自岳飞研究会、岳飞墓庙文物保管所主编《岳飞墓庙》，当代中国出版社 1998 年版。

身为鲁国司寇的孔子：http://www.kong.org.cn/bbs2/a/a.asp?B=55&ID=12130&AFirst=38854&Ap=21&RootID=4897

平遥县衙门口上的对联：http://www.199u2.com/bbs/ dv_rss.asp?s=xhtml&boardid=75&id=34473

福建省永安市贡川村陈氏大祠堂：选自李秋香、陈志华《宗祠》，三联书店 2006 年版。

设在祠堂里的现代法庭：选自 2007 年 9 月 27 日《信息时报》。

后　记

　　转眼到了夏季，距本书"前言"完成之时已经又过了半年有余。杀青之际，总有些言犹未尽的感觉，甚至是感慨。原本没有想到此书做得如此费时费力，但也没有料到一本书的完成会有如此多的收获。

　　感谢庞朝骥、阎巍、况腊生、冯勇，这本书的编写过程，诸位正在攻读博士，你们的热情、精力、学术洞见和敏捷的思维，时时使我感到身为师者的压力。与诸位讨论本书的思路、学习电脑操作、探讨法律史的学术与社会"出路"成为几年来的快事。在不断的交流中，我们对中国古代法律的价值、对中国法律史的学术前景和其应有的社会效绩越来越充满信心。中国古人的智慧将会在现代社会中找到广阔的用武之地。在本书的撰写过程中，我还体会到了年轻人的心胸。从本书的启动到完成，作者们一直是"分工不分家"。每一个人有了好的思路，发现了好的图片，都会贡献给大家，这种精诚的合作不仅使我们扬长避短，更重要的是它使我们不断地对自己提出新的要求，而绝无强弩之末的敷衍。

　　感谢北京大学出版社为本书出版所做的努力，如果没有出版社的支持和"督促"，本书也许永远停留在设想中。

　　另外我们要感谢我们的导师曾宪义教授和人大法工委信春鹰教授在百忙中为我们撰写的序言，感谢郝铁川教授将多年积累的力作提供给本书参考。

　　本书付梓之时，庞朝骥、阎巍已然圆满地完成了自己的学业，况腊生、冯勇还在继续着博士学位的攻读，而我正是因为有了这些年轻后进们的肯定和鼓励，才更深刻感到"法史"的意义，愿传统法的精神成为现实法律发展的动力，愿各位在自己的岗位上将传统的精华弘扬光大。

本书编写的分工如下：

马小红：前言、法律体系篇文字及部分图片。

庞朝骥：人物篇图片、部分文字及法律体系篇部分图片。

阎巍：典籍篇。

况腊生：司法制度篇。

冯勇：人物篇部分文字。

全书由马小红、庞朝骥最终统稿并定稿。

另外，书中所选用的部分图片，囿于时间和精力，我们未能一一联系上著作权人，希望未联系上的著作权人跟本书的作者联系，我们将支付合理的使用费。

电子邮箱：xhma868@sina.com

马小红
2008 年 8 月

后 记